MORE THAN YOU KNOW: Finding Financial Wisdom in Unconventional Places
(Updated and Expanded Edition)
by Michael J. Mauboussin

찰리 멍거처럼
사고하고 투자하라

통섭과 투자

마이클 모부신 지음

이건·오인석 옮김

신진오 감수

에프엔미디어

균형 잡힌 전망을 하려면 개별 학문보다는 여러 분야의 통섭(統攝, consilience: '지식의 통합', 또는 자연과학과 인문학을 연결하려는 통합 학문 이론)을 추구해야 한다. 이렇게 통합하는 과정은 쉽지 않겠지만 반드시 필요하다. 진리를 찾아낼 수 있는 지적인 방법이자, 인간 본성에도 어울리는 방법이다. 부연하면 주요 연구 분야의 간극을 축소할수록 우리 지식은 더 깊고 다양해질 것이다.

— 에드워드 윌슨(Edward O. Wilson), 《통섭(Consilience)》

통섭과 투자, 내 인생의 책!

또 한 권, '인생의 책'이 출간된 것을 축하합니다. 주식시장에 몸담고 있는 입장에서, 나아가 매일같이 시장을 전망하는 일을 '업(業)'으로 삼고 있는 저에게는 그야말로 주옥같은 내용으로 꼭 찬 책이기 때문이죠. 가장 인상적인 대목 하나를 인용해보겠습니다.

전직 재무장관 로버트 루빈(Robert Rubin)은 1999년 펜실베이니아대 졸업식 연설에서 의사결정 4원칙을 제시했다. 이 원칙은 특히 금융계에도 매우 유용하다.

1. **세상에 확실한 것이 존재하지 않는다는 사실이야말로 세상에서 가장 확실한 사실이다:** 이 원칙은 주로 불확실성(uncertainty)을 다루는 투자업계에 잘 들어맞는다. (중략) 이 대목에서 행동재무학에서 다루는 과신(過信) 개념이 등장한다. 연구에 의하면, 사람들은 자신의 능력과 예측을 과신하는 경향이 있다. 그래서 흔히 예상되는 결과 범위를 지나치게 좁혀 제시한다. 지난 80년만 돌아보아도 미국은 불황, 여러 전쟁, 에너지 위기, 대규모 테

러를 겪었다. 모두 전혀 예상치 못했던 사건들이다. 이제 투자자들은 예상의 범위를 대폭 넓혀 대비해야 한다. '불가피한 서프라이즈'를 예고하는 선행지표에 관심을 기울이는 것도 한 방법이다. (31~32쪽)

로버트 루빈의 이야기를 들은 것만으로도 벌써 이 책을 구입할 이유가 충분한 것 같습니다. 배당금을 포함할 경우 주식에 투자하면 연 14% 이상의 수익률이 발생합니다. 이는 종합주가지수(KOSPI)가 작성되기 시작한 1980년부터 2017년까지 37년 동안의 수익률이니 믿을 만한 숫자라 하겠습니다.

이런 놀라운 성과에도 불구하고 주식에 투자하는 사람들은 많지 않습니다. 미래가 불확실하기 때문입니다. 자칫 투자했다가 2008년 금융위기처럼 폭락하면 어떻게 하나 하는 생각을 누구나 하기 때문이죠. 그런데 문제는 누구나 주식이 위험하지 않다고 생각할 때가 종종 출현한다는 겁니다. 예를 들어 2007과 2011년에는 어마어마한 시중 자금이 주식시장에 유입되었습니다. 그리고 그 뒤에 상당히 어려운 시기를 보냈습니다. 불황의 위험이 낮다고 생각될 때, 더 나아가 높은 수익을 기대할 때 꼭 사건 사고가 터지기 때문이겠죠.

그래서 저도 주식 투자자들에게 한 가지 정도는 '경기선행지수'를 점검하라고 말합니다. 제가 가장 추천하는 경기선행지수는 바로 미국 시카고 연준이 발표하는 국가활동지수(Chicago Fed National Activity Index)입니다. 이 지수는 미국 내 85개의 월별 통계를 종합하여 작성하는 지수로, '0' 이상이면 경기가 평균 수준보다 좋다는 것을 의미하며, 반대로 '0'을 밑돌면 경기가 평균 수준에 비해 나쁜 것으로 볼 수 있습니다.

대체로 +1~-1 전후에서 변동하는데 1990년과 2000년, 그리고 2007년처럼 불황이 다가오기 전에 -1을 깨고 밑으로 내려가는 경향을 보여줍니다. 즉, 매월 한 차례 정도 이 지표를 비롯해 경기의 변화를 신속하게 보여주는 지표를 점검하는 것만으로도, 경기가 나빠지기 시작할 때 투자를 시작하는 위험을 피할 수 있으리라 생각됩니다.

자료: 국가활동지수는 시카고 연준(https://www.chicagofed.org/publications/cfnai/index)

물론 주식에 투자하지 않는 선택을 할 수도 있습니다. 대신 더 큰 위험을 무릅쓸 수도 있습니다. 왜냐하면 수익률이 낮은 자산에 투자했다가 인플레이션에 뒤처지는 경우에는 오히려 보유한 자산 규모가 줄어들 수 있기 때문입니다. 예를 들어 2% 수익 자산에 전 자산을 투자했는데 물가상승률이 2.5%를 기록하면 지속적으로 자산이 줄어드는 상황에 처할 수 있죠.

결국 아무리 불확실성이 높더라도 위험을 완전히 피하려 들어서는 안 됩니다. 이 대목에서 로버트 루빈의 세 번째 원칙을 들어보죠.

3. **불확실하더라도 선택해야 한다:** 우리가 내리는 결정 대부분이 불완전하거나 불충분한 정보에 근거할 것이다. 그렇지만 사용 가능한 정보를 지혜롭게 활용해야만 한다.

   사람들은 정보가 증가할수록 예측이 쉬워져서 의사결정이 개선된다고 생각한다고 루소와 슈메이커는 분석했다. 그러나 실제로는 정보가 증가하면 대개 의사결정 과정에서 혼란만 발생한다.

   이들은 경마꾼들을 대상으로 이런 현상을 연구했다. 우선 경마꾼들에게 정보 5종을 제공하고서 결과를 예측하게 했다. 이어서 10종, 20종, 40종으로 늘려서 결과를 예측하게 했다. 그림 1.1이 그 결과를 보여준다. 정보가 증가해도 경마꾼들의 예측력은 거의 개선되지 않았지만, 정보가 증가할수록 자신의 예측력에 대한 확신은 높아졌다. (33쪽)

유명한 연구 결과가 인용되어 있습니다. 불확실하더라도 선택해야 하며, 되도록 승률이 높은 쪽을 지혜롭게 선택해야 합니다. 그렇다면 어떤 게 지혜로운 것일까요?

저도 잘 모릅니다. 다만 무작정 정보를 모아보아야 아무 소용 없다는 것은 분명히 말할 수 있습니다. 가치 있는 정보를 모아야지, 무작정 양만 늘리면 역으로 '확신은 높아지지만 정확성은 떨어지는' 최악의 상황에 처할 수 있으니까요.

이 책 《통섭과 투자》는 투자자들이 가치 있는 정보를 선별하는 방법을 찬찬히 일러줍니다. 가장 대표적인 예가 바로 '좋은 펀드를 선별'하는 법일 것입니다.

일부 액티브 펀드는 장기간에 걸쳐 지수 수익률을 능가하기도 한다. 이런 펀드의 특성을 파악해보려고, 2006년까지 10년 동안 S&P500을 능가한 일반 주식형 펀드 중에서, 자산 규모가 10억 달러를 초과하면서, 펀드매니저 한 사람이 운용한 펀드들을 추려냈다.

승자 펀드는 이런 점에서 일반 액티브 펀드와 달랐다.

• **포트폴리오 회전율:** 2006년 전체 주식형 펀드의 회전율은 89%였지만, 승자 펀드의 회전율은 약 35%에 불과했다. S&P500 인덱스펀드의 회전율은 7%였다. 다시 말하면, 평균 보유 기간이 전체 주식형 펀드는 약 1년이었지만, 승자 펀드는 약 3년이었다.

• **포트폴리오 집중도:** 승자 펀드는 지수보다 포트폴리오 집중도가 더 높았다. 예를 들어 10대 종목의 비중이 S&P500은 포트폴리오의 20%였지만, 승자 펀드는 평균 35%였다.

• **투자 스타일:** 승자 펀드 중 압도적 다수는 '내재가치보다 싼 주식에 투자하는' 가치투자 기법을 따랐다. "그레이엄-도드 마을의 탁월한 투자자들(The Superinvestors of Graham-and-Doddsville)"에서 워런 버핏(Warren Buffett)은 '성공한 투자자 다수가 가치투자 기법을 사용한다'고 주장했다. (39쪽)

흥미로운 선별 기준입니다. 주식 매매 빈도가 낮고, 자신이 잘 아는 기업에 집중 투자하는 성향을 띠면서, 시장 평균에 비해 매력적인 밸류에이션 수준에 있는 기업에 투자하는 펀드들이 상대적으로 더 좋은 성과를 기록했다는 이야기입니다.

물론 이 전략이 항상 시장을 이기는 것은 아닙니다. 제가 번역한 책 《순환 장세의 주도주를 잡아라》에서 리처드 번스타인이 지적했듯, 기업들의 이익성장이 희소할 때에는 성장주들이 더 강세를 보일 수도 있기 때문입니다. 다만 예전에 비해 불황은 짧고 호황은 길어지는 추세에 있으니 상대적으로 가치주의 성과가 더 좋은 기간이 길다고는 볼수 있습니다.

주식시장에 대한 책은 무척 많지만, 이처럼 저에게 많은 울림을 주는 책은 처음입니다. 주식 투자에 나서는 태도에서 시작해 중요한 정보를 걸러내는 세세한 팁까지, 한국 주식 투자자들에게 아주 큰 힘이 될 책이라 생각됩니다.

홍춘욱 프리즘투자자문 대표

차례

2부 | 투자 심리

3부 | 혁신과 경쟁 전략

4부 | 과학과 복잡계 이론

머리말

이 책의 핵심 전제를 설명하기는 쉬워도 실행하기는 매우 어렵다. 그러나 통섭적 관점을 활용하면 우리는 더 훌륭한 투자자, 경영자, 부모, 친구 등이 될 것이다. 집을 수리할 때 드라이버보다 전동공구 세트를 사용하는 편이 나은 것과 마찬가지다. 적절한 도구를 사용하면 훨씬 쉽게 해결할 수 있다는 말이다.

하지만 현실을 보면 우리 대부분은 지식이 매우 편협하다. 학계 등 일부 직업에 전문성이 필수인 것처럼, 직업 대부분은 어느 정도 전문성이 필요하다. 게다가 시간까지 부족하다. 전화, 이메일, 회의 등으로 바쁘다. 읽고, 생각하며, 아이디어를 가다듬을 시간이 없다.

이 책의 초판이 출간된 후, 아이디어가 참신해서 흥미로웠다는 반응이 많았다. 사람들은 통섭적 관점이 유용하다는 점에는 쉽게 동의한다. 하지만 필수는 아니고, 없는 것보다 낫다는 정도다. 반면에 나는 복잡한 문제를 해결하려면 통섭적 관점이 필수라고 생각한다.

통섭적 관점의 타당성은 이론은 물론 사례로도 뒷받침된다. 사회과학자 스콧 페이지(Scott Page)는 저서 《The Difference(차이)》에서 사례를 제시했다. 그는 특정 문제를 수학 모형으로 해결함으로써 통섭적 관점의 필요성을 보여주었다. 즉, 비유와 일화의 차원을 벗어나, 시대를 초월하는 확고한 정리(定理)로 능숙하게 풀어냈다

이렇게 이론적으로는 입증되었더라도, 복잡한 문제를 예측하는 데 통섭적 관점이 유용하다는 실제 증거가 있는지 궁금한 사람이 많을 것이다. 물론 있다. 심리학자 필 테틀록(Phil Tetlock)은 저서《Expert Political Judgement(전문가의 정치적 판단)》에서 놀라운 연구 결과를 요약했다. 그는 15년에 걸쳐 전문가 수백 명에게 정치와 경제 사건 수천 건을 예측해달라고 의뢰했다. 그리고 무례하게도 이들의 예측 결과를 추적했다.

전문가들의 예측 결과는 전반적으로 매우 실망스러웠다. 일부 전문가의 예측은 상대적으로 괜찮았는데, 이들은 생각하는 방식이 달랐다. 다양한 분야를 조금씩 아는 전문가들이, 한 분야만 깊이 아는 전문가들보다 예측 결과가 좋았다.

통섭적 관점에 대해 내가 영감을 받게 된 원천은 두 가지다. 첫째는 버크셔 해서웨이(Berkshire Hathaway)의 찰리 멍거(Charlie Munger)가 투자할 때 시종일관 주장하는 정신적 격자 모형(lattice model)이다. 둘째는 뉴멕시코 소재 연구 공동체인 산타페 연구소(Santa Fe Institute)다. 이 연구소는 통섭적 관점으로 자연과학과 사회과학의 학문 간 공동 연구를 추구하고 있다.

통섭적 관점의 타당성을 뒷받침하는 탁월한 증거로 찰리 멍거가 장기간 달성한 훌륭한 실적을 들 수 있다. 멍거에게는 정신적 격자 모형이 당면 과제를 파악하는 도구에 해당한다. 그는 문제를 효과적으로 해결하려면 격자 모형을 구축해야 한다고 주장한다. 이때 문제에 맞추

어 모형을 수정해야지, 모형에 맞추려고 '현실을 고문'해서는 안 된다고 말한다.

지적 호기심, 성실성, 인내심, 자기성찰 등의 기질을 갖춘 사람이 정신적 격자 모형을 사용하면 더 효과적이다. 지능지수(IQ)가 높은 사람이 문제를 잘 해결하는 것은 아니다. 위대한 생물학자 찰스 다윈(Charles Darwin)이 세계관을 바꿀 수 있었던 것은 지능이 아니라 연구 기법 덕분이라고 멍거는 말한다. 똑똑한 사람들이 잘못된 판단을 내린 사례는 수없이 많다.

그러나 정신적 격자 모형을 제대로 사용하려면 대가를 지불해야 한다. 다양한 분야를 공부하려면 시간과 노력을 많이 들여야 하기 때문이다. 게다가 이렇게 공부한 것을 곧바로 활용하지 못할 수도 있다. 어쩌면 영영 이용하지 못할 수도 있다. 그래도 각 분야에서 주요 아이디어 몇 가지만 익히면 된다는 점은 다행이다.

그동안 나는 멍거의 사고방식에서 많이 배웠고, 그 흔적이 이 책 곳곳에서 뚜렷이 드러난다. 피터 카우프만(Peter Kaufman)은 멍거의 글과 연설 등을 모아 《Poor Charlie's Almanack(불운한 찰리의 연감)》이라는 책을 펴냈다. 정신적 격자 모형 기법에 많은 통찰을 제공하는 훌륭한 책이다.

산타페 연구소는 새로운 유형의 연구기관이 필요하다고 생각한 각계의 유명한 과학자들이 설립했다. 같은 분야 교수들끼리만 학내에 고립되어 교류할 뿐, 통섭적 연구는 거의 하지 않는다고 판단했다. 그러나 여러 학문 간에 개척해야 할 비옥한 과학적 토양이 많다고 통감하고 이를 경작하기로 했다. 덕분에 산타페에 있는 심리학자, 생물학자,

경제학자 들은 하나의 주제에 대해 다양한 관점으로 참여하고 있다.

산타페의 공통 주제는 복잡계(complex system)다. 자연과학과 사회과학 양쪽에서 여러 이질적 요소들이 상호 작용하면서 인간의 의식, 면역 체계, 경제 등 수많은 시스템이 등장한다. 산타페 과학자들은 이들 시스템에서 일찌감치 핵심 특성들을 파악해, 학문 간 유사성과 차이점을 연구하고 있다.

나는 산타페에서 큰 영향을 받아 주식시장을 복잡계로 보게 되었다. 덕분에 그동안 배운 모든 금융 지식, 예컨대 대리인 비용, 수익률 변동 정규분포, 위험과 보상 개념 등을 재점검하면서 질문을 던지게 되었다. 복잡계를 이용하면 시장을 훨씬 더 직관적으로 파악할 수 있을 뿐 아니라, 실증 데이터와도 더 일치한다고 생각한다.

산타페 덕분에 개미 집단, 파워 법칙, 인간 인지(human cognition), 피드백 메커니즘의 역할 등 이질적인 주제에도 관심이 생겼다. 산타페 심포지엄에 참석하면 한마디로 지적 도취경에 빠진다.

산타페의 역사를 읽고 싶다면, 미첼 월드롭(Mitchell Waldrop)이 쓴 《카오스에서 인공생명으로(Complexity)》를 추천한다. 산타페 설립 10주년도 되기 전에 출간되었지만, 연구소의 정신을 잘 담아냈다.

끝으로, 이 책은 스릴러물과는 다르게 뒤부터 앞으로 읽어도 무방하다. 나는 목차를 훑어본 다음 흥미로운 부분을 골라 읽는 방법을 추천한다.

이 책이 다루는 주제는 다양하지만, 모두 네 가지로 분류할 수 있다. 투자철학, 투자 심리, 혁신 및 경쟁 전략, 과학과 복잡계 이론이다. 이 구분은 투자를 다루는 공구함의 칸막이 정도가 될 것이다. 그렇더라도 각 챕터는 모두 독립적이다.

이 개정판에서는 표와 그림을 갱신했고, 각 파트에 새로운 챕터를 추가했다. 추가된 주제는 경영진 평가, 기관의 역할, 게임 이론 적용, 시장심리 변동의 메커니즘 등이다.

이 책에서는 여러 일류 학자들의 연구를 한껏 활용했다. 그러나 책의 형식 탓에 학자들의 아이디어를 충분히 전달할 수가 없었다. 그래서 추천 도서를 포함해 상세한 참고문헌을 준비했다. 어떤 아이디어나 주제에 흥미가 생기면 이 참고문헌을 이용해 깊이 연구하기 바란다.

이 책이 독자들에게 새로운 관점, 근사한 아이디어, 자기계발 등 지적 즐거움을 선사하길 진심으로 바란다. 그리고 내가 이 책을 쓰면서 맛보았던 만족감을 독자들도 일부나마 맛보길 희망한다.

1부
투자철학

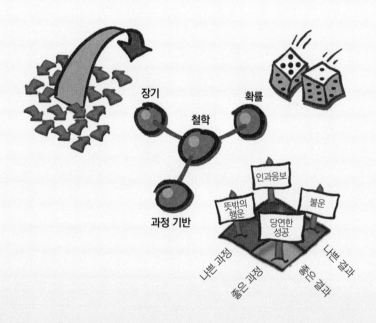

어느 날 독자에게서 고맙다는 이메일 한 통을 받았다. 기분은 좋았지만 트레이더 전용 사이트에서 내 글을 읽었다는 대목이 눈길을 끌었다. 내 글은 대부분 장기 투자에 초점을 맞춘 터라, 내 아이디어가 유용하더라는 트레이더의 말은 정말 뜻밖이었다.

그래서 나는 내 글이 또 어떤 곳에 실렸는지 찾아보았는데, 이번에는 더 충격적이었다. 세상에, 도박 사이트에도 실려 있는 게 아닌가. 나도 도박 기법들을 분석하지만, 자칭 투자자 대다수가 그렇듯이 장기 투자와 도박 기법은 정반대 개념이라고 생각하는데 말이다. 그러나 곰곰이 생각해보니 이 모든 분야를 하나로 묶어주는 개념을 깨닫게 되었는데, 바로 투자철학(investment philosophy)이다.

의사결정 방법과 직결되기 때문에 투자철학은 중요하다. 투자철학이 부실하면 장기 실적도 부실해질 수밖에 없다. 그러나 투자철학이 아무리 훌륭해도 절제력과 인내심이 없으면 아무 소용 없다. 훌륭한 투자철학은 훌륭한 다이어트와 같다. 장기간 고수해야만 효과가 나타나기 때문이다.

투자철학에서 실제로 중요한 것은 지능이 아니라 기질이다. 어떤 경우에도 적절한 기질이 높은 지능보다 더 중요하다. 일단 투자철학을 확고하게 정립하면 이후에는 배우고, 노력하며, 집중력을 유지하고, 인내심을 발휘하면서, 경험을 쌓으면 된다.

1부에서 다룰 내용이지만, 훌륭한 투자철학에는 여러 가지 공통점이 있다. 첫째, 투자, 경마, 도박 등 확률과 관련된 분야에서는 단기 '실적'보다는 의사결정 '과정'에 집중하는 편이 낫다. 이렇게 말하기는 쉽지만 실천하기는 어렵다. 실적은 객관적이지만, 과정은 주관적이기 때문이다. 그렇더라도 장기적으로는 (흔히 많은 이론이 포함된) 훌륭한 과정이야말로 성공에 이르는 확실한 길이다.

둘째, 장기적 관점이 중요하다. 단기 실적은 무작위성이 너무 많아서 확률적으로 평가하기가 어렵기 때문이다. 물론 장기적 관점에도 문제는 있다. 투자 과정에서 문제를 발견하더라도 실적을 개선할 시간이 별로 없기 때문이다. 따라서 과정은 물론 그 과정을 뒷받침하는 토대도 확고해야 한다.

셋째, 확률적 기법에 통달해야 한다. 연구에 의하면, 인간의 두뇌에는 확률적 사고를 가로막는 결함이 많다. 우리는 패턴이 존재하지 않는 곳에서도 패턴을 찾는다. 우리는 확률 범위를 제대로 설정하지 못한다. 똑같은 정보라도, 표현 방식이 달라지면 확률이 다르다고 생각한다. 훌륭한 투자철학은 이런 결함을 보완해 장기적으로 성공 확률을 높여준다.

끝으로 한마디 덧붙이고자 한다. 최근 수십 년 동안 성과 보상에 눈이 멀어 투자철학의 중요성을 외면해왔다. 선의로 열심히 노력하는 사람들도 있지만, 운용 실적 개선보다 운용자산 증대를 우선하는 자산운용사 경영진과 펀드매니저가 너무도 많다. 투자수익률이 개선될 때보다 운용자산이 증가할 때 더 많은 보상이 펀드매니저에게 돌아간다는 말이다.

이제 다소 까다로운 질문을 던져보자. 현명한 투자철학을 따르고 있는가? 따르고 있다면 다행이다. 아니라면 현명한 투자철학을 탐구해 충실하기 바란다.

카지노 주인이 되라

투자 과정과 결과

아무 생각 없이 결정해도 성공하는 경우가 있고, 깊이 생각하고 결정해도 실패하는 경우가 있습니다. 잠재적 실패 가능성은 언제든 현실화할 수 있기 때문입니다. 그러나 장기적으로는 더 깊이 생각하고 결정할수록 결과가 더 좋아집니다. 그리고 결과보다는 과정을 기준으로 평가할 때, 사람들은 더 깊이 생각하게 됩니다.

– 로버트 루빈(Robert Rubin, 전 미국 재무부 장관), 하버드대 졸업식 연설, 2001

철저한 계산을 바탕으로 가장 유리한 쪽에 돈을 걸었다면, 실제로 돈을 따든 잃든 이미 돈을 번 셈이다. 마찬가지로, 제대로 계산하지 않고 불리한 쪽에 돈을 걸었다면, 실제로 돈을 따든 잃든 이미 돈을 잃은 셈이다.

– 데이비드 스클랜스키(David Sklansky, 세계적인 프로 도박사),
《The Theory of Poker(포커 이론)》

한 장 더

마이클 루이스(Michael Lewis)의 《머니볼(Moneyball)》에 주인공으로 등장하는 구단주 폴 디포데스타(Paul DePodesta)는 라스베이거스에서 블랙잭을 하고 있었다. 그의 오른쪽에 있던 사내는 패가 17인데도 한 장 더 달라고 했다. (블랙잭은 패를 더한 숫자가 21에 가장 가까운 사람이 이긴다. – 역주) 같은 테이블 사람들 모두 동작을 멈췄고, 딜러도 믿지 않는 듯 재차 확인했다. 사내는 고개를 끄덕였다. 딜러가 준 패는 4였다. 딜러는 "나이스 히트(Nice hit)"라고 말했다. 그렇다. 대박이 터진 것이다. 카지노에서는 손님들이 이런 식으로 아슬아슬하게 베팅하기를 바란다.

이 일화는 투자에서 가장 중요한 개념인 '과정'과 '결과'의 관계를 잘 설명해준다. 과정은 무시한 채 결과에만 몰두하는 투자자가 많다. 결국에 남는 것은 결과뿐이니 그럴 만도 하다. 게다가 측정하거나 평가하기도 과정보다는 결과가 더 쉬운 편이다.[1]

투자자들은 결과가 좋으면 과정이 좋았기 때문이고, 결과가 나쁘면 과정이 나빴기 때문이라고 추정하는 치명적 실수를 저지른다. 반면에 투자, 스포츠 팀 운영, 패리 뮤추얼 베팅(pari-mutuel betting, 수수료를 공제하고 판돈을 승자에게 모두 배분하는 내기) 등 확률 분야에서 장기간 최고의 실적을 기록한 사람들은 모두 결과보다 과정을 중시한다.

제이 루소(Jay Russo)와 폴 슈메이커(Paul Schoemaker)는 '과정 대 결과'를 간단한 2×2 행렬(matrix)로 설명한다(표 1.1 참조). 가끔은 확률적으로 좋은 결정이 나쁜 결과로 이어질 수도 있고, 나쁜 결정이 좋은 결과로 이어질 수도 있다. 그러나 길게 보면 과정이 결과를 압도한다. 결국

표 1.1 과정 대 결과

		결과	
		좋음	나쁨
과정	좋음	당연한 성공	불운
	나쁨	뜻밖의 행운	인과응보

자료: Russo and Schoemaker, 《Winning Decisions》, 5.

은 카지노 하우스가 돈을 버는 이유가 이것이다.

투자 과정이 추구하는 바는 명확하다. 기업의 주가와 기댓값 사이의 괴리를 파악하는 것이다. 기댓값이란 사건별 손익을 확률로 가중 평균한 값이다. 각 사건에서 발생하는 손익에, 그 사건이 발생할 확률을 곱해서 합산하면 된다.[2]

'기업의 펀더멘털'과 '주가에 반영된 시장의 기대'를 구분하는 것이 정말 중요하다. 펀드매니저인 마이클 스타인하트(Michael Steinhardt)와 경마 전문가인 스티븐 크리스트(Steven Crist)는 전혀 다른 분야에서 성공했지만, 두 사람의 다음 주장은 일맥상통한다.

시장 컨센서스와 상당히 다르지만 그럴듯한 견해를 남다른 생각(variant perception)이라고 정의한다. 시장 컨센서스가 종종 펀더멘털과 다르다는 점을 이해하는 것도, 펀더멘털을 파악하는 것 못지않게 중요하다.[3]

우승 확률이 가장 높은 말이 아니라, 실제 우승 확률보다 배당률이 높을 만한 말을 찾아내는 것이 경마의 핵심 원리다. 이 간단한 원리를 따른다고 생각하는 사람이 많을지 몰라도 실천하는 사람은 거의 없다. 실제로 이런 사고 방식을 따르는 사람은 배당률만 주목한다. 우승마가 아니라, 우승 확률과 배당률 사이의 괴리를 찾아내야 한다.[4]

투자 과정이 훌륭하려면 각 사건의 손익과 발생 확률을 살펴보고, 주가에 반영된 시장 컨센서스가 잘못되었는지 주의 깊게 검토해야 한다. 투자가 카지노나 경마와 다른 점도 많겠지만 기본 아이디어는 똑같다. 기댓값이 유리한 쪽에 걸어야 한다.

재무장관의 값진 조언

전직 재무장관 로버트 루빈(Robert Rubin)은 1999년 펜실베이니아대 졸업식 연설에서 의사결정 4원칙을 제시했다. 이 원칙은 특히 금융계에도 매우 유용하다.[5]

1. **세상에 확실한 것이 존재하지 않는다는 사실이야말로 세상에서 가장 확실한 사실이다:** 이 원칙은 주로 불확실성(uncertainty)을 다루는 투자업계에 잘 들어맞는다. 반면에 카지노업계에서 주로 다루는 것은 위험(risk)이다. 불확실성과 위험 모두 결과를 알 수 없기는 마찬가지다. 그러나 불확실성은 결과의 분포조차 파악할 수 없는 반면, 위험은 결과의 분포를 파악할 수 있다. 변덕스러운 기업 실적은 불확실성에 해당하고, 룰렛의 결과 분포는 위험에 해당한다.[6]

이 대목에서 행동재무학에서 다루는 과신(過信) 개념이 등장한다. 연구에 의하면, 사람들은 자신의 능력과 예측을 과신하는 경향이 있다.[7] 그래서 흔히 예상되는 결과 범위를 지나치게 좁혀 제시한다. 지난 80년만 돌아보아도 미국은 불황, 여러 전쟁, 에너지 위기, 대규모 테러를 겪었다. 모두 전혀 예상치 못했던 사건들이다. 이제 투자자들은 예상의 범위를 대폭 넓혀 대비해야 한다. '불가피한 서프라이즈'를 예고하는 선행지표에 관심을 기울이는 것도 한 방법이다.[8]

자산운용업계에서도 불확실성을 제대로 인식해야 한다. 과신에 빠진 펀드 매니저의 과도한 투자로 수많은 헤지펀드가 몰락했다. 펀드매니저는 예상 치 못한 사건도 일어난다는 점을 감안해서 자산운용 업무에 임해야 한다.[9]

2. **의사결정은 곧 확률 평가다:** 이번에는 논의를 확장해서, 사건이 발생할 확률(빈도)과 결과적으로 발생하는 손익(크기) 사이의 균형에 대한 루빈의 관점을 살펴보자. 손익이 편향되어 있다면 확률만으로는 충분하지 않기 때문이다.

먼저 행동재무학에서 다루는 손실 회피(loss aversion) 개념부터 살펴보자. 인간은 위험한 대안들을 다룰 때 손실을 회피하는 쪽으로 진화했다. 더 구체적으로 말하면, 인간이 손실을 볼 때 느끼는 고통은, 이익을 얻을 때 느끼는 기쁨보다 2.5배나 크다. 그래서 사람들은 이익 확률이 높은 쪽을 추구하게 된다.[10]

손익 분포가 균형을 이룰 때는 확률에만 집중하면 된다. 그러나 손익 분포 가 편향되어 있다면 이야기가 달라진다. 옵션에서 손실이 발생할 확률이 약 90%라고 한다. 옵션을 보유하지 말아야 할까? 답은 나머지 10% 확률로 얼마나 이익을 내는지에 달렸다. 개당 1달러씩 지불하고 옵션 10개를 샀는데, 9개는 휴지 조각이 되고 나머지 하나에서 25달러를 벌었다면, 성공 확률은 매우 낮아도 근사한 이익을 올린 셈이다.[11]

기댓값 기준으로 평가하면, 확률이 높아도 매력이 없는 포지션이 있고, 확률이 낮아도 매력적인 포지션이 있다. 예컨대 어떤 주식의 실적이 시장 기대치를 충족해 1% 상승할 확률이 75%이고, 기대치에 못 미쳐서 10% 하락할 확률이 25%라고 가정하자. 이 주식은 상승 확률은 높지만 기댓값은 마이너스다.[12]

3. **불확실하더라도 선택해야 한다:** 우리가 내리는 결정 대부분이 불완전하거나 불충분한 정보에 근거할 것이다. 그렇지만 사용 가능한 정보를 지혜롭게 활용해야만 한다.

사람들은 정보가 증가할수록 예측이 쉬워져서 의사결정이 개선된다고 생각한다고 루소와 슈메이커는 분석했다. 그러나 실제로는 정보가 증가하면 대개 의사결정 과정에서 혼란만 발생한다.

이들은 경마꾼들을 대상으로 이런 현상을 연구했다. 우선 경마꾼들에게 정보 5종을 제공하고서 결과를 예측하게 했다. 이어서 10종, 20종, 40종으로 늘려서 결과를 예측하게 했다. 그림 1.1이 그 결과를 보여준다. 정보가 증가해도 경마꾼들의 예측력은 거의 개선되지 않았지만, 정보가 증가할수록 자신의 예측력에 대한 확신은 높아졌다.[13]

4. **의사결정을 평가하려면, 결과는 물론 과정도 보아야 한다:** 좋은 과정은 현재 가격과 기댓값을 면밀하게 비교 검토하는 것이다. 투자자들은 양질

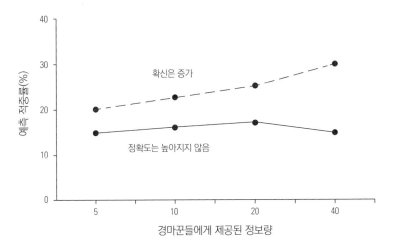

그림 1.1 정보가 증가한다고 해서 정확도가 높아지는 것은 아니다

확신은 증가

정확도는 높아지지 않음

경마꾼들에게 제공된 정보량

예측 적중률(%)

자료: Russo and Schoemaker, 《Winning Decisions》, 124.

의 피드백과 지속적인 학습을 통해 이 과정을 개선할 수 있다.

헤지펀드 매니저로 크게 성공한 제자로부터 전화가 왔다. 그는 두 가지 이유로 회사에서 목표가를 사용하지 않기로 했다고 한다. 첫째, 모든 애널리스트가 기댓값으로 견해를 제시하길 바란다. 그러면 손익과 확률에 대한 토론이 촉진된다. 다양한 결과를 다루게 되므로, 특정 시나리오에 과도하게 집착하는, 즉 행동재무학에서 말하는 '정박 효과(anchoring)' 위험도 감소한다.

둘째, 기댓값으로 생각하면, 예측이 빗나가더라도 심리적 충격을 줄일 수 있다. 예를 들어 어떤 애널리스트가 목표가를 제시하면서 어떤 종목에 매수의견을 냈다고 가정하자. 그러면 이 사람은 확증의 덫에 빠져, 자신의 견해를 뒷받침하는 증거는 받아들이고, 그렇지 않은 증거는 무시하거나 폄하할 것이다.

반면에 애널리스트가 기댓값 분석을 바탕으로 종목을 추천한다면, 이 추천에는 주가 하락 시나리오에 대한 확률도 포함된다. 따라서 주가가 하락할 가능성도 어느 정도 있다고 인식하게 된다. 회사 차원에서 이런 인식을 공유하면, 애널리스트는 예측이 간혹 빗나가더라도 오명을 피할 수 있다.

과정이 우선이다

성과 보상 제도와 평가 시스템 탓에 투자업계는 과정보다 결과에 집착한다. 루빈은 이렇게 말했다.

결과가 중요하지 않다는 말이 아닙니다. 결과는 정말 중요합니다. 그러나 단지 결과만으로 평가한다면, 올바른 의사결정 과정에 필연적으로 따르는 위험까지도 회피하게 됩니다. 간단히 말해서, 의사결정을 평가하는 방식이 향후 진행되는 의사결정 과정에도 영향을 미칩니다.[14]

투자 전문가로서의 사명감과
자산운용사의 이익

시장지수 능가하기

투자 전문가로서의 사명감을 가지고 투자원칙을 준수해야 하겠지만, 자산운용사의 경영진이 만족할지는 의문이다.

– 찰스 엘리스(Charles D. Ellis),

"펀드매니저가 성공하려면 투자 전문가로서의 사명감을 포기해야 하는가?

(Will Business Success Spoil the Investment Management Profession?)"

인간에게는 쉬운 일도 어렵게 만들려는 고약한 심성이 있는 듯하다. 이런 심성은 좀처럼 바뀌지 않는다. 선박들이 세계일주하는 시대에도 평평한 지구위원회(Flat Earth Society)는 여전히 건재할 것이다.

– 워런 버핏(Warren Buffett), "그레이엄-도드 마을의 탁월한 투자자들

(The Superinvestors of Graham-and-Doddsville)"

경쟁자 분석

스포츠 팀 대부분은 경쟁자를 분석한다. 경쟁자의 약점을 이용하고 강점을 무력화하는 작전을 수립하기 위해서다. 이들은 장기적으로 성공하려면 치밀한 경쟁자 분석이 필수라고 생각한다.

그러면 액티브 펀드의 경쟁자는 누구일까? 투자자들은 목적에 따라 액티브 펀드나 인덱스펀드에 투자할 수 있다. 예를 들어 대형주에 투자하려면 대형주 액티브 펀드나 S&P500 인덱스펀드에 투자한다. 따라서 지수 수익률을 투자자의 기회비용으로 간주하고 액티브 펀드의 성과를 평가하는 기준으로 삼을 수 있다.

지금까지 지수 대비 액티브 펀드의 성과는 어땠을까? 그다지 신통치 않았다. 지수를 능가한 액티브 펀드는 최근 5년 기준으로 60% 미만, 10년 기준으로는 50% 미만에 불과했다. 이런 현상은 시기에 관계없이 일관되게 나타난다.[1] 이렇게 지수 수익률을 능가하기 힘들다면, 지수를 액티브 펀드의 경쟁자로 간주하고 분석해보는 것도 유용할 것이다.

주식형 펀드의 실적을 평가하는 기준으로 가장 널리 사용되는 지수는 S&P500이다. S&P500 지수위원회가 종목 선정에 사용하는 다섯 가지 기준은 다음과 같다. 이것이 해마다 액티브 펀드 대부분이 따라잡지 못하는 지수 전략의 핵심이다.

1. **유동성:** 언제든 매매가 가능해야 하므로, 위원회는 유동성이 풍부한 종목을 선정한다. '월간 거래량'을 '유통주식 수'로 나눈 비율이 30% 이상이어

야 한다.

2. **펀더멘털 분석:** 수익성 기준은 단 하나, '최근 4분기 연속 영업이익 흑자' 뿐이다.

3. **시가총액:** 시가총액이 40억 달러를 초과해야 한다. "S&P500 편입 원칙 은 미국 선도 산업에 속한 선도 기업이다."

4. **섹터 대표성:** 위원회는 각 섹터가 모집단(시가총액이 40억 달러를 초과하는 적 격 기업들)에서 차지하는 비중을 지수에서도 유지하려고 노력한다. 비중 초 과 섹터에서 종목을 제외하기보다는, 주로 비중 미달 섹터에 종목을 추가 하는 방식을 사용한다.

5. **대표성 부족:** S&P는 대표성 부족을 '오늘 지수를 새로 구성한다면, 위 기 준을 한 가지 이상 충족하지 못해서 지수에 포함되지 못하는 기업'으로 정 의한다. 지난 75년 동안 지수에서 제외된 종목은 1,000개가 넘지만, 대부 분은 인수합병의 결과였다.

S&P500을 분석해보면, 위원회는 거시경제 예측을 하지 않고, 장기 로 투자하므로 포트폴리오 회전율이 낮으며, 섹터나 산업 한도, 포지 션 비중, 투자 스타일에 제약받지 않고, 실적 압박도 받지 않는다. 인덱 스펀드는 매우 낮은 비용으로 S&P500을 정밀하게 추종한다는 점도 중요하다.

승자 분석

일부 액티브 펀드는 장기간에 걸쳐 지수 수익률을 능가하기도 한다. 이런 펀드의 특성을 파악해보려고, 2006년까지 10년 동안 S&P500을 능가한 일반 주식형 펀드 중에서, 자산 규모가 10억 달러를 초과하면서, 펀드매니저 한 사람이 운용한 펀드들을 추려냈다(표 2.1 참조).[2]

승자 펀드는 이런 점에서 일반 액티브 펀드와 달랐다.

- **포트폴리오 회전율:** 2006년 전체 주식형 펀드의 회전율은 89%였지만, 승자 펀드의 회전율은 약 35%에 불과했다. S&P500 인덱스펀드의 회전율은 7%였다. 다시 말하면, 평균 보유 기간이 전체 주식형 펀드는 약 1년이었지만, 승자 펀드는 약 3년이었다.[3]
- **포트폴리오 집중도:** 승자 펀드는 지수보다 포트폴리오 집중도가 더 높았다. 예를 들어 10대 종목의 비중이 S&P500은 포트폴리오의 20%였지만, 승자 펀드는 평균 35%였다.
- **투자 스타일:** 승자 펀드 중 압도적 다수는 '내재가치보다 싼 주식에 투자하는' 가치투자 기법을 따랐다. "그레이엄-도드 마을의 탁월한 투자자들(The Superinvestors of Graham-and-Doddsville)"에서 워런 버핏(Warren Buffett)은 '성공한 투자자 다수가 가치투자 기법을 사용한다'고 주장했다.
- **운용사 위치:** 승자 펀드 운용사는 뉴욕이나 보스턴 등 금융 중심지인 동부에는 소수만 있었고, 시카고, 멤피스, 오마하, 볼티모어 등에 많이 있었다.

S&P500과 비교하면, 승자 펀드들은 회전율이 낮고 거시경제 분석

표 2.1 S&P500을 능가한 주식형 펀드들(1997~2006)

펀드 명칭	10년 수익률(%)	10년 세후 수익률(%)	회전율 (%)	10대 종목 비중(%)
Calmos Growth A	17.70	15.50	41	26.50
Weitz Partners Value	14.14	12.67	36	48.55
Weitz Value	14.13	12.37	40	50.61
Dodge & Cox Stock	14.05	12.27	12	29.22
Legg Mason Partners Aggressive Growth	13.96	13.11	5	53.83
Hartford Capital Appreciation	13.86	10.70	97	21.94
Third Avenue Value	13.18	11.93	7	37.46
MainStay MAP I	13.14	11.39	100	27.80
Longleaf Partners	12.81	11.02	7	56.04
Gabelli Asset AAA	12.75	11.37	6	16.61
Muhlenkamp	12.68	12.42	6	45.17
American Funds Growth Fund of America	12.45	10.56	22	17.66
Vanguard PRIMECAP	12.08	11.15	10	30.58
DFA US Large Cap Value III	11.99	9.73	7	100.00
Van Kampen Comstock A	11.87	8.47	30	29.00
Legg Mason Value Trust	11.35	10.57	13	44.83
American Century Value Investor	10.87	7.81	134	25.90
American Funds Amcap A	10.87	8.67	20	21.83
Fidelity Contrafund	10.83	9.30	60	21.32
Franklin Rising Dividends A	10.53	8.67	8	40.46

자료: 모닝스타(Morningstar, INC.)

을 중시하지 않는다는 점이 비슷하고, 포트폴리오의 집중도가 높고 내재가치와 주가 사이의 괴리에 주목한다는 점이 다르다.

그러나 모든 투자자가 승자 펀드의 기법을 따라야 하는 것은 아니고, 따를 수 있는 것도 아니다. 시장은 다양한 투자자로 구성될 때 원활하게 작동하는 일종의 생태계다. 시장에 참여하는 투자자들의 투자

기간, 분석 기법, 자본의 원천이 다양해야 한다. 가치투자와는 전혀 다른 기법으로 탁월한 실적을 낸 펀드매니저도 많다.

그리고 포트폴리오 구성이 좋았기 때문이 아니라 투자 과정이 훌륭했기 때문에 성공했다는 점도 중요하다. 누군가 승자 펀드매니저에게 질문했다. "실적이 좋아서 회전율이 낮아진 거죠?" 펀드매니저가 즉시 반박했다. "아닙니다. 회전율이 낮아서 실적이 좋은 겁니다." 과정이 적절하지 않다면, 포트폴리오 특성(회전율, 집중도 등)을 복제해도 아무 소용이 없다.

아직 중요한 질문이 남아 있다. 일반 펀드가 승자 펀드와 그토록 다른 특성을 지니는 이유는 무엇일까?

투자 전문가로서의 사명감과 자산운용사의 이익

투자 전문가로서의 사명감과 자산운용사의 이익이 갈등하는 것이 한 가지 이유다. 투자 전문가는 사명감을 가지고 장기 수익률을 극대화하려 하는 반면, 자산운용사는 회사의 이익을 극대화하려 한다. 자산운용사가 이익을 추구하는 것은 잘못이 아니다. 이익이 많아야 우수한 인재들을 영입하고 유지할 수 있다.[4] 그러나 회사 이익에 치중하다 보면 투자 전문가로서의 사명감을 저버리게 된다는 점이 문제다.

자산운용업의 역사를 돌아보면 그동안 회사 이익에 지나치게 치우쳤던 모습이 드러난다. 자산운용업의 변천사를 논하기에는 전설적인 인물 존 보글(John Bogle)만큼 적합한 사람도 없을 것이다. 그는 지난 반

세기 동안 업계를 옹호하고, 비전을 제시하며, 쓴소리도 마다하지 않았다. 다음은 그가 지적한 주요 변화들이다.[5]

- 주식형 펀드는 1945년 49개에서 2006년 4,200여 개로 급증했고, 분야별·지역별로 전문화되고 다양해졌다. 기존 주식형 펀드 대비 신규 주식형 펀드의 비율은 1980년대 약 175%에서 1990년대에는 거의 600%로 증가했다. 그러나 1990년대에는 펀드의 50%가 사라졌고, 2000~2004년에 거의 1,000개가 사라졌다는 점도 주목할 만하다.

- 대부분 산업에서는 경쟁이 치열해지면 이익률이 하락한다. 그러나 그동안 뮤추얼 펀드의 보수율은 상승했다. 1970년대 말과 1980년대 초에 약 90bp(베이시스 포인트: 0.01%)였던 보수율이 수십 년 동안 꾸준히 상승해 2004년에는 156bp에 도달했다. 이는 주로 펀드 판매보수 상승에 기인한다. 보수 상승은 실적에 큰 영향을 미친다. 펀드의 수익률은 1945~1965년에 시장 수익률의 89%였으나 1983~2003년에는 79%로 악화되었다.

- 증권관리위원회(SEC)는 1958년까지 자산운용사 매각을 제한했다. 1958년 법원이 매각 제한을 해제하자, 자산운용업계에 기업공개와 인수합병의 광풍이 불었다. 오늘날 대형 펀드회사 50개 중 비상장회사는 6개에 불과하다. 그중 8개는 개별 상장회사, 22개는 금융 복합기업, 7개는 외국 금융회사, 6개는 대형 증권회사의 자회사, 1개는 상호회사 뱅가드(Vanguard)다.

- 공격적인 펀드 마케팅에 힘입어 최신 인기 펀드에 몰리는 경향이 있기 때문에 투자자들의 실제 수익률은 펀드의 평균 수익률에 훨씬 못 미친다. 최근 실적이 좋은 펀드에 앞다투어 투자하고 나면, 그 펀드의 실적은 평균으로 회귀하면서 하락하기 때문이다. 예를 들어 나스닥 지수가 정점을 기

록한 2000년 1분기에 성장주 펀드에는 1,200억 달러에 달하는 막대한 자금이 유입되었지만, 가치주 펀드에서는 심각할 정도로 자금이 유출되었다. 보글에 따르면, 1986~2005년 시장 수익률은 12%였지만, 전체 펀드의 평균 수익률은 10% 미만이었고, 투자자들의 평균 수익률은 6.9%에 불과했다.

찰스 엘리스(Charles Ellis)는 자산운용사들이 이익을 극대화할 수 있는 방안을 열거했고, 표 2.2에 요약했다.

표 2.2 자산운용사 이익 극대화 방안

- 고객 관리자의 숫자를 늘리고 위상도 높여라. 이들은 펀드의 실적이 나빠도 고객들을 오래도록 붙잡아둘 수 있기 때문이다. 고객 이탈 방지야말로 이익을 극대화하는 열쇠다.
- 고객 관리자에게 노골적으로 교차 판매 책임을 지우라. 가급적 많은 자산군과 투자 상품을 판매해서 고객의 '지갑 점유율'을 극대화하게 하라.
- 세일즈 전문가의 각종 영업 기법을 도입하라.
- 회사의 '브랜드'를 강화해 판매력을 높여라.
- 국내외에서 신규 시장을 개척하라.
- 소매 영업이 강한 회사라면, 법인 영업으로 영역을 확장하라. 법인 영업이 강한 회사라면, 소매 영업으로 영역을 확장하라.
- 투자 컨설턴트들과 밀접한 관계를 맺어라. 기관이 펀드매니저를 채용할 때 이들의 입김이 70%나 차지한다.
- 신규 상품을 도입하는 등 최대한 다양화하라. 운용 실적이 부진해도 사업에 지장이 없도록 위험을 분산하라.
- 지수 수익률을 따라감으로써, 갑자기 단기 실적이 악화하는 위험을 제한하라.

자료: Charles D. Ellis, "Will Business Success Spoil the Investment Management Profession?" 14.

자산운용업은 투자 전문가로서의 사명감과 자산운용사의 이익 사이에서 균형을 유지하기가 쉽지 않다고 엘리스는 지적한다. 투자 전문가는 투자 기간이 길수록, 보수가 낮을수록, 역발상 투자일수록 유리하다. 반면 자산운용사는 투자 기간이 짧을수록, 보수가 높을수록, 인기상품을 팔수록 유리하다.

그러면 펀드매니저는 어떤 선택을 해야 하는가? 엘리스는 이렇게 말한다.

투자 전문가로서의 사명감을 자산운용사의 이익보다 우선해야 최적 균형을 이룰 수 있다. 그런 가치와 문화의 공유를 통해 비범한 인재들을 영입할 수 있기 때문이다.[6]

펀드매니저들의 실적 부진은 대개 투자 전문가로서의 사명감과 자산운용사의 이익이 균형을 이루지 못하는 탓이라고 생각한다. 초과수익을 달성하는 펀드매니저는 대부분 투자 전문가로서의 사명감에 충실한 사람들이다.

베이브 루스 효과

기댓값의 확률과 크기

세상에 확실하게 돈 버는 '지름길'은 없다. 그래서 우리는 무식하게 버는 것보다 지성적으로 잃는 편이 낫다고 스스로 합리화한다.

– 리처드 엡스타인(Richard Epstein),
《The Theory of Gambling and Statistical Logic(도박 이론과 통계 논리)》

베이브 루스 효과

"51%만 맞혀도 돈을 벌 텐데." 증권회사 객장에는 이렇게 말하는 사람이 꼭 있다. 이 말이 그럴듯하게 들린다면 계속 읽어보기 바란다. 곧 투자에서 가장 중요한 개념 하나가 등장한다.

투자할 때 실패율보다 적중률이 높아야 한다는 생각은 얼핏 맞는 말처럼 들린다. 그래서인지 이렇게 생각하는 사람이 많다. 다음은 이런 생각이 틀렸음을 보여주는 한 펀드매니저의 이야기다.

그가 다니는 자산운용사에는 펀드매니저 20여 명이 근무하고 있었다. 펀드 운용 성과에 실망한 본부장은 실적이 부진한 펀드매니저를 솎아내기 위해 투자 결정 과정을 평가하기로 작정했다. 그는 무작위로 종목을 선정해도 절반 정도는 벤치마크인 시장 수익률을 웃돌 것이라고 생각했다. 그래서 포트폴리오에서 초과수익 종목이 차지하는 비중을 측정하기로 했다.

그런데 한 펀드매니저에게서 흔치 않은 사례가 발생했다. 그의 포트폴리오 수익률은 회사에서 최고 수준이었으나, 초과수익 종목의 비중은 최저 수준이었다. 본부장은 실적이 '부진한' 매니저들을 모두 해고한 다음, 이 펀드매니저의 포트폴리오 수익률과 초과수익 종목의 비중이 전혀 일치하지 않는 이유를 파악하려고 회의를 소집했다.

이 펀드매니저는 다음과 같이 대답했다. "핵심은 적중률이 아니라, 적중했을 때 이익의 크기입니다." 네 종목을 보유했다고 가정하자. 세 종목이 약간 하락했지만 한 종목이 대폭 상승했다면, 하락 종목이 대부분이라도 포트폴리오 수익률은 상승한다.

포트폴리오 수익률을 높이려면 기댓값을 분석해서 종목을 선정해야 한다. 경마, 카지노, 투자 등 여러 분야의 선구자들이 한결같이 기댓값을 강조한다.[1] 이른바 베이브 루스(Babe Ruth) 효과다. 루스는 삼진아웃을 많이 당했지만, 야구 역사상 최고의 타자가 되었다.

대가들이 기댓값을 강조하는 것은 어느 분야에서나 확률의 특성이 비슷하기 때문이다. 그러나 기댓값은 인간의 본성에 정면으로 거스르는 사고방식이어서 익히기가 쉽지 않다. 본부장의 생각이 잘못되었다는 것은 분명하지만, 이런 결함을 바로잡기는 쉽지 않다.

손실 회피

1979년, 대니얼 카너먼(Daniel Kahneman)과 에이머스 트버스키(Amos Tversky)는 사람들이 합리적으로 경제 행위를 하지 않는다는 전망 이론(prospect theory)을 발표했다.[2] 아무리 사소하더라도 위험이 존재하는 대안을 선택할 때, 사람들은 손실을 뚜렷하게 회피하는 경향이 있다. 이익을 얻을 때 느끼는 기쁨보다 손실을 볼 때 느끼는 고통이 2.5배나 크다고 카너먼과 트버스키는 설명했다.

적중률이 높아질수록 기쁨은 커지지만, 적중률이 높은 포트폴리오가 반드시 초과수익을 달성하는 것은 아니다. 실제로 포트폴리오의 수익률을 좌우하는 것은 초과수익 종목의 비중이 아니라 초과수익 금액이다. 즉, 몇몇 종목의 급등락이 전체 포트폴리오의 수익률에 큰 영향을 미친다.

주가 상승/하락, 확률

나심 탈렙(Nassim Taleb)은 도발적인 저서《행운에 속지 마라(Fooled by Randomness)》에서 일화를 통해 기댓값 개념을 멋지게 설명했다.[3] 동료 트레이더들이 다음 주 시장에 대한 견해를 묻자, 탈렙은 시장이 상승할 확률이 약간 높다고 대답하면서 상승 확률 70%를 제시했다. 그러나 이런 낙관적 전망과는 반대로, 탈렙은 S&P500 선물에 대해 대규모 매도 포지션을 가지고 있었다고 나중에 밝혔다. 탈렙은 자신의 포지션을 기댓값으로 설명했다. 여기서 시장은 상승 확률이 높다. 그러나 손익이 비대칭이므로 기댓값은 마이너스다.[4] 표 3.1이 그의 생각을 명확하게 보여준다.

이번에는 일반 주식으로 생각해보자. 주가는 내재가치가 이미 반영되어 있는 편이라서, 기대 이상으로 좋은 실적이 발표되더라도 주가는 별로 상승하지 않는다. 그러나 시장의 기대를 충족하지 못하면 주가는 급락한다. 기대를 충족할 확률이 높지만, 기댓값은 마이너스다.

표 3.1 확률과 손익

사건	확률	손익	기댓값
시장 상승	70%	1%	0.7%
시장 하락	30%	−10%	−3.0%
합계	100%		−2.3%

자료: 저자의 분석

통섭과 투자

이번에는 소외주를 생각해보자. 소외주는 자주 시장에 실망을 안긴 탓에 계속 주가가 하락한 종목이다. 그러나 좋은 실적을 내면 급등한다. 실적이 나쁠 확률이 높지만, 기댓값은 플러스다.

투자자들은 확률을 뛰어넘어 기댓값을 생각해야 한다. 기댓값이야말로 확률 관련 모든 분야에서 대가들이 주목하는 요소다. 그러나 사람들은 기댓값 개념을 여전히 불편해하면서, 보유 주식 중 다수가 상승하기를 바랄 뿐이다. 전망 이론에 의하면, 사람들은 상승 종목은 이익 실현의 기쁨을 맛보려고 지나치게 서둘러 매도하고, 하락 종목은 손실 확정의 고통을 피하고 싶은 마음에 지나치게 오래 보유한다. 이제 세 가지 확률 분야(투자, 경마, 블랙잭)에서 대가들의 말을 들어보자.

기댓값의 유용성

20세기 최고의 투자자 워런 버핏은 투자자의 능력을 자동차의 마력에 비유하면서, 높은 마력의 자동차를 욕심내는 것보다는 마력을 최대한 활용하는 편이 낫다고 말한다. "400마력짜리 자동차로 출력은 100마력밖에 못 내는 사람들이 많습니다. 200마력짜리 자동차로 출력 200마력을 내는 편이 훨씬 낫습니다."[5] 그리고 투자 기회를 평가할 때는 기댓값 개념이 중요하다고 말한다. 버핏의 동업자 찰리 멍거는 "버핏의 장점 하나는 자연스럽게 의사결정 트리(decision tree) 방식으로 생각하는 것"이라고 표현한다.[6] 버핏은 말한다. "우리는 '이익 확률과 예상 이익을 곱한 값'에서 '손실 확률과 예상 손실을 곱한 값'을 차감합니다. 이것이 우리의 셈법입니다. 완벽하지는 않지만 이게 최선입니다."[7]

물론 예상 손익과 확률을 찾아내는 일은 쉽지 않다. 그래도 과정이 훌륭하면 예상 손익을 찾아내는 일은 물론 매출, 원가, 투자 등 다양한 요소들의 변화가 내재가치에 미치는 영향까지 살펴볼 수 있다. 게다가 손실 회피 성향도 극복할 수 있다.[8]

기댓값 개념은 투자에만 유용한 것이 아니다. 스티븐 크리스트는 《Bet with the Best(최고의 경주마에 걸어라)》에서 다양한 경마 전략을 제시한다. 〈데일리 레이싱 폼(Daily Racing Form)〉의 CEO이자 편집자, 발행인인 스티븐 크리스트는 말 네 마리가 참여하는 가상 경마에서, 경마장 몫까지 포함한 투자수익률을 보여준다. 그는 이 경마가 주는 교훈을 다음과 같이 요약한다. "승률이 높은 말에 걸어도 결과를 장담할 수 없습니다. 좋은 결과를 결정하는 변수는 배당률뿐입니다." 그러므로 승률이 50%인 말이 나쁜 선택이 될 수도 있고, 승률이 10%인 말이 좋은 선택이 될 수도 있다. 쉽게 말해서, 관건은 승률이 아니라 기댓값인 배당률(승률×예상 배당금)이라는 뜻이다.[9]

크리스트는 독자들에게 묻는다. "이제 자신에게 물어보십시오. 경마장에서 실제로 이렇게 생각합니까? 아니면 배당률에 상관없이 마음에 드는 말을 선택한 다음, 그 말이 우승하기만을 바랍니까? 정직한 사람들은 대부분 후자에 속한다고 인정합니다." 여기서 '경마'를 '투자'로 바꾸고 '말'을 '주식'으로 바꾸면 크리스트의 이야기는 그대로 주식시장에 적용된다.

에드워드 소프(Edward Thorp)가 베스트셀러 《딜러를 이겨라(Beat the

Dealer)》에서 설명하는 블랙잭에도 기댓값 개념이 적용된다. 블랙잭은 배당률이 정해져 있으므로, 도박꾼이 중요하게 해야 할 일은 확률 계산이다. 소프는 자신의 승리 확률을 가늠하는 카드 계산법을 제시한다. 확률이 유리하면 판돈을 키우는 편이 좋다. 그러나 이상적인 환경에서도 확률이 유리한 경우는 9.8%에 불과하다고 소프는 지적한다. 카지노가 유리한 경우가 90.2%라는 뜻이다.[10]

지금까지 보았듯이, 확률 관련 세 분야의 대가 모두 같은 기법을 사용한다. 그러나 사람들 대다수는 기댓값 개념을 제대로 사용하지 못한다. 게다가 손실 회피 성향 탓에, 기댓값과는 반대 방향으로 가는 사례가 많다.

대가들의 공통점

확률 관련 분야 대가들의 공통점을 요약하면 다음과 같다.

- **집중:** 프로 도박사들은 여러 게임에 참여하지 않는다. 카지노에서 돌아다니면서 블랙잭을 조금 하고, 주사위도 조금 하며, 슬롯머신도 조금씩 즐기는 방식이 아니라는 뜻이다. 이들은 특정 게임에 집중적으로 파고들어 세세한 내용까지 익힌다. 마찬가지로, 투자자들도 능력범위(circle of competence)를 정의해야 한다. 다양한 산업과 기업 들을 두루 다루면서 경쟁우위를 확보하기는 쉽지 않기 때문이다. 대가들은 대부분 자신의 능력범위를 고수한다.

- **다양한 상황 분석:** 시장가격은 대체로 정확하므로, 확률 게임에 참여하는 사람들은 다양한 상황을 분석해야 한다. 투자자 역시 다양한 상황을 평가하면서 정보를 많이 수집해야 한다. 예를 들어 가이코(GEICO)의 탁월한 펀드매니저 루 심프슨(Lou Simpson)은 매일 5~8시간 자료를 읽지만, 매매는 거의 하지 않는다.
- **신중한 거래:** 에드워드 소프는 저서 《딜러를 이겨라》에서, 이상적인 환경에도 개인이 유리한 경우는 10% 미만이라고 지적했다. 게다가 이상적인 환경은 매우 드물다. 즉, 투자자는 괜찮아 보이는 상황에도 매매에 신중을 기해야 한다는 뜻이다.
- **거는 돈:** 카지노에서는 매번 돈을 걸어야 한다. 확률이 불리할 때에는 소액을 걸고, 확률이 유리할 때에는 거액을 걸면 되지만, 매번 돈을 걸어야 한다는 점은 부담이 된다. 반면 투자에서는 기댓값이 불리하면 돈을 걸지 않아도 된다. 상황이 유리하다고 판단될 때만 공격적으로 걸면 된다. 따라서 투자는 확률 면에서 다른 게임보다 훨씬 유리하다.

항상 기댓값을 생각하려면 절제력이 필요한데, 이는 쉬운 일이 아니다. 그러나 확률 관련 분야의 대가들은 항상 기댓값에 주목했다는 사실을 기억해야 한다.

확고한 이론이 되려면
상황 기반 분류

경영 기법 대부분은 유행을 타고 등장했다가 유행이 지나면 뒤안길로 사라진다. 경영 기법마다 적합한 상황이 따로 있는데도, 모든 상황에 적합한 것처럼 취급하기 때문이다. 그래서 경영자들은 그럴듯하게 들리는 인기 경영 기법을 채택하지만, 상황이 바뀌어 기대했던 성과가 나오지 않으면 내다 버린다. 경영자들은 흔히 '효과가 없다'고 판단하지만, 사실은 상황에 따라 효과가 있을 수도 있고 없을 수도 있는 것이다.

- 클레이턴 크리스텐슨(Clayton M. Christensen), 폴 칼라일(Paul Carlile),
데이비드 선달(David Sundahl), "이론 구축 과정(The Process of Theory-Building)"

상황과 속성

점균(粘菌, slime mold: 그늘진 곳의 썩은 나무나 낙엽 등에서 발생하는, 원생동물과 식물의 중간적 균류)을 분류하기가 어렵지 않다고 생각할 수도 있다. 그러나 잘못된 생각이다. 점균은 행태가 매우 특이해서 수 세기 동안 과학자들을 당혹스럽게 했다.

점균은 식량이 풍부할 때에는 단세포 단위로 활동한다. 돌아다니면서 박테리아를 먹고 분열, 생식한다. 그러나 식량이 부족해지면 세포 수만 개가 모여 무리를 구성한 다음, 개별 행동을 중단하고 집단으로 활동한다. 이렇게 상황에 따라 행태가 바뀌는 탓에, 점균은 분류하기가 매우 어렵다.[1]

마찬가지로, 상황은 고려하지 않고 속성에만 집중하는 투자 기법은 문제가 있다. 때로는 비싸 보이는 주식이 실제로는 쌀 수도 있고, 싸 보이는 주식이 실제로는 비쌀 수도 있기 때문이다. 실제로 싼지 비싼지는 상황에 좌우된다.

그러나 펀드 판매사들은 펀드매니저들에게 속성 기반 투자 기법을 제안하면서 이 기법을 고수하라고 권유한다. 그래서 성장투자 펀드들은 주가배수가 높은데도 매출과 이익이 급증하는 종목들로 포트폴리오를 채운다. 그리고 가치투자 펀드들은 기업의 성장성은 무시한 채, 주가배수가 낮아서 수익률이 높아 보이는 종목들로 포트폴리오를 채운다.

외부적 요인을 논외로 하면, 실제로 펀드매니저 대다수는 속성 기반 투자 기법만으로도 초과수익을 달성할 수 있다고 생각한다.[2] 이런 투자 기법들은 특정 행동을 통해 만족스러운 실적을 얻을 수 있다고 믿는 '이론'에 근거한다.

'이론'은 '현실'과 거리가 있다는 점에서 경계 대상이다. 하지만 이론을 '조건부 인과관계 설명'으로 정의하면 훨씬 더 현실적이다. 확고한 이론은 다양한 상황에서 결과를 예측하는 데 유용하다.[3]

요컨대 투자 이론 대부분은 분류가 부실하므로 확고한 이론이 되지 못한다. 경영 이론도 마찬가지다.[4] 더 구체적으로 말하면, 투자자들은 상황 기반 분류가 아니라 (예컨대 PER 배수 등의) 속성 기반 분류에 집중한다. 이제 속성 기반 분류에서 상황 기반 분류로 사고를 전환하면 투자와 경영에 매우 유용할 것이다. 점균이 주는 교훈을 기억하기 바란다.

이론 구축의 3단계

클레이턴 크리스텐슨(Clayton Christensen), 폴 칼라일(Paul Charlile), 데이비드 선달(David Sundahl)은 흥미로운 논문을 통해 이론 구축 과정을 3단계로 분류한다(그림 4.1 참조). 각 단계를 논의하면서, 이론 구축 과정을 투자에 적용하는 방식을 살펴보자.

1. **파악하려는 내용을 글과 숫자로 표현한다:** 1단계의 목표는 다른 사람들도 확인할 수 있도록 어떤 현상을 세심하게 관찰, 서술, 측정하는 것이다.

   예를 들면 주식시장 수익률이 그렇다. 지금은 우리에게 친숙한 시장 수익률도 사실은 1964년이 되어서야 공식적으로 발표되기 시작했다. 시

그림 4.1 이론 구축 과정

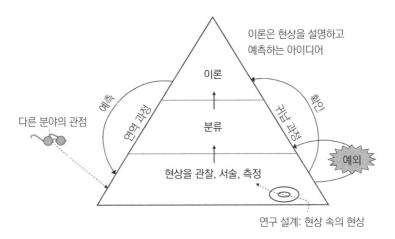

이론은 현상을 설명하고
예측하는 아이디어

이론

분류

현상을 관찰, 서술, 측정

다른 분야의 관점

예외

연구 설계: 현상 속의 현상

자료: Clayton M. Christensen, Paul Carlile, and David Sundahl, "The Process of Theory−Building"

카고대 교수 로렌스 피셔(Lawrence Fisher)와 제임스 로리(James Lorie)는 1926~1960년 시장 수익률이 약 9%였다는 논문을 발표했다. 피터 번스타인(Peter Bernstein)은 이 논문이 학계와 업계 모두 충격에 빠뜨린 '폭탄선언'이었다고 지적했다. 시장 수익률을 발표한 것 자체만으로도 금융계를 뒤흔든 사건이었다.[5]

2. **유사성을 기준으로 현상들을 분류한다**: 현상들을 분류하면 차이를 명확하게 파악할 수 있다. 예를 들면 물리학에서는 물체의 상태를 고체, 액체, 기체로 분류한다. 크리스텐슨의 전문 분야인 혁신 연구에서는 존속성 혁신(sustaining innovation)과 와해성 혁신(disruptive innovation)으로 분류한다. 투자에서도 가치주와 성장주, 고위험과 저위험, 대형주와 소형주 등 다양한 분류 방식이 사용된다.

3. **현상의 특성을 설명하는 이론을 구축한다:** 잘 분류된 이론은 인과관계를 잘 설명하며, 특히 어떤 상황에서 인과관계가 나타나는지도 설명한다. 이론은 반드시 반증(反證)도 가능해야 한다.

투자 분야에는 투자 수익률에 관한 이론이 매우 많다. 효율적 시장 가설 (efficient market theory) 지지자들은 위험 조정 기준 초과수익률을 달성하는 전략은 존재하지 않는다고 주장한다. 그러나 액티브 매니저들은 초과수익률 달성을 추구하는 무수한 전략을 구사한다.

　

이론은 어떤 방식으로 개선되는가? 이론을 개발하면 연구자들은 다양한 상황에서 예측을 시도한다. 이 과정에서 이론에서 벗어나는 현상이나 결과를 종종 발견한다(그림 4.1의 오른쪽 참조). 예외가 나타나면 서술과 분류를 재검토한다. 그 현상을 더 정확하고 철저하게 설명해야 하기 때문이다. 예측력을 높이려면 각 단계를 돌아가면서 철저하게 점검해야 한다.

경제 분야에서는 반증 가능한 이론을 구축하기가 쉽지 않다. 구조적으로 순환 참조를 형성하는 경우가 많기 때문이다. 예를 들어 사람들은 효용을 극대화하려고 한다는 효용 극대화(utility maximization) 이론이 있다. 우리는 결과와 연관지어 효용을 정의하므로, 이 이론은 반증할 수가 없다.

금융 분야에서는 자본자산 가격결정 모형(Capital Asset Pricing Model, CAPM)이 그런 예다. 학자들은 CAPM으로 시장의 효율성을 분석하지만, CAPM 자체가 시장이 효율적이라고 가정한다. 저명한 금융경제학자 리처드 롤(Richard Roll)에 의하면, 모든 CAPM 분석은 '실제로는

CAPM과 시장 효율성의 결합 분석(joint test)'이다.[6] 크리스텐슨 등은 경제학의 여러 핵심 개념은 반증이 불가능하므로 이론이 아니라 이론의 '구성 요소(construct)'로 보는 편이 적합하다고 말한다.

연구자들이 모두 이론 개선에 전념하는 것은 아니다. 이론이 틀리지 않았다는 사실에 만족하는 연구자도 많다. 경영 컨설턴트들이 하는 조언 중에 이런 이론이 많다. 예를 들어 경영 컨설턴트들은 "아웃소싱(outsourcing)이 바람직합니다"라고 주장하면서, 이 이론을 주장하는 몇 가지 사례를 제시한다. 그러나 서술, 분류, 개선 과정을 거쳐 다듬어지지 않았으므로 확고한 이론이라고 보기 어렵다. 겉모습은 그럴듯해 보여도, 실행하자마자 실패하기 쉬운 이론이다.[7]

상황에 따라서

아마도 크리스텐슨 등이 전하는 가장 중요한 메시지는, 확고한 이론이 되려면 적절한 분류가 필수라는 점일 것이다. 더 구체적으로 말하면 이론은 개선되는 과정을 통해 속성 기반 분류에서 상황 기반 분류로 변화한다. 상황 기반 분류 이론은 상황이 바뀌면 행동도 바뀌어야 한다고 말해준다. 반면에 속성 기반 분류 이론은 상황이 바뀌어도 기존 행동을 고수하라고 말한다.

이 메시지는 특히 속성 기반 분류에 의존하는 투자자들에게 중요하다. 한 가지 예가 가치투자 이론에서 중시하는 저PER 투자다. 지난 125년 동안 저PER일 때 매수하고 고PER일 때 매도했다면 실적이 부진했을 것이다.[8] 이는 저PER 투자가 나쁘다는 뜻이 아니라, 장기적으로 초과수익을 창출하는 타당한 이론이 아니라는 뜻이다.

흔히 대가들의 투자 전략은 절충형이라는 말이 있다. 어쩌면 속성 기반이 아니라 상황 기반이라고 표현하는 편이 더 정확할 것이다. 대표적인 사례가 지난 40년 동안 15년 연속 S&P500 대비 초과수익을 달성한 유일한 펀드매니저인 레그 메이슨 밸류 트러스트(Legg Mason Value Trust)의 빌 밀러(Bill Miller)일 것이다. 밀러의 전략은 확실히 상황 기반이었는데도, 사람들은 그가 속성 기반에서 벗어난다고 기계적으로 비난했다.

레그 메이슨 밸류 포트폴리오에서는 일반 가치펀드에서 흔히 보는 저PBR주나 저PER주를 찾아보기가 어렵다. 모닝스타(Morningstar)에 의하면, 1999년 말 현재 이 포트폴리오의 PBR은 가치펀드 평균보다 178% 높고, PER은 45% 높다.[9]

모든 투자자는 의식적으로든 무의식적으로든 이론을 사용한다. 이론 구축 과정이 주는 교훈은, 전체 맥락을 반영할 때 이론이 확고해진다는 점이다. 그러나 속성 기반 전략만 고수하다가 기대했던 성과를 얻지 못하고 좌절하는 투자자가 너무도 많다.

위험을 다루는 사업

위험, 불확실성, 그리고 예측

위험은 수많은 사례를 통해서 결과의 분포가 이미 알려진 상황이고, 불확실성
은 사안이 매우 독특해서 결과의 분포를 알 수 없는 상황이다.

– 프랭크 나이트(Frank H. Knight),
《Risk, Uncertainty, and Profit(위험, 불확실성, 이익)》

사회과학이든 자연과학이든, 우리 지식에는 항상 구름 위를 떠다니는 듯한 모
호함이 존재한다. 우리가 확신할 때마다 엄청난 문제가 발생했다.

– 케네스 애로(Kenneth Arrow),
"나는 매와 톱은 구별합니다(I Know a Hawk from a Handsaw)."

난해한 분야

인지과학자 게르트 기거렌처(Gerd Gigerenzer)는 아리안로켓(Arian rocket) 제작 회사인 다임러-벤츠 에어로스페이스(Daimler-Benz Aerospace, DASA)를 견학하던 중, 이상한 점을 발견했다. 지금까지 아리안로켓 4호와 5호는 모두 94회 발사되었고, 이 과정에서 사고가 8건 일어났는데, 발사 성공률을 보여주는 포스터의 숫자가 이해되지 않았던 것이다. 이상하다고 생각한 기거렌처는 가이드에게 사고 위험이 어느 수준인지 물었다. 가이드는 안전계수(security factor)가 약 99.6%라고 대답했다.

94회 발사 중 사고가 8건이었는데 어떻게 안전계수 99.6%가 나올 수 있느냐고 기거렌처가 다시 묻자, 사람이 저지른 실수는 계산에서 제외한다고 가이드가 대답했다. DASA는 개별 로켓 부품의 설계 특성을 기준으로 안전계수를 계산했던 것이다.[1]

이 DASA 이야기를 보면, 2003년 우주왕복선 사고와 관련된 확률 문제가 떠오른다. NASA 엔지니어들은 우주왕복선의 실패 확률을 0.7%로 추정했지만, 실제로는 113회 발사 중 2회가 완전한 실패였다.[2] DASA와 NASA의 추정을 보면, 확률을 계산할 때 위험과 불확실성을 구분할 필요성이 제기된다.

그러면 위험과 불확실성은 어떻게 구분해야 할까? 우선 프랭크 나이트(Frank Knight)의 구분 방식이 떠오른다. 위험은 결과를 알 수 없지만 결과의 분포는 아는 경우다. 불확실성은 결과를 알 수 없고 결과의 분포도 알 수 없는 경우다. 예컨대 룰렛과 블랙잭 같은 게임은 위험한 반면, 전쟁의 결과는 불확실하다. 프랭크 나이트에 의하면, 위험은 객관적 확률이고, 불확실성은 주관적 확률이다.

사전에서는 위험과 불확실성을 어떻게 구분하는지 살펴보자. 위험은 '손실을 볼 가능성'이다. 불확실성은 '불확실한 상태'이며, 여기서 '불확실한'은 '알지 못하거나 확실하지 않다'는 뜻이다. 따라서 위험에는 항상 손실 가능성이 포함되지만, 불확실성에는 손실 가능성이 포함되지 않을 수도 있다.

그러면 투자자들은 왜 위험과 불확실성을 구분해야 할까? 투자가 본질적으로 확률을 다루는 일이기 때문이다. 투자자들은 항상 투자 기회를 확률의 관점으로 보아야 한다. 이것을 아는 것이 핵심이다. 따라서 다양한 상황에서 확률을 어떻게 계산할 것인지, 어디에 함정이 숨어 있는지 세심하게 생각해야 한다.

불확실성에서 확률로

기거렌처는 저서 《숫자에 속아 위험한 선택을 하는 사람들(Calculated Risks)》에서 확률을 계산하는 세 가지 방법을 제시한다. 아래에 현실성이 가장 낮은 방법부터 현실성이 높은 방법 순으로 세 가지 방법을 설명한다.[3]

- **확신도(確信度, degree of belief):** 확신도는 주관적인 확률로서, 불확실성을 확률로 표현하는 가장 손쉬운 방식이다. 여기서는 확률의 법칙을 충족하

기만 하면, 즉 누락 및 중복 없이 대안 사건들의 발생 확률을 더한 값이 1 이기만 하면 1회성 사건조차 확률로 표현할 수 있다. 타당한 정보를 추가로 입수하면, 투자자는 확신도를 기반으로 확률을 자주 수정할 수도 있다.

- **성향(propensity):** 성향 기반 확률은 객체나 시스템의 특성을 반영한다. 예 컨대 균형 잡힌 주사위라면, 굴렸을 때 특정 숫자가 나올 확률이 6분의 1 이다. DASA와 NASA가 위험을 측정한 방식은 성향 기반 확률로 보인다. 이 기법에서는 결과에 영향을 미치는 요소를 모두 고려하지는 않는다. 예 컨대 로켓 발사 과정에서 사람이 저지른 실수는 계산에서 제외한다.

- **빈도(frequency):** 타당한 준거 기준에서 수많은 관찰치를 기반으로 산출 하는 확률이다. 타당한 준거 기준이 없으면 빈도 기반 확률을 산출할 수 없다. 따라서 빈도 기반 확률을 사용하는 사람들은 주사위 숫자에 대한 남들의 확신에 관심이 없고, 주사위의 균형이 잡혔는지에도 관심이 없다. 이들은 오로지 주사위를 반복적으로 던졌을 때 나올 결과에만 관심을 집 중한다.

그러면 주식시장의 장기 수익률 예측은 어떤 유형에 속할까? 수없 이 쏟아지는 주식시장 예측은 특히 최근 경험이 강하게 반영되는 확신 도 기반 확률에 해당한다. 확신도에는 상당한 심리 요소가 포함된다.

주식시장은 성향 관점으로도 접근할 수 있다. 제러미 시겔(Jeremy J. Siegel)의 저서 《주식에 장기투자하라(Stocks for the Long Run)》에 의하면, 지난 200년 동안 미국 주식시장의 실질 수익률은 7%에 근접했다(200 년은 여러 세부 기간으로 구분된다).[4] 문제는 '이 장기 수익률을 경기 및 이 익 성장률 등 여러 특성이 뒷받침하는가?'다.

주식시장은 빈도 관점으로도 접근 가능하다. 예를 들어 1926~2006
년 시장의 연 수익률을 관찰할 수 있다. 이 수익률 분포의 산술 평균은
12.0%, 표준편차는 20.1%다(정규분포를 가정). 미래 연 수익률 분포가
과거와 비슷하다고 가정하면, 즉 과거 80년이 타당한 준거 기준이라면
우리는 미래 연 수익률에 관한 확률을 제시할 수 있다.[5]

재무학회에서 다루는 것은 주로 빈도 기반 확률이다. 재무학에서 사
용하는 모형 대부분은 주가 변동이 정규분포라고 가정한다. 일례가 블
랙-숄즈(Black-Scholes) 옵션 가격 모형으로, 변동성이 핵심 입력 변수다.

그러나 주가 변동은 실제로 정규분포가 아니다. 이는 위험 및 불확
실성 개념, 시점 선택(market timing), 자산운용에 시사하는 바가 크다.
더 구체적으로 말하면, 주가 변동 분포는 첨도(kurtosis)가 높다. 즉, 정
규분포보다 평균이 높고 꼬리가 두껍다. (꼭 정규분포가 아니어도 시장의
특성을 나타낼 수는 있다.) 이런 분포에서는 이상치(異常値)가 주식시장의
장기 수익률에 큰 영향을 미칠 수 있다.

예를 들어 1978년 1월 3일~2007년 3월 30일 S&P500 지수의 일일
변동 추세를 살펴보자. 이 기간 배당을 제외한 지수 수익률은 연 9.5%
였다. 총 7,000여 일 중 수익률 하위 50일을 제외하면 수익률은 연
18.2%로 상승한다. 반면에 수익률 상위 50일을 제외하면 수익률은 연
0.6%로 하락한다.

이 분석이 흥미로울지는 모르지만, 판단 기준으로는 부족한 면이 있
다. 그래서 실제 데이터를 그대로 이용해서, 규모와 특성은 똑같지만
분포만 정규분포로 바꾼 무작위 표본을 추출했다. 여기서 수익률 하
위 50일을 제외하면 수익률은 연 15.2%로 바뀐다(실제 데이터에서는 연

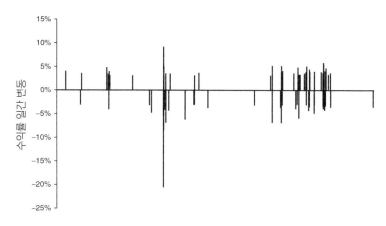

그림 5.1 S&P500 지수 수익률의 일간 변동 추세(1978. 1.~2007. 3.)

군집으로 나타난 부분은 주가 변동이 3σ(표준편차)를 초과하는 부분임.
자료: FactSet 및 저자의 분석

18.2%였다). 그리고 수익률 상위 50일을 제외하면 수익률은 연 3.5%가 되어서, 실제 데이터의 결과인 연 0.6%보다 훨씬 높다.

쉽게 말해서, 주식시장은 정규분포가 아닌 탓에 이상치(異常値)가 장기 수익률에 미치는 영향이 훨씬 크다.

또 하나 유의할 점은, 주식시장에서는 이상치가 무작위로 나타나지 않고 무리 지어 나타난다는 점이다(그림 5.1 참조).

예측이 배당률에 미치는 영향(여기서는 주식이 아니라 도박에 대한 배당률)

룰렛과 경마를 비교해보자. 룰렛 게임이 공정하다면, 예측을 어떻게 하든 결과는 달라지지 않는다. 배당률이 바뀌지 않는다는 말이다.

이번에는 경마를 생각해보자. 어떤 말의 우승 확률이 배당률보다 높아 보여서 그 말에 돈을 건다고 가정하자. 그러면 돈을 거는 과정에서 배당률이 달라진다. 돈을 거는 사람이 많아지면 배당률이 낮아지는 것이다.

주식시장도 마찬가지다. 어떤 종목이 저평가되었다고 판단해 매수하기 시작하면, 이 과정에서 주가가 상승해 기대수익률이 하락한다. 여기서 다시 기댓값의 중요성을 깨닫게 된다. 기댓값은 '다양한 사건의 발생 확률'에 '그 사건의 예상 손익을 곱한 값'으로서, 투자에서는 기대수익률에 해당한다.[6]

"투자의 미래는 불확실하다"라고 피터 번스타인은 말했다. 투자자의 과제는 이런 불확실성을 확률과 손익으로 변환해 매력적인 종목을 찾아내는 것이다.

전문가는 다를까?

전문가들의 실제 능력

증거를 보면, 전문가라고 해서 나을 바가 거의 없다. 놀랍게도, 전문가가 훨씬
낫다고 말해주는 연구를 찾을 수가 없었다.

– 스콧 암스트롱(J. Scott Armstrong),
"예측가들에게 속지 마라: 전문가들의 실제 예측력
(The Seer-Sucker Theory: The Value of Experts in Forecasting)"[1]

인간 vs 인공지능

가슴 통증으로 병원에 가면 곧바로 심전도(ECG) 검사를 한다. 심전도 검사를 하면 심장의 전기적 활동 상태가 그래프로 표시되고, 의사는 이 그래프를 판독해 환자에게 심근경색이 있는지 판단한다. 그러나 심전도 그래프는 종종 명확하지 않아서 의사가 판독하기 어려울 때가 있다.

그러면 의사들의 심전도 그래프 판독 능력은 어느 수준일까? 1966년, 룬드(Lund) 의대 교수 라즈 에덴브란트(Lars Edenbrandt)는 스웨덴의 저명한 심장병 전문의 한스 올린(Hans Ohlin)과 인공지능의 판독 능력을 비교했다. 인공지능 전문가인 에덴브란트는 심근경색 관련 데이터 수천 개를 이용해 인공지능을 학습시켰다. 50세인 올린은 업무상 심전도 그래프를 연간 1만 건이나 판독하는 일류 심장병 전문의였다.

에덴브란트가 선정한 표본 1만여 건 중 절반은 실제로 심근경색이 확인된 사례였다. 올린은 1주일에 걸쳐 그래프를 세심하게 판독해 심근경색 사례를 가려냈다. 체스 세계 챔피언 가리 카스파로프(Garry Kasparove)와 컴퓨터 딥 블루(Deep Blue)의 대결을 연상시키는 일대 사건이었으므로, 올린은 심혈을 기울였다.

마침내 결과를 집계하자, 올린의 적중률은 55%였고, 인공지능의 적중률은 66%였다. 생사를 가르는 판독 업무에서 인공지능의 적중률이 저명한 심장병 전문의보다 20%나 높았다.[2] 인공지능의 완승이었다.

우리 사회는 전문가들을 떠받드는 경향이 있다. 환자들은 관례적으로 의사에게 자신을 내맡기고, 투자자들은 투자 전문가의 말에 귀를 기울이며, TV 시청자들은 온갖 권위자에게 이목을 집중한다. 그러면 이렇게 전문가들을 무조건적으로 신뢰할 만한 근거는 과연 무엇일까?

전문가들이 잘하는 분야는?

전문가가 일반인을 지속적으로 압도하는 영역이 있다. 예컨대 체스 그랜드마스터, 윔블던에서 우승한 테니스 선수, 뇌외과 전문의 등이다. 그러나 전문가 소견이 흔히 일반인 수준에도 못 미쳐서 참고할 가치가 없는 영역도 있다. 그리고 전문가 의견이 대체로 일치하는 영역도 있지만, 완전히 엇갈리는 영역도 있다. 도대체 왜 그럴까?

인식 문제를 생각해보자. 전문가의 능력은 문제의 특성에 따라 달라질 수 있다. 문제를 특성별로 나열하면, 한쪽 끝에는 지극히 정태적, 선형적, 개별적인 문제를 놓고, 반대편 끝에는 지극히 역동적, 비선형적, 연속적인 문제를 놓을 수 있다.[3] 표 6.1은 양극단의 특성을 설명하는 다양한 표현들이다.

수만 시간을 종사한 덕분에 전문가는 해당 분야에 정통할 수도 있지만, 오히려 인식의 유연성이 감소할 수도 있다. 그렇게 인식의 유연성이 감소하면, 문제가 복잡해질수록 전문가의 능력이 감퇴될 수 있다.

여기서 두 가지 개념이 유용하다. 하나는 심리학에서 말하는 이른바 '기능적 고착(functional fixedness)'이다. 이는 자신이 가진 기능 지식 때문에 오히려 문제를 다른 방식으로는 잘 해결하지 못하는 현상이다. 우리는 기존 관점을 고수하는 경향이 있어서, 다른 관점을 좀처럼 받

표 6.1 양극단의 문제가 지닌 특성

개별적	연속적
정태적	동태적
순차적	동시적
기계적	유기적
일방적	상호적
보편적	조건적
동질적	이질적
규칙적	불규칙적
선형적	비선형적
피상적	심층적
단일	복수
고정적	유동적

자료: Paul J. Feltovich, Rand J. Spiro, and Richard L. Coulsen, "Issues of Expert Flexibility in Contexts Characterized by Complexity and Change," in 《Expertise in Context: Human and Machine》 및 저자

아들이려 하지 않는다.

나머지 하나는 환원 편향(reductive bias)으로, 사람들이 (스펙트럼의 오른쪽 끝에 있는) 비선형 복잡계를 선형 단순계처럼 다루려는 경향이다. 그 결과 흔히 상황은 무시한 채, 속성만으로 시스템을 평가하는 오류에 빠지게 된다. 예를 들어 일부 투자자는 가치평가(상황)는 무시하고 단순 저가주(속성)에만 관심을 집중한다.

경제학자도 환원 편향에 빠질 수 있다. 흔히 균형 단순계에 적합한 도구와 비유를 이용해서 복잡계를 설명하려 하기 때문이다. 그 결과 새로운 기법, 참신한 단서, 체계 변화 등을 좀처럼 받아들이지 못한다.

그렇다고 해서 전문가들이 모두 로봇처럼 경직되었다는 뜻은 아니

통섭과 투자

다. 특정 분야에서는 초보자보다 더 유연한 모습을 보이기도 한다. 심리학에서는 전문가의 유연성을 두 가지로 구분한다. 첫째, 전문가는 그 분야의 핵심 특성에 정통하므로 전체 맥락을 고려해 효율적으로 대응한다. 이런 유연성은 비교적 안정적인 영역에서 잘 발휘된다.

둘째, 발휘하기 쉽지 않은 유연성도 있다. 이는 자신의 정신적 격자모형이 제대로 작동하지 않을 때, 기존 틀에서 벗어나 새로운 방식으로 문제 해결을 시도하는 유연성이다. 비선형 복잡계에서는 이런 유연성이 필수적이다.

그러면 두 가지 유연성을 모두 확보하려면 어떻게 해야 할까? 인지 유연성 이론에 의하면, 업무 과정에서 환원 편향이 과도해지지 않도록 조절하는 것이 관건이다.[4] 환원 편향이 증가하면 효율성은 개선되지만 유연성은 감소한다. 환원 편향을 줄이려면 다양한 사례를 탐색해 전체 맥락을 파악해야 한다. 전문가는 실제 사례들도 살펴보면서, 어떤 사례에 원칙이 효과를 발휘하는지도 확인해야 한다.

표 6.2는 다양한 인지 분야에서 나타나는 전문가의 능력을 정리한 자료다. 표 6.1과 마찬가지로, 왼쪽 끝에는 가장 단순한 문제를 놓고, 오른쪽 끝에는 가장 복잡한 문제를 놓았다. 그림에서 보듯이, 전문가의 능력은 주로 문제의 유형에 좌우된다.

원칙에 기반하고 자유도(自由度)가 낮은 영역에서는 전문가의 능력이 줄곧 컴퓨터에 못 미쳤다.[5] 전문가도 잘하긴 하지만, 대개 컴퓨터가 더 낮은 비용으로 더 잘 해낸다. 인간은 최근 경험을 중시하고, 정보를 전달받는 방식에 따라 판단이 달라지는 등 심리적 편향에 휘둘리는 탓에 컴퓨터에 못 미친다. 여러 변수의 비중을 조절하는 데도 서툴다.[6]

표 6.2 전문가의 능력은 문제의 유형에 좌우됨

영역	원칙 기반: 자유도 낮음	원칙 기반: 자유도 높음	확률 기반: 자유도 낮음	확률 기반: 자유도 높음
전문가 능력	컴퓨터에 열위	대체로 컴퓨터에 우위	집단적 판단에 동등 또는 열위	집단적 판단에 열위
전문가들 판단의 일치도	높음 (70~90%)	보통 (50~60%)	보통/낮음 (30~40%)	낮음 (20% 미만)
사례	– 신용 평가 – 단순 진단	– 체스 – 바둑	– 입학사정관제 – 포커	– 주식시장 – 경제

자료: Beth Azar, "Why Experts Often Disagree," *APA Monitor Online* 30, no. 5 (May 1999) 및 저자

이렇게 원칙에 기반한 영역에서는 전문가 대부분의 판단이 일치한다. 심전도 그래프 판독이 이런 사례에 해당한다.

다음 열은 원칙에 기반하고 자유도가 높은 영역으로, 전문가가 능력을 가장 잘 발휘하는 영역이다. 예컨대 딥 블루는 체스 챔피언 가리 카스파로프를 간신히 물리쳤지만, 어떤 컴퓨터도 일류 바둑 기사에게는 적수가 되지 못한다.[7] 그러나 컴퓨터의 성능이 개선되면 이 영역에서도 결국 전문가가 수세에 몰리게 될 것이다. 전문가들 판단의 일치도가 높은 편이다.(그러나 2016년 구글 딥마인드Goodle DeepMind가 개발한 인공지능 알파고AlphaGo가 세계 최강급 프로 기사인 이세돌 9단을 상대로 벌인 5차례 대국에서 4 대 1로 승리했다. – 역주)

다음 열은 확률에 기반하고 자유도가 낮은 영역이다. 전문가들은 확률을 받아들이지 못하므로 집단적 판단을 따라가지 못한다. 전문가들

통섭과 투자

판단의 일치도도 낮아진다.《머니볼》의 저자 마이클 루이스처럼 통계를 이용하면 전문가의 의사결정 능력을 개선할 수 있다.

오른쪽 끝 열은 가장 어려운 상황으로, 확률에 기반하고 자유도가 높은 영역이다. 전문가가 확실히 집단적 판단을 따라가지 못한다.[8] 대표 사례가 주식시장이다. 투자 전문가 대다수가 참고할 만한 가치도 없다. 흔히 전문가들의 견해가 정반대로 나뉜다.[9]

우리는 자주 전문가들에게 의존한다. 실제로 전문가들의 예측은 얼마나 정확할까? 심리학자 필 테틀록은 약 20년에 걸쳐 전문가 300명가량에게 수만 건을 예측해달라고 의뢰했다. 투자자들이 직면하는 문제처럼, 정치와 경제 관련해서 예측하기 까다로운 문제들이었다.

예측 결과는 신통치 않았다. 간단한 통계 모형을 사용했을 때도 전문가들의 예측은 거의 개선되지 않았다. 이렇게 부실한 결과에 대해 전문가들도 다른 사람들처럼 변명을 늘어놓았다. 테틀록은 전문가들의 견해를 종합한 결과는 자세히 설명하지 않았지만, 특히 문제가 어려울 때는 전문가의 예측력이 확실히 낮았다.

그런데 상대적으로 괜찮게 예측한 전문가도 있었다. 관건은 사고방식이었다. 아이제이아 벌린(Isaiah Berlin)이 제시한 아르킬로코스(Archilochus)의 비유를 이용해서, 테틀록은 전문가들을 고슴도치와 여우로 분류했다. 고슴도치는 한 분야를 깊이 알고, 이 지식을 모든 분야에 적용하는 전문가다. 반면에 여우는 여러 분야를 조금씩 알고, 복잡한 문제라면 한 가지 해법을 고집하지 않는다.

테틀록이 발견한 사항 중 두 가지가 특히 중요하다. 첫째는 대중매체와 예측력 사이의 상관관계다. 테틀록은 "대중매체가 떠받드는 유명 예측가들의 적중률은 무명 예측가들의 적중률보다 낮았다"라고 지적한다.[10] 라디오와 TV 출연자들을 조심해야 하는 이유다.

둘째, 여우의 적중률이 고슴도치보다 대체로 높았다. 테틀록은 다음과 같이 말한다.

> 여우의 적중률이 더 높은 듯하다. 다양한 분야를 조금씩 아는 사람들은 거창한 이론에 회의적이어서, 연역적 추론에 의한 설명이나 예측보다는 다양한 자료에서 나온 정보들을 조합하는 유연한 임기응변 방식을 선호하며, 자신의 예측력을 과신하지 않는다.[11]

이를테면 고슴도치는 강력한 도구 하나만 사용하는 반면, 여우는 다양한 도구를 사용한다고 볼 수 있다. 물론 고슴도치의 예측이 적중할 때도 있겠지만 장기적으로는 여우를 따라가지 못하며, 특히 상황이 바뀔 때 고전한다. 테틀록의 연구는 다양성의 위력을 학문적으로 뒷받침한다.

연속 성공 현상
연속 성공 기량과 확률

여러 번 연속으로 성공했다면, 탁월한 기량은 물론 기막힌 행운까지 겹쳤다고
보아야 한다.

– 스티븐 제이 굴드(Stephen Jay Gould), "연속 성공(The Streak of Streaks)"

이론적으로는 누구나 주사위 두 개를 굴려 12회 연속 7이 나오게 할 수 있다.

– 빌 그로스(Bill Gross), 《배런즈(Barron's)》

연속 성공 현상

인간은 본능적으로 패턴을 찾으려 한다. 대표적인 사례가 농구에서 말하는 핫 핸드(hot hand) 현상이다. 어떤 농구 선수가 슛 몇 개를 연속 성공하면, 사람들은 흔히 그가 다음 슛도 성공할 거라고 믿는다. 연구에 의하면, 스포츠팬들은 물론 선수 자신도 이 현상을 믿는다.

그러나 핫 핸드 현상이 실제 존재하는 것은 아니다. 학자들은 필라델피아 76과 보스턴 셀틱스의 한 시즌 분량 슈팅 통계를 분석했지만 이 현상의 증거를 발견하지 못했다. 물론 슛이 연속 성공한 사례들은 있었지만 모두 확률 범위를 전혀 벗어나지 않았다. 연속 성공과 연속 실패 모두 확률 범위 안에 있었다는 말이다.[1]

실제로는 패턴이 존재하지 않는데도 우리 눈에 보이는 것은, 연속 사건 전체는 물론 그 일부에서도 패턴을 기대하도록 우리 두뇌가 설계되었기 때문이다. 심리학자 에이머스 트버스키와 대니얼 카너먼은 이런 현상을 '소수의 법칙에 대한 믿음'이라고 부른다.

예를 들어 사람들은 동전 던지기를 수없이 되풀이하면 앞면과 뒷면이 절반씩 나올 것으로 기대한다. 그러나 실제로 앞면이 여러 번 연속해서 나오면, 사람들 대부분은 또 앞면이 나올 것으로 기대한다. 그래서 사람들은 핫 핸드 현상을 믿는다.[2]

여기서 전달하려는 요점은 연속 성공에 대한 사람들의 착각이 아니라, 연속 성공과 확률의 관계다. 동전 던지기와는 달리, 사람들의 연속 성공 확률은 개인마다 다르다. 연속 성공을 달성하는 사람들은 대개 기량이 탁월하다. 평소에도 성공 확률이 높은 사람들이기 때문이다.

연속 성공과 기량

연속 성공과 기량의 관계를 살펴보자. 농구 선수 A는 슛 성공률이 60%이고, 농구 선수 B는 슛 성공률이 30%라고 가정하자. 그러면 두 사람의 5골 연속 성공 확률은 얼마일까? A는 확률이 $(0.6)^5$ = 7.8%다. 즉, 5연속 슛을 13회 시도해야 한 번 성공한다는 말이다. B는 확률이 $(0.3)^5$ = 0.24%다. 즉, 5연속 슛을 412회 시도해야 한 번 성공한다는 뜻이다. 따라서 5골 연속 성공 확률은 A가 B보다 훨씬 높다.[3]

참고로, 윌트 체임벌린(Wilt Chamberlin)은 1967년 2월 24일 18골을 연속 성공해, 미국 프로 농구 협회(NBA) 단일 경기 최장 연속골 기록을 세웠다. 체임벌린은 평생 슛 성공률이 54%로, 슛 정확도 20위 안에 포함된다.

야구에서 나오는 연속 안타도 연속 성공과 기량의 관계를 보여주는 좋은 사례다. 메이저 리그 야구 역사상 30경기 이상 연속 안타를 기록한 선수는 42명이다. 이들의 평생 타율은 0.311(3할 1푼 1리)이었다. 이는 야구 역사상 타율 100위 안에 들어가는 수준이다.

그중에서도 20경기 이상 연속 안타 기록을 가장 많이 세운 5명, 즉 피트 로즈(Pete Rose), 타이 콥(Ty Cobb), 트리스 스피커(Tris Speaker), 하이니 마누시(Heinie Manush), 척 클라인(Chuck Klein)의 평생 타율은 0.333이었다. 야구계의 장기 평균 타율은 0.26이다.[4]

스포츠계에 확률 범위를 벗어난 연속 성공 사례가 하나 있다. 1941년 조 디마지오(Joe DiMaggio)가 세운 56경기 연속 안타 기록이다. (연속 안타 2위 기록은 피트 로즈와 위 윌리 킬러Wee Willie Keeler가 함께 세운 44경기로, 디마지오가 세운 기록의 80% 수준이다.) 노벨 물리학상을 받은 에드워드 퍼셀(Edward Purcell)은 야구에서 연속 성공과 실패 기록을 분석해, 디마지오의 기록을 제외하면 모든 기록이 확률 범위에서 벗어나지 않는다고 판단했다.[5]

디마지오는 평생 타율이 야구 역사상 27위에 해당하는 탁월한 선수였지만, 그런 그도 56경기 연속 안타 기록을 세울 확률은 100만분의 1 미만이있다.[6] 그래서 통계에 밝은 야구팬들은 디마지오의 연속 안타가 가장 깨기 어려운 기록이라고 생각한다.[7]

동전 던지기

금융 전문가 대부분은 펀드매니저들의 초과수익 연속 기록을 우연으로 치부한다. 예를 들어 재무학 교수들은 펀드매니저들의 초과수익을 동전 던지기에 비유해서 설명한다.[8] 즉, 펀드매니저가 충분히 많다면, 확률적으로 그중 일부는 초과수익을 연속으로 기록하게 된다는 뜻이다. 예컨대 초과수익 1년 달성 확률이 50%이고 펀드매니저가 1,000명이라면, 5년 연속으로 초과수익을 달성하는 펀드매니저는 $(0.5)^5 \times$ 1,000 = 약 30명이라는 말이다.

그러나 펀드매니저마다 기량이 다를 테니, 초과수익 1년 달성 확률을 일률적으로 50%로 보기는 곤란하다. 즉, 기량이 뛰어난 펀드매니저가 초과수익 달성 확률이 높다고 보아야 마땅하다.

초과수익 연속 기록으로 업계에서 가장 큰 관심을 모은 인물은 자산운용사 레그 메이슨의 빌 밀러다. 그는 밸류 트러스트 펀드를 운용해서 2005년까지 S&P500 대비 15년 연속으로 초과수익을 기록했다. 지난 40년 동안 이런 실적을 기록한 펀드는 하나도 없었다. 이런 실적이 나올 확률은 얼마나 될까?

밀러의 실적을 단순하게 행운 덕분으로 돌리는 전문가도 있다. 예컨대 그레고리 베어(Gregory Baer)와 게리 겐슬러(Gary Gensler)는 다음과 같이 썼다. "레그 메이슨의 펀드매니저 빌 밀러가 대단한 실적을 기록한 것은 사실이지만, 확률적인 우연의 연속이자 액티브 매니지먼트의 폐단이라고 본다."[9] 유명한 채권 펀드매니저 빌 그로스(Bill Gross)도 밀러의 실적을 언급했다(7장 도입부에 인용). 2003년, 그로스는 밀러의 초과수익 12년 연속 기록을 카지노의 주사위 굴리기 12회에 비유하면서 비꼬았다. 그러나 그 비유는 부적절했다. 주사위 두 개를 굴려 12회 연속 7이 나올 확률은 22억분의 1에 불과하기 때문이다.

밀러의 초과수익 연속 기록을 분석하는 방법은 두 가지다. 첫째는 모든 펀드의 초과수익 1년 달성 확률이 일정하다고 가정하고서, 초과수익 연속 확률을 계산하는 방법이다(표 7.1 참조). 예를 들어 초과수익 1년 달성 확률이 50%라고 가정하면, 초과수익 15년 연속 달성 확률은 3만 2,768분의 1이다. 밀러가 펀드 운용을 시작한 시점에는 비슷한 펀드가 900개에 불과했으므로, 그의 실적은 인상적이다.

그러나 일반 펀드의 초과수익 1년 달성 확률은 50%가 아니다. 실제로 지난 15년 동안 일반 펀드의 초과수익 1년 달성 확률은 44%였다. 그러면 초과수익 15년 연속 달성 확률은 약 22만 3,000분의 1이 된다.[10]

표 7.1 펀드의 초과수익 연속 달성 확률(~분의 1)

초과수익 1년 달성 확률 가정

연속 연수	30%	40%	50%	60%
1	3	3	2	2
2	11	6	4	3
3	37	16	8	5
4	123	39	16	8
5	412	98	32	13
6	1,372	244	64	21
7	4,572	610	128	36
8	15,242	1,526	256	60
9	50,805	3,815	512	99
10	169,351	9,537	1,024	165
11	564,503	23,842	2,048	276
12	1,881,676	59,605	4,096	459
13	6,272,255	149,012	8,192	766
14	20,907,516	372,529	16,384	1,276
15	69,691,719	931,323	32,768	2,127
16	232,305,731	2,328,306	65,536	3,545

자료: 저자의 분석

둘째 방법은 연도별로 실제 초과수익 1년 달성 확률을 이용해서 누적 확률을 계산하는 것이다(표 7.2 참조). 이 표에 의하면, 2005년까지 초과수익 15년 연속 달성 확률은 약 230만분의 1이다. 이렇게 확률이 낮은 것은 1995년과 1997년 초과수익 달성 확률이 10% 안팎에 불과했기 때문이다. (레오나르드 플로디노프Leonard Mlodinow는《춤추는 술고래의 수학 이야기The Drunkard's Walk》에서 모부신의 계산이 잘못되었다고 지적하면서, 밀러의 초과수익 15년 연속 달성 확률이 3%라고 제시했다. 2005년 이후 밀러

표 7.2 S&P500 대비 초과수익 1년 달성 비율(1991~2006)

연도	펀드 수	초과수익 달성 비율(%)
1991	889	47.7
1992	1,018	50.9
1993	1,289	72.0
1994	1,733	24.0
1995	2,325	12.6
1996	2,894	20.7
1997	3,761	7.9
1998	4,831	26.1
1999	5,873	51.4
2000	6,966	62.2
2001	8,460	49.7
2002	9,749	58.7
2003	10,780	56.7
2004	11,466	54.9
2005	11,329	67.1
2006	12,500	38.3

자료: Lipper Analytical Services 및 저자의 분석

는 수익률 최하위권에서 장기간 벗어나지 못했고, 2012년 마침내 펀드 운용을 포기했다. - 역주)

연속 성공과 운

자산운용에서 정말로 중요한 실적은 초과수익의 크기다. 그러나 연속 성공 기록 역시 큰 관심을 끈다. 연속 성공 기록이 길어질수록, 펀

드매니저가 받는 압박은 커질 수밖에 없다.

그러면 밀러는 그동안 운이 좋았던 것일까? 물론이다. 하지만 스티븐 제이 굴드(Stephen Jay Gould)에 의하면, 연속 성공은 탁월한 기량에 기막힌 행운까지 겹친 결과다.[11] 7장이 전하는 핵심 메시지는, 어느 분야에서든 연속 성공이 장기간 이어지는 것은 탁월한 기량에서 비롯된다는 점이다. 인간은 조금만 복잡해져도 확률을 좀처럼 이해하지 못하므로, 흔히 연속 성공이 주는 의미를 파악하지 못한다.

통섭과 투자

시간은 우리 편
근시안적 손실 회피와 포트폴리오 회전율

위험자산의 매력도는 투자자의 투자 기간에 따라 달라진다. 위험자산은 조만간 실적을 평가하려는 투자자보다, 먼 훗날 실적을 평가하려는 투자자에게 더 매력적이다

- 리처드 탈러(Richard H. Thaler), 에이머스 트버스키(Amos Tversky),
대니얼 카너먼(Daniel Kahneman), 앨런 슈워츠(Alan Schwartz),
"근시안과 손실 회피가 위험 감수에 미치는 영향: 실험적 조사
(The Effect of Myopia and Loss Aversion on Risk Taking: An Experimental Test)"

현실적으로 손실을 회피할 방법은 없다. 하지만 평가 주기는 정책적으로 선택할 수 있다.

- 슐로모 베나치(Shlomo Benartzi), 리처드 탈러(Richard H. Thaler),
"근시안적 손실 회피와 주식 프리미엄 문제
(Myopic Loss Aversion and the Equity Premium Puzzle)"

단판 승부와 100판 승부

1960년대 초, 경제학자 폴 새뮤얼슨(Paul Samuelson)은 동료와 점심 먹으러 가던 중 내기를 제안했다. 동전 던지기를 해서 동료가 맞히면 200달러를 주고, 틀리면 100달러를 받겠다는 내기였다. 그러나 동료는 거절하면서 이렇게 말했다. "하지 않겠네. 200달러 이익에서 얻는 기쁨보다, 100달러 손실에서 오는 고통이 더 크기 때문이지. 그러나 이런 내기를 100판 하자고 제안한다면 응하겠네."

이때 새뮤얼슨이 동료의 반응을 보고 개발한 것이 '단판 승부가 타당하지 않다면 연속 승부도 타당하지 않다'라는 정리(定理)다. 이 정리에 의하면, 그 박식한 동료의 답변은 타당하지 않다.[1]

하지만 새뮤얼슨의 정리는 공감하기가 쉽지 않다. 전망 이론의 손실 회피 개념이 더 이해하기 쉽다. 이는 인간이 손실을 볼 때 느끼는 고통은, 이익을 얻을 때 느끼는 기쁨보다 2.5배나 크다는 개념이다.[2]

사람들은 새뮤얼슨의 정리보다는 동료의 말에 직관적으로 더 공감한다. 동전 던지기 한 판으로 200달러를 벌 때 얻는 기쁨보다, 100달러를 잃을 때 느끼는 고통이 더 크다. 그러나 같은 내기를 100판 한다면 손실 확률이 낮아지므로 훨씬 타당해 보인다.

새뮤얼슨의 정리가 기반한 기대 효용 이론과 전망 이론 사이의 커다란 차이점은 '의사결정의 틀'이다. 기대 효용 이론에서는 손익을 투자자가 보유한 전체 재산이라는 넓은 관점에서 바라본다. 반면 전망 이론에서는 손익을 개별 재산의 변동(특정 종목의 주가나 펀드 기준가의 변동)이라는 좁은 관점에서 바라본다. 실험 연구에 의하면, 투자자들이

통섭과 투자

실적을 평가할 때 사용하는 기준은 가격 변동이다. 즉, 투자자들은 실적을 좁은 관점에서 바라본다.[3]

만일 전망 이론이 투자자의 행동을 제대로 설명한다면 주식의 상승 확률과 평가 주기가 가장 중요해진다. 이제부터 이 두 변수를 살펴보자.

주식 위험 프리미엄

금융 분야의 커다란 수수께끼 하나는 주식 수익률이 채권 수익률보다 훨씬 높은 현상이다. 1900~2006년 미국 주식은 단기 국채보다 수익률이 연 5.7%나 높았다. 다른 선진국들에서도 비슷한 현상이 나타났다.[4]

1995년에 발표한 선구적인 논문에서 슐로모 베나치(Shlomo Benartzi)와 리처드 탈러(Richard Thaler)는 이른바 '근시안적 손실 회피'로 주식 위험 프리미엄을 설명했다. 이들의 주장을 뒷받침하는 개념은 두 가지다.[5]

1. **손실 회피:** 우리가 손실을 볼 때 느끼는 고통은, 이익을 얻을 때 느끼는 기쁨의 2~2.5배나 된다. 흔히 사람들은 주가를 기준으로 손익을 평가하므로 주가의 상승 확률이 중요하다. 주가가 상승할 확률은 보유 기간이 길어질수록 높아진다. (사람들이 소비를 보류하고 투자하도록 유도하려면 주식시장의 기대수익률이 플러스가 되어야 하기 때문이다.)

2. **근시안:** 손실 회피 성향 탓에, 평가 주기가 짧아질수록 고통을 느낄 확률이 더 커진다. 반대로 평가 주기가 길어질수록 고통을 느낄 확률이 더 작

아진다.

표 8.1은 평가 주기에 따른 수익률과 효용을 보여준다.[6] 이 분석 데이터의 연 복리 수익률은 10%이고, 표준편차는 20.5%다. (1926~2006년 실제 데이터의 평균 및 표준편차와 거의 같다.)[7] 또한 주가는 랜덤워크라고 보며, 손실 회피 계수를 2로 가정한다. (효용 = 주가 상승 확률 - 주가 하락 확률×2)

여기에서 보듯이, 초단기적으로는 손실 확률과 이익 확률이 거의 같다. 그러나 효용이 플러스가 되려면, 우리의 손실 회피 성향 탓에 보유 기간이 1년에 육박해야 한다.

베나치와 탈러가 시사하는 바는 다음과 같다. 똑같은 위험자산이라고 해도, 손익을 자주 평가하지 않는 장기 투자자가 누리는 효용은 손익을 자주 평가하는 단기 투자자가 누리는 효용보다 크다. 즉, 효용은

표 8.1 시간, 수익률, 효용

평가 주기	수익률(%)	표준편차(%)	수익 확률(%)	효용
1시간	0.01	0.48	50.40	−0.488
1일	0.04	1.27	51.20	−0.464
1주일	0.18	2.84	53.19	−0.404
1개월	0.80	5.92	56.36	−0.309
1년	10.0	20.5	72.6	0.177
10년	159.4	64.8	99.9	0.997
100년	1,377,961	205.0	100.0	1.000

자료: 저자의 분석

투자 기간에 따라 달라진다.

바로 이런 이유로, 장기 투자자들은 변동성을 걱정하지 않는다고 말한다. 장기 투자자들이 누리는 효용은 시간이 흐를수록 커지므로, 보유 기간이 길어질수록 이들이 만족스러운 수익을 얻을 확률도 커진다.

베나치와 탈러가 여러 시뮬레이션 기법을 통해서 추정한 바에 의하면, 주식 위험 프리미엄 실현에 필요한 평가 기간은 약 1년이다. 그러나 평가 주기가 항상 투자 기간과 일치하지는 않는다는 점에 유의해야한다. 예컨대 어떤 사람이 30년 뒤 은퇴에 대비해서 투자하더라도, 매년 또는 분기별로 손익을 평가한다면 단기 투자자와 마찬가지로 불필요한 고통을 맛보게 된다.[8]

이번에는 포트폴리오의 회전율이 평가 주기를 나타내는 지표라고 다소 무리한 가정을 세워보자. 즉, 회전율이 높으면 단기 수익을 추구하고, 회전율이 낮으면 장기 수익을 추구하는 포트폴리오라고 가정하자. 성공한 펀드(기업) 다수가 평가 기간을 정책적으로 결정할 수 있다. 그리고 워런 버핏의 말처럼, 펀드(기업)들은 자신의 행동에 걸맞은 주주들을 얻는다.

장기 보유의 장점

포트폴리오 회전율과 실적의 관계를 보여주는 실증 데이터를 살펴보자. 포트폴리오 회전율을 기준으로 네 종류로 구분했다. 표 8.2를 보면 3년, 5년, 10년, 15년 실적 모두 회전율이 낮은(50% 미만) 펀드가 더 좋았다.

이 실적 차이가 거래 비용 때문이라고 생각할 수도 있겠지만, 전체 비용에서 거래 비용이 차지하는 비중은 실제로 약 3분의 1에 불과하다.

장기 보유 전략이 실적에 유리하다는 증거가 일관되게 나오는데도 액티브 펀드의 연간 회전율은 90%에 육박한다. 도대체 왜 그럴까? 첫째, 주식시장이 효율적이 되려면 참여하는 투자자들의 스타일과 보유 기간 등이 다양해야 한다. 모두가 장기 투자를 할 수도 없고, 할 필요도 없다는 말이다. 모두가 장기 투자하면 주식 위험 프리미엄이 소멸해 시장이 단번에 급등한다는 이른바 '다우 36,000' 주장 뒤에는 이런 구성의 오류가 숨어 있다.[9] 투자자들의 속성이 바뀌면 시장의 속성도 바뀐다. 사람들이 모두 장기 투자를 지향한다면 시장은 다양성이 부족해져서 효율성이 감소할 것이다.

둘째, 회전율이 높은 것은 근본적으로 대리인 비용(agency cost) 때문이다. 연구에 의하면, 주가가 기댓값보다 낮은 주식에서는 장기적으로

표 8.2 포트폴리오 회전율과 장기 실적

회전율(%)	3년 연 수익률(%)	5년 연 수익률(%)	10년 연 수익률(%)	15년 연 수익률(%)
≤20	9.8	8.7	9.5	11.2
20~50	10.3	9.1	9.3	11.3
50~100	10.1	8.4	8.1	10.0
≥100	9.2	7.6	6.6	8.8

비고: 2006년 12월 31일까지 데이터. 자료: 모닝스타, 저자의 분석

초과수익이 나온다. 그러나 기관투자가 대부분은 보유 기간이 짧아서 과정보다 결과에 집중한다.

펀드의 수익률이 시장 수익률보다 낮으면 펀드 고객들이 이탈할 위험이 있고, 결국 펀드매니저는 실직 위험에 직면하기 때문이다.[10] 따라서 펀드매니저들은 벤치마크에 대한 추적 오차(tracking error)를 최소화하려고 한다. 3년 이상 보유해야 유망해 보이는 주식은 매수하려 하지 않는다. 3년 뒤에는 어떤 일이 벌어질지 전혀 알 수 없기 때문이다. 결국 이런 근시안적 손실 회피 탓에 회전율이 높아진다고 볼 수 있다.

백문이 불여일견

그림 8.1~8.4는 근시안적 손실 회피의 핵심 개념을 보여주는 그래프들로서, 투자의 현인 윌리엄 번스타인(William Bernstein)의 그림을 재구성했다.[11]

그림 8.1은 위험과 보상의 관계를 나타낸다. 위험(표준편차로 측정)은 시간의 제곱근에 비례해서 증가하지만, 보상(수익률로 측정)은 시간이 흐르면 복리로 증가하므로, 결국 보상이 위험보다 높아지게 된다. 가로축과 세로축 모두 로그 스케일이라는 점에 유의하라.

위험과 보상의 관계는 '보상 대비 위험'의 관점으로 볼 수도 있다. 그림 8.2는 표준편차를 수익률로 나눈 비율을 나타낸다.

이번에는 이익 확률을 살펴보자. 그림 8.3은 시간이 흐름에 따라 이익 확률이 증가하는 모습을 보여준다.

그림 8.4는 손실을 볼 때 느끼는 고통이 이익을 얻을 때 느끼는 기쁨의 2배라고 가정하고 작성한 효용 그래프다. 효용의 범위는 -2(100% 손실 확률×2)~1(100% 이익 확률)이다.

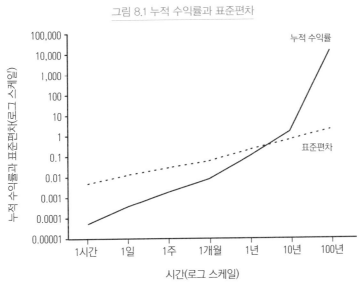

그림 8.1 누적 수익률과 표준편차

자료: 저자의 분석

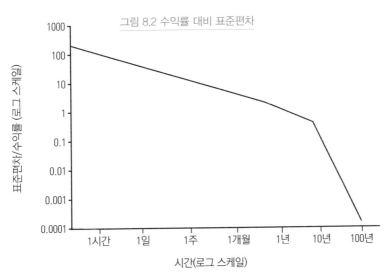

그림 8.2 수익률 대비 표준편차

자료: 저자의 분석

그림 8.3 시간과 이익 확률

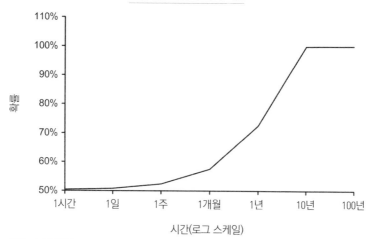

자료: 저자의 분석

그림 8.4 시간과 효용

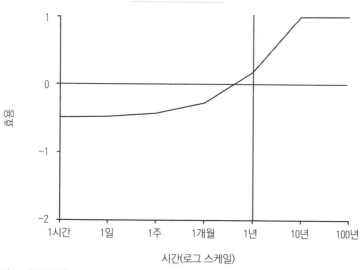

자료: 저자의 분석

경영진 평가

주주총회 때마다 누군가는 늘 내게 이런 질문을 던집니다. "당신이 교통사고를 당하면 버크셔는 어떻게 됩니까?" 나는 아직도 이런 식으로 질문을 받게 되어서 기쁩니다. 그러나 머지않아 질문은 이렇게 바뀔 것입니다. "당신이 교통사고를 당하지 않으면 버크셔는 어떻게 됩니까?"

- 워런 버핏(Warren Buffett), 버크셔 해서웨이 연례 주주 서한, 1993[1]

최상급 리더들은 자신의 자존심을 비우고, 그 자리에 위대한 기업을 만들어내겠다는 목표를 채운다. 이들에게 자존심이나 사리사욕이 없어서가 아니다. 실제로 이들의 야심은 엄청나다. 다만 자신이 아니라 회사의 야심을 앞세울 뿐이다.

- 짐 콜린스(Jim Collins), 《좋은 기업을 넘어... 위대한 기업으로(Good to Great)》[2]

경영진의 중요성

"투자 과정에서 경영진 평가도 중요한가요?" 내가 고객과 학생 들에게 가장 많이 받는 질문 중 하나다.

단서가 달리긴 하지만, 경영진 평가는 확실히 중요하다. 경영진에 관해서 세심하게 고려할 세 가지 분야는 리더십, 성과 보상, 자본배분 능력이다. 여기서 이 분야들을 충분히 논의할 수는 없다. 각 분야에 대해 저명한 학자들이 저술한 논문과 책만 해도 수없이 많기 때문이다. 여기서는 다만 지극히 중요한데도 흔히 간과되었던 경영진에 대해 관심을 일깨우고자 한다.

경영진 평가는 누가 해야 하는가? 단기 수익을 추구하는 투기자에게는 경영진 평가가 그다지 중요하지 않다. 단기적으로는 주가가 경영진보다 특정 사건이나 시장 흐름에 좌우되기 때문이다. 그러나 장기적으로는 경영진이 회사의 실적과 주가에 커다란 영향을 미치기 쉽다.

장담하건대, CEO는 절대 만만한 자리가 아니다. 최근 조사에 의하면, 2006년 강제로 교체된 CEO의 비율이 10년 전보다 급증했다. 이런 추세는 미국은 물론 유럽과 아시아에서도 비슷하게 나타난다.[3]

그러면 주주 친화적인 경영진은 어떻게 찾아야 할까?

리더십

리더십은 평가하기도 어렵지만, 정의하기도 까다롭다. 내가 리더십을 평가할 때 주목하는 경영진의 세 가지 자질은 학습, 소통, 자각 능력이다.

끊임없는 학습 욕구야말로 위대한 리더의 특성이다. 학습 욕구의 한 축은 지적 호기심으로서, 의사결정에 유용한 정신적 격자 모형을 구축하려는 욕구이기도 하다. 유능한 경영자는 확률적으로 사고할 뿐 아니라, 모순되는 다양한 아이디어와 정보를 저울질해 흡수할 줄 안다. 조심스럽게 덧붙이면 학습 욕구가 하자에 가깝다. 나는 읽고 생각하는 CEO를 좋아한다.[4]

학습 욕구의 또 다른 축은, 회사 안에서 진행되는 사실들을 있는 그대로 파악해 정면으로 대응하려는 마음 자세다. 유일한 방법은 현장을 방문해 직원과 고객 들에게 질문을 던지고 대답에 귀 기울이는 것이다. 어느 조직이나 CEO가 앉아 있는 네트워크의 중심부보다는 네트워크의 가장자리(직원들이 일상 업무를 처리하는 최전선)에 정보가 훨씬 많은 법이다. 직언 대신 감언을 일삼는 관리자들에 둘러싸이면 CEO는 올바른 결정을 내리기 어렵다.

학습의 마지막 축은 조직 구성원 누구나 거리낌 없이 자신의 생각과 의견을 자유롭게 표출하는 환경을 조성하는 것이다. 그렇다고 설익은 아이디어까지 받아들이라는 말이 아니라, 합리적인 위험 감수를 격려하고 보상해야 한다는 뜻이다.[5]

로버트 루빈은 다음과 같이 말했다.

미국 재무부에서는 탐색, 질문, 토론을 통해 가능한 모든 대안을 찾아내려고 회의를 진행하고 있습니다. 토론할 때는 지위를 거의 따지지 않지요. 이런

통섭과 투자

모습은 워싱턴에서는 이례적이랍니다. 장관이든 34세의 차관보든 자신의 견해를 충분히 피력할 수 있고요. 월스트리트와 백악관에서 제가 경험한 바에 의하면, 격식 없이 토론할 때 생산성이 가장 높았습니다. 그래서 실무에 밝은 하급 직원이 주저하더라도 먼저 그에게 견해를 물었습니다. 나는 토론자의 지위가 아니라 훌륭한 아이디어에 관심이 있었지요.[6]

다음은 단순 명쾌하게 비전을 소통하는 능력이다. 리더는 환경 변화에 끊임없이 적응하는 동시에, 똑같은 메시지를 거듭 전달해야 한다. (훌륭한 CEO들은 핵심 메시지를 수많은 구성원에게 수백 번 거듭해서 전달한다.) 대표적인 인물이 잭 웰치(Jack Welch)와 빌 게이츠(Bill Gates)다.

열정적인 리더가 소통에도 능한 법이다. 나는 사업에 대한 열정이 넘쳐서 일을 사랑하는 리더를 좋아한다. 흔히 열정은 성공을 낳는다.

경영진이 갖춰야 할 세 번째 자질은 자각 능력으로, 자신감과 겸손 사이에서 균형을 유지해야 한다. 여기서 자신감이란 자신의 지식과 경험을 바탕으로 타인의 조언을 이용해 올바른 결정을 내리는 능력을 뜻한다. 겸손은 누구에게나 약점이 있어서 보완이 필요하다는 인식이다. 자각하는 CEO는 자신의 결점을 탁월한 사람들의 재능으로 보완한다.

자각하는 CEO는 공감 능력을 발휘해 정서적 차원에서 직원들을 포용할 줄 안다. 그는 직원 개인의 정서는 물론 조직문화와 분위기도 파악해낸다.

성과 보상

성과 보상과 행동의 관계는 경제학의 주요 연구 분야다. 장기 투자자들은 경영진의 상투적인 말에 안주하지 말고, 효과적인 성과 보상 방법을 알아둘 필요가 있다. 그런 면에서 위임장권유신고서는 경영자의 보수가 명시되어 있기 때문에 투자자라면 반드시 읽어봐야 하지만 무시되고는 한다.

최근에는 성과 보상 방식이 스톡옵션에서 제한부 주식으로 바뀌고 있다. 그러나 이런 방식이 경영진 성과 보상에 장기적으로 효과적인지는 의문이다.

먼저 스톡옵션 제도를 살펴보자. 스톡옵션을 제공해도 경영진에게 동기가 부여될 리가 없다. 강세장에서는 모든 옵션에서 이익이 발생하고, 약세장에서는 모든 옵션이 무용지물이 되므로, 회사의 실적 개선은 보상에 큰 영향을 미치지 못한다. 게다가 행사가격 재설정 조건이 추가되거나 스톡옵션에 대한 편법적인 회계 처리마저 자행된다면, 스톡옵션을 제공해도 경영진에게 동기가 부여되기는 어렵다고 보아야 한다.

제한부 주식 역시 큰 효과를 기대하기 어렵다. 회사 실적을 기준으로 주식을 제공하는 것도 아닐뿐더러 경영진이 주가에 아무런 영향도 미칠 수 없다면 어떻게 동기를 부여할 수 있겠는가?

성과 보상 제도가 제대로 효과를 발휘하려면 경영진이 통제할 수 있는 변수를 평가 기준으로 삼아야 한다. 즉, 적절한 가치 동인(value driver)을 통해 전 계층의 직원들에게 동기를 부여해야 한다.[7]

경영진은 흔히 '주주 문화'를 내세워 모든 직원에게 주식을 제공하려 한다. 직원들이 좋아하겠지만, 과연 효과가 있을지 의문이다. 직원들은 대개 이런 주식을 일종의 보너스 정도로 생각할 뿐, 업무를 개선하려는 유인으로는 생각하지 않는다.

또 하나 유의할 사항은 경영진이 실적을 개선하기 위해 노력하기보다 회계를 조작하려는 유혹을 느낄 수 있다는 점이다. 경영자가 대주주라면 심각한 대리인 비용이 좀처럼 발생하지 않는다. 그러나 거대기업의 전문 경영진이 EPS 성장률에 따라 성과 보상을 받는다면 심각한 대리인 비용이 발생하기 쉽다. 실적을 실질적으로 개선하기보다는 회계를 조작하는 편이 훨씬 쉽기 때문이다.

다음은 미국 에너지회사 엔론(Enron)의 사내 위험관리 매뉴얼이다. 엔론은 2001년에 파산했다. 반면교사로 삼을 만하다.

보고이익은 회계원칙을 따른다. 실적이 항상 경제적 실상과 일치하는 것은 아니다. 하지만 회계 실적으로 경영자를 평가하는 관행에 비추어 볼 때, 당사 위험관리 전략은 경제적 실상이 아니라 회계 실적에 초점을 맞추어야 한다.[8]

성과 보상은 동기를 유발해야 한다. 장기 투자자들은 적절한 성과 보상 제도를 찾아보아야 하지만, 실제로 그런 제도는 찾기 힘들다.

자본배분

경영진 평가는 결국 자본배분으로 귀결된다. 자본배분이란 초과수익이 장기적으로 창출되도록 회사의 자원을 배분하는 행위를 말한다. 펀드매니저 역시 자본배분이 가장 중요하다.

자본배분 능력은 어떻게 평가해야 할까? 먼저 과거 사례를 꼼꼼하게 조사해서 경영진이 자본을 어디에 어떻게 배분했는지 살펴보자. 투자수익률이 괜찮았다면 그 이유를 찾아본다. 과거 자본배분 사례를 살펴보면 회사의 자금 수요를 대충 파악할 수 있고, 경영진의 관심사도 알 수 있다.

인수합병도 살펴보자. 피인수 기업의 주주들은 대체로 이익을 얻지만, 인수 기업의 주주들은 손실을 보거나 이익을 거의 얻지 못한다는 연구 결과가 많았다. 인수 기업이 경영권 프리미엄을 과도하게 지급하기 때문이다.

평균회귀의 원리는 때가 되면 찾아오는 저승사자와 같은 존재다. 당장은 수익률이 높아도 언젠가 평균으로 회귀하기 때문이다. 인수합병에 열을 올리면 수익률은 결국 자본비용으로 수렴하게 된다.[9]

인터뷰를 통해서도 경영진의 자본배분 능력을 파악해볼 수 있다. 투자에 대해 경영진은 어떻게 생각하는가? 산업의 변화 가능성을 실감하고 있는가? 경쟁 전략을 이해하고 있는가?

다음은 자본배분의 대가 워런 버핏의 생각이다.

대부분 기업의 경영진은 자본배분에 능숙하지 않습니다. 이들이 자본배분에서툰 것은 당연합니다. 이들은 대부분 마케팅, 생산, 엔지니어링, 관리(아니면 간혹 사내 정치) 등에서 두각을 나타내어 정상에 오른 사람들이기 때문입니다.

이들이 CEO가 되면 새로운 책임을 떠맡게 됩니다. 이제 이들은 자본배분이라는 중대한 업무도 수행해야 하지만, 대개 이런 일은 해본 적도 없고 쉽게 습득되는 일도 아닙니다. 이는 실력 있는 음악가가 승승장구해 카네기홀에서 연주하는 대신, 연준 의장으로 임명되는 꼴입니다.

CEO들이 자본배분에 서툴다는 사실은 사소한 문제가 아닙니다. 10년 동안 회사 순이익의 10%가 유보된다면, CEO는 전체 자본금의 60%가 넘는 자본에 대해 배분 책임을 지게 됩니다. CEO들은 자신의 자본배분 능력이 부족하다고 인식하면 흔히 직원, 경영 컨설턴트, 투자은행(우리나라의 대형 증권회사와 비슷 - 역주) 등에 의지합니다. 찰리와 나는 이런 전문가들의 도움이 어떤 결과를 가져오는지 자주 지켜보았습니다. 대개 자본배분 문제를 해결하기보다는 더 키우는 모습이었습니다.

결국, 미국 기업에서는 현명하지 못한 자본배분이 수없이 일어나고 있습니다.(바로 이런 이유로 '구조조정'이 그토록 많이 일어나는 것입니다.)[10]

끝으로, 인적자본 배분에 관한 이야기다. 경영진이 인재를 적재적소에 배치할 줄 아는가? 기업에서는 실제 업무 능력과 경험이 부족한데도, 소통 기술이 뛰어나고 눈치가 빠르며 특정 분야에서 성과를 냈다는 이유로 CEO가 되는 사례가 너무도 많다. 그 결과 인재들이 적재적

소에 배치되지 못해 실적이 저하되기도 한다.

결론

장기 투자자라면 경영진의 리더십, 성과 보상, 자본배분 능력을 평가해보아야 한다. 기업 지배구조에 대한 관심이 전보다 높아지긴 했지만, 경영진을 적극적으로 평가하는 이사회는 여전히 드물기 때문이다.

2부

투자 심리

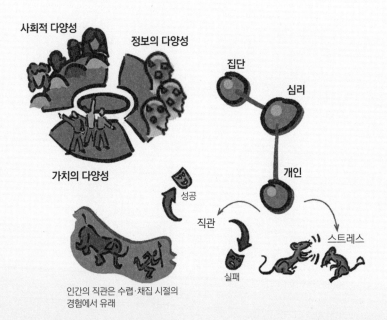

사회적 다양성

정보의 다양성

가치의 다양성

집단

심리

개인

성공

직관

실패

스트레스

인간의 직관은 수렵·채집 시절의
경험에서 유래

들어가는 글

애연가 퍼기 피어슨(Puggy Pearson)은 도박계의 전설이다. 가난한 집안에서 태어나 중학교도 마치지 못했지만 놀라운 기록을 세웠다. 1973년 월드 시리즈 오브 포커(World Series of Poker)에서 우승했고, 당구 랭킹 세계 10위 안에 들기도 했으며, 프로 골퍼와 내기 골프를 쳐서 7,000달러를 따기도 했다.

비결이 무엇일까? 퍼기는 말한다. "세 가지 원칙을 지켰습니다. 승률 60%, 자금 관리, 주제 파악. 바보도 이 정도는 알잖아요."[1]

앞의 두 원칙이 투자철학에 해당한다면, 세 번째 '주제 파악'은 투자 심리에 해당한다.

투자자들이 대수롭지 않게 여기지만, 투자 심리는 대단히 중요하다. 상황별로 왜 그런 실수를 저질렀는지, 우리의 의사결정에 남들이 어떤 영향을 미치는지, 그렇다면 어떻게 해야 하는지 파악할 수 있기 때문이다. 그런데도 경영대학원 대부분은 투자 심리를 제대로 다루지 않는다.

지난 수십 년간 행동재무학 연구를 통해 금융 이론과 심리학은 거리를 상당히 좁혔다. 예컨대 카너먼과 트버스키는 인간의 행동이 경제학 이론에서 제시하는 것만큼 합리적이지는 않다는 점을 명확하게 설명했다. 그러나 행동재무학은 아직도 구체적인 투자 기법을 제시하지 못하고 있다. 2부에서는 사람들의 의사결정 과정을 평가해보기로 한다.

심리학은 일반적으로 개인의 행동을 다루지만, 개인적 의사결정과 집단적 의사결정 사이에는 중대한 차이가 있다. 특히 시장을 이해하려면 집단적 의사결정이 정말로 중요하다.

물론 개인적 의사결정 과정을 개선하는 일도 중요하다. 그래서 2부에서는 스트레스가 의사결정에 미치는 영향, 사람들이 설득에 이용하는 수법들, 직관의 양면성 등을 다룬다.

집단적 의사결정이 더 중요한 이유는 무엇일까? 개인이 저지르는 오류들이 대개 상쇄되어 사라지기 때문이다. 예컨대 한 사람은 과신에 빠져 주식을 사고 다른 사람은 과신에 빠져 주식을 판다면, 두 사람 모두 실수를 저질렀어도 주가에는 큰 영향을 미치지 않는다. 오히려 이러한 견해의 다양성 덕분에 주식시장이 잘 굴러갈 수도 있다.

그러나 시장을 이해하려면 개인의 견해만으로는 부족하다. 다른 사람들의 생각도 고려해야 한다. 신고전주의 경제학에서는 인간을 연역처리 기계(deductive processing machine)로 취급한다. 일반적인 가정을 통해 구체적인 결론을 도출한다는 뜻이다. 그러나 아주 단순한 상황을 제외하면 인간은 연역 처리를 제대로 하지 못한다. 인간은 실제로는 패턴이 존재하지 않는 곳에서도 패턴을 찾아내려 하는 불합리한 존재이기 때문이다. 합리적인 의사결정이 불가능하면 상황이 복잡해질 수밖에 없다.

투자에는 상호 작용, 확률, 소음이 개입된다. 따라서 합리적으로 의사결정하려면 투자 심리를 제대로 파악하고 있어야 한다. 그러나 투자 심리에 관한 모든 답을 손쉽게 얻을 수는 없으므로 끊임없는 노력이 필요하다. 퍼기 피어슨은 "인생 만사가 심리"라고 말했다.[2]

아침부터 몰려오는
스트레스

이번에도 명확해졌지만, 지금처럼 사건이 지극히 복잡해지면서 빠르게 진행되면 정말 대처하기 어렵다.

- 앨런 그린스펀(Alan Greenspan),
"국제 금융 시스템의 구조(The Structure of the International Financial System)"

얼룩말은 위궤양에 걸리지 않는다

얼룩말은 언제 스트레스를 가장 크게 받을까? 아마 사자 등 포식자에게 공격당할 때일 것이다. 얼룩말이 사자의 공격에서 용케 벗어나도, 사자는 여전히 호시탐탐 얼룩말을 노릴 것이다. 그러나 다른 동물들과 마찬가지로, 얼룩말도 진화 과정을 통해 이런 공격에 매우 효과적으로 대응하게 되있다.

이번에는 우리가 받는 스트레스를 열거해보자. 얼룩말과 겹치는 부분은 많지 않을 것이다. 우리는 업무 마감 시간, 지난주 포트폴리오에 편입한 종목의 실적, 인간관계 등 대개 정신적 스트레스에 시달린다.

생물학자 로버트 새폴스키(Robert Sapolsky)는《스트레스(Why Zebras Don't Get Ulcers)》에서, 인류는 생리적 반응을 통해 단기 신체적 스트레스를 잘 처리했다고 지적했다. 인류가 지금까지 살아오면서 받은 스트레스는 대부분 단기 신체적 스트레스였다. 문제는 심리적 스트레스에도 똑같이 생리적으로 반응한다는 점이다. 스트레스의 원천이 다른데도 반응은 똑같다는 말이다. 심리적 스트레스가 만성이 되면 신체의 균형이 무너져 건강과 실적에 심각한 문제가 발생할 수 있다.[1]

그러면 스트레스에 어떻게 반응할까? 새폴스키는 "대체로 근시안적이고, 비효율적이며, 소탐대실 방식"으로 반응한다고 말한다. 스트레스에 신체가 즉각적으로 반응하기 때문이다. 단발성 위기라면 효과적이겠지만, 위기가 일상화되면 값비싼 대가를 치르게 될 수도 있다.[2]

펀드매니저들이 위궤양에 걸리는 이유

연구에 의하면, 사람들은 새로운 변화에 의해 예측력과 통제력을 상실할 때 스트레스를 받는다. 경제와 자산운용업의 추세가 지속적으로 달라지는 데 따른 예측력 및 통제력 상실에서 펀드매니저들의 스트레스 대부분이 비롯된다고 나는 생각한다.

예를 들어 글로벌 경제의 혁신 속도가 빨라지는 탓에 예측력을 상실한다. S&P500 종목의 평균 편입 기간이 1950년대에는 25~35년이었지만, 지금은 10~15년에 불과하다(그림 10.1 참조).[3] 기업들이 극적으로 부침을 거듭하는 최근 모습에도 펀드매니저들은 예측력 상실감을 느낀다.

그동안 시장의 변동성은 크게 바뀌지 않았지만, 종목의 변동성은

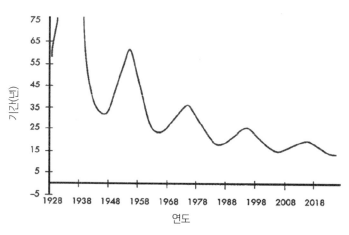

그림 10.1 S&P500 종목의 평균 편입 기간

자료: Foster and Kaplan, 《Creative Destruction》, 13.

1970년대 이후 꾸준히 증가하고 있다. 펀드매니저들이 종목을 잘못 선택했을 때 떠안는 위험은 과거 어느 때보다도 커졌다.[4]

투자자들 역시 통제력을 잃고 있다. 최근 들어 투자자와 펀드 평가 회사들은 적어도 분기당 1회 이상 펀드를 평가하고 있다. 운용자산 유출을 막기 위해 벤치마크 대비 추적 오차를 최소화하려는 펀드매니저가 늘고 있다. 이 과정에서 단기 매매가 증가하기 마련이다.[5] 실직 위험을 무릅쓰고 장기 투자 수익을 높이려다가 운용자산이 유출되느니, 추적 오차를 축소해 운용자산을 유지하는 편이 펀드매니서에게는 합리적인 선택일 것이다. 그러나 이름만 액티브 펀드에 불과한 유사 인덱스펀드(closet indexer)가 투자자들에게 바람직할 리가 없다.

실제로 투자자들의 이탈 현상이 가속화하고 있다. 펀드 보유 기간은 1950년대에 평균 15년 이상이었는데, 2006년에는 약 4년으로 짧아졌다.[6] 연기금을 위탁하는 자산운용사의 교체도 빨라지고 있다. 예를 들어 플로리다 주는 얼라이언스 캐피털(Alliance Capital)에 연기금을 위탁했는데, 장기 실적은 훌륭하지만 엔론에서 손실을 보았다는 이유로 2001년에 회수했다.[7]

이제 펀드매니저들은 예측력 및 통제력 상실 탓에 만성 스트레스에 시달리면서 운용 능력까지 저하되는 듯하다.

투자 기간 단기화

스트레스를 받으면 우리 몸은 어떤 반응을 보일까? 요컨대 당장의 위기를 모면하려고 한다. 혈압이 상승하고, 시급한 조직에 에너지를 공급하며, 단기 기억력이 강화되고, 면역 체계와 생식 등 장기 프로젝트는 보류된다. 스트레스가 진정되면 우리 몸은 균형 상태로 돌아온다. 그러나 만성적으로 스트레스가 발생하면 긴장이 계속되어 균형 상태가 무너질 수 있다.

펀드매니저가 스트레스를 받으면 단기 실적에 집중하기 쉽다.[8] 최근 연구에 의하면, 사람도 동물처럼 먼 미래의 큰 보상보다 당장 얻는 작은 보상을 선호한다. 예컨대 내일 사과 두 개를 받느니, 차라리 오늘 한 개를 받고 싶어 한다. 그러나 둘 다 먼 미래에 받는 보상이라면(예컨대 365일 뒤에 받는 사과 하나와, 366일 뒤에 받는 사과 두 개라면) 더 큰 보상을 받으려고 기다린다. 장기 보상이 더 매력적인데도 단기 보상을 선택하기 때문에 장기 투자가 이루어지기 어렵다.[9]

포트폴리오 회전율을 보면 펀드매니저들이 단기에 집중하는 추세를 알 수 있다. 1950년대에 약 20%였던 포트폴리오 회전율이 최근에는 100%에 육박하고 있다(그림 10.2 참조). 2006년에는 회전율이 200% 이상인 주식형 펀드가 7%에 이르고, 100%가 넘는 펀드는 33%나 된다. 회전율이 30% 미만인 펀드는 25%에 불과하다.[10]

그런데 S&P500 인덱스펀드도 회전율은 상승했지만 보수는 오히려 인하되었다. 적정 회전율 수준이 30~40년 전보다 확실히 높아졌다는 뜻이다. 그러나 대부분 펀드는 회전율이 지나치게 높아서 상당한 거래 비용과 시장충격 비용을 지불하고 있으며, 불필요한 세금까지 부담하고 있다. 단기 실적에 집중하는 탓에 실적이 저하되고 있다는 말이다. 경쟁이 치열한 자산운용업계에서는 흔히 비용 때문에 펀드의 실적 순

그림 10.2 펀드 회전율(1946~2006)

자료: Bogle Financial Markets Research Center, 모닝스타, 저자의 분석

위가 뒤바뀌기도 한다.

이번에는 펀드의 회전율과 실적 사이의 관계를 살펴보자. 1997년 모닝스타는 미국 주식형 펀드를 대상으로 회전율과 실적을 종합적으로 분석했다. 그 결과 투자 기간을 막론하고, 회전율 낮은 펀드가 회전율 높은 펀드보다 실적이 우수한 것으로 밝혀졌다(표 10.1 참조).[11] 또한 고위험 펀드는 회전율이 높을 때 실적이 좋은 것으로 나타났는데, 이는 학계의 연구에서도 확인되었다.[12]

2006년 말까지 데이터를 갱신해도 결과는 비슷하다. 1년, 3년, 5년 수익률은 회전율이 두 번째로 낮은 그룹(20~50%)이 가장 높았다. 이 분석을 보면, 액티브 펀드의 적정 회전율은 20~100% 수준인 듯하다. 그중에서 가치주 펀드의 적정 회전율은 20~66%, 성장주 펀드의 적정

표 10.1 포트폴리오 회전율과 장기 실적

회전율(%)	1년 연 수익률(%)	3년 연 수익률(%)	5년 연 수익률(%)	10년 연 수익률(%)
≤20	27.0	23.9	17.2	12.9
20~50	23.1	21.9	16.6	12.5
50~100	21.8	21.8	17.0	12.6
≥100	17.6	19.8	15.0	11.3

비고: 1997년 6월 30일까지 데이터. 자료: 모닝스타

회전율은 66~100%로 보인다. 그러나 확실한 기준은 아니므로 참고만 하기 바란다.[13]

오디세우스를 모방하라

스트레스에 시달리다 병원에 가면 의사들이 으레 열거하는 처방이 있다. 지인들에게 도움을 청하고, 운동을 충분히 하며, 건강에 좋은 음식을 먹으라는 것이다. 그러면 투자 과정에서 스트레스를 받으면 어떻게 해야 할까? 답은 장기적 관점을 유지하도록 노력하는 것이다.

오디세우스는 세이렌의 유혹에 넘어가지 않으려고, 부하들을 시켜서 자신을 돛대에 묶었다. 펀드매니저들이 예측력과 통제력 상실감에 시달리면 단기 매매에 유혹을 느낀다. 오디세우스가 그랬던 것처럼, 펀드매니저들도 장기적 관점을 유지하는 데 필요한 조처를 취해야 한다. 스트레스가 심리 때문에 발생했다면 심리로 풀어야 한다.

타파웨어 파티

타파웨어 파티가 투자자에게 주는 교훈

타파웨어 파티 운용 방식을 잘 아는 사람이라면 다양한 영향력 행사 수단도 알고 있을 것이다.

- 로버트 치알디니(Robert Cialdini),

《설득의 심리학(Influence: The Psychology of Persuasion)》

타파웨어는 심리를 조종해 과소비를 조장하는 시스템을 개발해냈다. 이 시스템은 잘 먹혔고 전염성도 강했다. 파티를 통해 수십 년간 수십억 달러나 팔아 먹었다.

– 찰리 멍거(Charlie Munger), 휘트니 틸슨(Whitney Tilson)의

"찰리 멍거 어록 2부(Charlie Munger Speaks – Part 2)"에서

공짜 구두 닦기

사무실 근처에 "공짜로 구두를 닦아드립니다"고 써 붙인 구둣방이 있었지만, 나는 무심코 지나다니기만 했다. 어느 날 구두가 더럽길래 구두를 닦고 돈을 건넸는데, 구둣방 주인은 받으려 하지 않았다. "왜 공짜로 구두를 닦아줄까?" 빚을 진 기분이었다.

불편한 마음을 해소하려고 뭔가 사줄 만한 것이 없는지 둘러봤다. 아마 남들도 그랬을 것이다. 구두를 살 필요는 없어서 구두끈과 구두약을 살펴보았지만 결국 아무것도 사지 않고 구둣방을 나섰다. 하지만 마음이 편치는 않았다. 이럴 때 뭔가 산 사람도 많을 것 같다.

몇 달 뒤, 나는 로버트 치알디니(Robert B. Cialdini)의 저서《설득의 심리학(Influence: The Psychology of Persuasion)》을 읽었다. 이 책에서 내가 마음이 불편했던 이유를 찾아냈다.

치알디니는 사람들이 설득당하는 이유를 30년 동안 집중 연구했다. 그는 사람들을 설득하는 6가지 원칙을 제시한다.[1] 이런 요소들을 이해해두면 투자에 유용할 뿐 아니라 인생에도 도움이 된다.

책을 읽어보니, 구둣방 주인은 상호성(reciprocation) 원칙을 이용하고 있었다. 우리는 뭔가를 받으면 답례로 뭔가를 주고 싶어진다. 이러한 인간의 본성을 잘 이용하면 되로 주고 말로 받을 수도 있다. 2달러어치 구두를 닦아주고, 대신 200달러짜리 구두를 팔 수 있다는 말이다.

이제부터 6가지 원칙을 간략하게 살펴보고, 타파웨어(Tupperware) 파티에서 컨설턴트가 이 원칙을 이용하는 방법을 논의하며, 그중에서 투자에 유용한 3가지 원칙을 정리해본다.

인간의 본성을 이용

치알디니가 제시한 6가지 원칙은 상호성, 일관성, 사회적 인정, 호감, 권위, 희귀성이다. 치알디니가 명확하게 지적하지는 않았지만, 나는 이 6가지 원칙이 진화 심리에서 유래했다고 생각한다. 이들 원칙은 인류의 생존과 번식에 유리하게 작용했을 것이다.

- **상호성:** 연구에 의하면, 답례하고 싶어 하는 심리는 모든 인간 사회에서 공통적으로 나타난다.[2] 기업들은 이 원칙을 적극적으로 이용한다. 예컨대 자선단체들은 주소 라벨을 공짜로 보내주고, 부동산 중개업소는 주택을 무료로 감정해주는 식이다.
- **약속과 일관성:** 우리는 일단 결정하면, 특히 공언하고 나면 좀처럼 의견을 바꾸려 하지 않는다. 치알디니는 그 이유를 두 가지로 설명한다. 첫째, 사람들은 일관성을 유지하고 싶어 하므로 다시 생각하려 하지 않는다. 둘째, 역시 일관성을 유지하기 위해, 변화를 일으키려 하지 않는다.
- **사회적 인정:** 우리는 다른 사람들의 판단을 따라가는 경향이 있다.[3] 심리학자 솔로몬 애시(Solomon Asch)의 실험이 이런 현상을 보여주는 대표적인 사례다. 실험 참가자를 8개 그룹으로 나누어 슬라이드를 보여주면서, 왼쪽 세로 막대와 길이가 같은 것을 오른쪽에서 선택하라고 했다(그림 11.1 참조). 답은 뻔했다. 그런데 한 사람에게만 비밀로 하고, 나머지 사람들은 일부러 틀린 답을 말하게 했다.
  참가자들은 분별력 있는 대학생인데도 혼란에 빠졌고, 결국 3분의 1은 다수 의견에 따라 틀린 답을 선택했다. 이 실험은 사람들이 어느 정도는 남

그림 11.1 애쉬의 실험

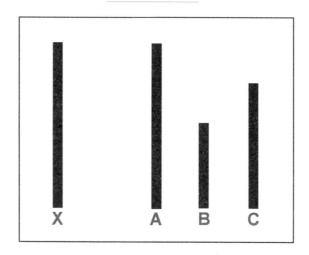

자료: Asch, "Effects of Group Pressure Upon the Modification and Distortion of Judgment"를 바탕으로 저자가 그림

의 의견을 따라간다는 사실을 보여준다.[4]

- **호감:** 우리는 좋아하는 사람의 요청을 거절하지 못하는 경향이 있다. 그리고 우리와 비슷한 사람, 칭찬하는 사람, 협조적인 사람, 매력적인 사람을 좋아하는 경향이 있다.

- **권위:** 사회심리학자 스탠리 밀그램(Stanley Milgram)의 순종 실험은 권위의 힘을 파격적으로 보여주었다. 실험 참가자들은 선생 역할을 맡았다. 선생이 던진 질문에 학생이 틀린 답을 내놓으면, 감독관은 선생에게 학생을 전기 고문하라고 지시했다. 오답이 늘어날수록 고문의 강도가 높아졌고, 학생은 고통에 비명을 지르면서 용서해달라고 애원했다. 강요당하거나 원한이 있는 것이 아닌데도, 감독관이 지시하는 대로 치명적인 수준까지 고문을 강행한 참가자가 많았다.

참가자에게는 비밀이었지만, 학생 역할은 배우가 맡았다. 또 전기 고문도 가짜였다. 이 실험은 사람들이 독자적으로 판단하지 않고 권위에 순종하는 모습이 얼마나 끔찍한지 잘 보여준다. 더 많이 알고 있는 권위자에게 순종하는 것이 순리적이라고 생각할지도 모르지만, 권위에 맹종할 때 비극을 불러오기도 한다.[5]

- **희귀성:** 사람들은 희소해 보이는 물건이나 정보에 더 매력을 느낀다. 기업들은 이런 경향을 이용해서 한정판 상품이나 서비스를 제안한다.

이 원칙들은 하나로도 강력하다. 그러나 결합해 이용하면 더 강력해져서, 찰리 멍거가 말하는 이른바 롤라팔루자(lollapalooza, 음악, 댄스, 희극이 동시에 열리는 미국 축제) 효과가 발생한다.

타파웨어 파티의 핵심 교훈

타파웨어 파티는 무해해 보이지만, 〈뉴욕 타임스(The New York Times)〉에 따르면, 풍요로운 뉴욕 시 교외를 맹렬하게 공격해 롤라팔루자 효과를 일으키고 있다.[6]

타파웨어 파티는 6가지 원칙 중 4가지를 이용하며, 이른바 '타파웨어 컨설턴트'를 통해 연 매출 약 10억 달러를 창출하고 있다.

첫 번째는 상호성의 원칙이다. 파티 초기에 퀴즈 게임을 진행하면서 참가자들에게 일부 제품을 선물로 나누어준다. 이미 구입한 제품들의 사용 소감을 공유하라고 권하는 것은 일관성 원칙의 증거다. 판매가 시작되면 다른 사람들도 그 제품을 원한다는 사실이 나타나므로 사회적 인정 원칙이 작동한다.

가장 강력한 타파웨어 공식은 호감의 원칙일 것이다. 제품 구매를 권하는 사람이 다름 아닌 친구이기 때문이다. 타파웨어 교본에서는 컨설턴트에게 '공감(feel), 동조(felt), 부탁(found) 기법'을 이용해서 판매하라고 권유한다.

이제 사람들이 왜 타파웨어 파티에 가지 않으려 하는지 알 수 있다. 일단 가면 반드시 물건을 사게 되기 때문이다.

투자 심리

투자자들이 주목해야 하는 치알디니의 원칙 3개는 일관성, 사회적 인정, 희귀성이다.

심리학 연구에 의하면, 경마꾼들은 돈을 걸기 전보다는 걸고 난 후에, 자신이 선택한 말이 우승할 거라는 확신이 더 커진다.[7] 일단 결정한 후에는, 상황이 바뀌더라도 기존 결정을 유지하도록 안팎의 압력을 받는다.

보유 종목을 동료에게 권유하거나 공개적으로 추천했다면 의견을 번복하기가 쉽지 않다. 이와 관련된 개념이 확증의 덫으로, 자신의 견해를 뒷받침하는 증거는 받아들이고, 뒷받침하지 않는 증거는 무시하거나 폄하하는 경향이다. 이런 일관성 원칙을 완화하는 방법 하나는 세상을 확률의 관점으로 바라보는 것이다. 어느 분야든 확률이 다양한 시나리오를 염두에 두면 필요할 때 견해를 쉽게 바꿀 수 있다.

투자 분야에도 사회적 인정을 추구하는 심리가 상당히 존재한다. 투자란 서로 의견을 맞추어보는 일종의 사회적 활동이다. 투자 의견이 한목소리를 내거나 주가가 극단적으로 움직인다는 사실을 인식하면, 사회적 인정을 추구하다 입을지 모르는 손실을 상쇄할 수 있다.

끝으로, 희귀성도 투자에 큰 영향을 미친다. 사람들은 희귀한 정보를 원한다. 문제는 정말로 희귀한 정보인지 구분하기 어렵다는 점이다. 한 가지 방법은 시장의 기대를 역으로 분석해 말이 되는지 확인해보는 것이다.

준비 완료!
감정과 의사결정

우리가 어떤 일을 평가할 때는 생각뿐 아니라 감정에도 좌우된다. 좋아하는 일이라면 위험은 과소평가하고 보상은 과대평가하는 경향이 있다. 반면에 싫어하는 일이라면 위험은 과대평가하고 보상은 과소평가한다. 이런 위험 보상 모형에서는 생각보다 감정에 더 우선적이고 직접적으로 좌우된다.

- 폴 슬로빅(Paul Slovic), 엘렌 피터스(Ellen Peters), 도널드 맥그리거(Donald MacGregor),
"분석된 위험과 감지된 위험(Risk as Analysis and Risk as Feelings)"

간혹 우리는 다양한 대안들의 장단점을 저울질해 합리적으로 판단하고 있다는 착각에 빠진다. 그러나 실제로 우리가 합리적으로 판단하는 사례는 거의 없다. "나는 X를 지지한다"라는 말은 "나는 X가 좋아"라는 의미에 불과할 때가 너무도 많다. 우리는 '좋아하는' 차를 사고, '마음에 드는' 직업과 주택을 선택하고 나서, 온갖 구실로 자신의 선택을 합리화한다.

- 로버트 자욘스(Robert B. Zajonc), "감정과 사고: 취향은 따질 필요가 없다
(Feeling and Thinking: Preferences Need No Inferences)"

주로 감정으로 표현되는 생태계 제어 메커니즘의 작용이 아니었다면 개체 단위든 진화를 통해서든 인간의 추론 능력은 발달하지 않았을 것이다. 또 추론 능력이 발생되었다 해도 제대로 살아가려면 상당 기간 경험해온 감정에 의존했을 것이다.

- 안토니오 다마시오(Antonio Damasio),
《데카르트의 오류(Descartes' Error: Emotion, Reason, and the Human Brain)》

감정과 의사결정

신경과학자 안토니오 다마시오(Antonio Damasio)는 이성에 대한 전통적 견해에 문제가 있음을 경력 초기에 이미 실감했다. 한 환자는 집중력, 기억력, 논리력 등 합리적인 의사결정에 필요한 모든 능력을 온전하게 보유하고 있었다. 그러나 뇌에 손상을 입어 감정을 느낄 수 없게 되자, 일상적인 의사결정 능력마저 상실했다. 다마시오는 감정 능력이 손상되면 의사결정 능력도 손상된다는 사실을 깨달았다.[1]

다마시오는 후속 연구를 통해 자신의 판단이 옳았음을 확인했다. 그는 한 실험에서 참가자들에게 피부 전도 반응 측정기를 부착한 후, 카드 4벌 중 하나를 골라 카드를 한 장 뒤집게 했다. 카드 2벌은 이기는 패, 나머지 2벌은 지는 패로 구성되어 있었다. 다마시오는 참가자들이 패를 뒤집을 때마다 승패를 인식할 수 있는지 물었다. 약 10장을 뒤집자, 참가자들은 나쁜 패에 손을 뻗을 때마다 신체적 반응을 보이기 시작했다. 50장쯤 뒤집은 후에는 카드 4벌 중 2벌에서 지는 패가 나오는 것 같다고 명확하게 표현했다. 30장을 더 뒤집자, 참가자들은 자신의 예감이 옳았다고 설명했다.[2]

이 실험이 의사결정에 대해 주는 교훈은 두 가지다. 첫째, 참가자들은 승패를 인식하지 못한 상태에서도 무의식적으로 감을 잡았다. 둘째, 참가자들은 확실한 감을 잡지 못한 상태에서조차 무의식적인 신체 반응을 통해 의사결정을 인도했다.

다마시오는 뇌의 감정 영역이 손상된 환자들에게도 똑같은 실험을 했지만 아무 반응이 없었다. 뇌 손상 환자들은 의식적으로나 무의식적

으로나 상황을 전혀 파악하지 못했다.[3]

직관 체계와 추론 체계

노벨상 수상 강연에서 대니얼 카너먼은 두 가지 의사결정 체계를 설명했다.[4] 체계 1은 직관 체계로서, "빠르고, 반사적이며, 무의식적이고, 통제하기 어렵다". 체계 2는 추론 체계로서, "느리고, 노력이 필요하며, 순차적이고, 통제가 가능하다". 표 12.1은 두 체계를 비교한 자료다.

표 12.1 직관 체계 vs 추론 체계

1.	전체적	분석적
2.	감정적: 쾌락 지향	논리적: 이성 지향
3.	관념적 결합	논리적 결합
4.	과거 경험에서 오는 느낌으로 행동	사건을 의식적으로 평가해 행동
5.	구체적인 이미지, 은유, 서술로 현실을 암호화	추상적인 기호, 단어, 숫자로 현실을 암호화
6.	빠르게 처리: 즉각적인 행동 지향	느리게 처리: 섣부른 행동 자제
7.	변화에 느리게 반응: 　반복이나 강렬한 경험에 의해 변화	변화에 빠르게 반응: 　생각이 바뀌는 속도로 변화
8.	식별도 낮음: 　광범위한 일반화, 정형화된 사고	식별도 높음
9.	조잡한 통합: 분리적, 감정적	고차원 통합: 전반적 흐름과 일치
10.	수동적, 전의식(前意識)적 경험: 　자신의 감정에 사로잡힘	적극적, 의식적 경험: 　자신의 생각을 통제
11.	타당성 확신: "자신의 경험을 믿는다."	논리와 증거로 타당성 입증을 요구

자료: Epstein, "Cognitive-Experiential Self-Theory."

카너먼에 의하면, 직관 체계(체계 1)는 사물이 주는 '인상(impression)'을 직관적으로 인식한다. 이 과정은 무의식적으로 이루어지며, 말로 표현하기 어렵다. 추론 체계(체계 2)는 모든 '판단' 과정에 개입한다. 하지만 '인상'이 영향을 미치면 부적절한 판단을 내릴 수도 있다.

다마시오에 의하면, 직관 체계(체계 1)와 추론 체계(체계 2)는 분리가 불가능하다. 추론 체계(이성)가 합리적인 판단을 내리려면 직관 체계(감정)가 정상적으로 작동해야 한다. 여기서 투자자는 다음 두 가지 문제에 주목해야 한다. 첫째, 인상에 영향을 미치는 요소는 무엇인가? 둘째, 인상은 위험과 보상에 대한 인식에 어떤 영향을 미치는가?

감정 휴리스틱

인상에 큰 영향을 미치는 요소 하나가 정신과 의사들이 말하는 이른바 '감정(affect)'이다.[5] 감정은 어떤 자극에 대해 발생하는 긍정적·부정적 느낌이다. 예를 들어 '보물' 같은 단어를 들으면 긍정적인 느낌을 받고, '증오' 같은 단어에는 부정적인 느낌을 받는다.

감정은 직관 체계 안에서 작동하므로 빠르고 반사적이다. 감정이 인상에 미치는 영향은 대부분 합당하다. 즉, 좋다고 느끼면 대체로 좋은 편이다. 그러나 감정에도 편향이 있으므로, 편향에 휘둘리지 않도록 유의해야 한다.

감정은 전망 이론, 즉 인간이 손실을 볼 때 느끼는 고통은 이익을 얻을 때 느끼는 기쁨보다 2.5배나 크므로 위험한 대안을 선택할 때는 손

통섭과 투자

실을 회피한다는 이론의 효과를 증폭한다. 실험에 의하면, 사람들은 감정적 편향 탓에 손실을 더욱 심하게 회피할 수 있다(그림 12.1 참조).

예를 들어 설명하겠다. 합리적인 투자자는 기댓값보다 낮은 가격에 주식을 사고자 한다. 기댓값은 각 사건에서 발생하는 '손익'에 그 사건이 발생할 '확률'을 곱해서 합산한 값이다.

연구에 의하면, 감정이 기댓값에 미치는 영향은 두 가지다. 첫째, 손익에 대한 긍정적 감정이 부족하면 '확률'을 중시하는 경향이 있다. 둘째, 손익에 대한 긍정적 감정이 충분하면 '손익'을 중시하는 경향이 있다.

폴 슬로빅(Paul Slovic)은 확률을 중시하는 첫 번째 현상을 간단한 실

그림 12.1 감정이 확률 가중치에 미치는 영향

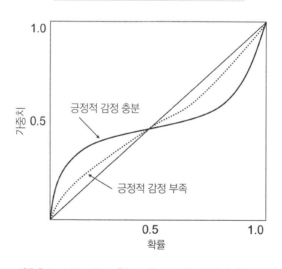

자료: Rottenstreich and Hsee, "Money, Kisses, and Electric Shocks."

험으로 시험했다. 확률과 손익을 결합해 매력도를 평가하는 컨조인트 분석이었다. 한 실험에서는 4가지 확률(7/36, 14/36, 21/36, 28/36)과 그 저 그런 4가지 손익($3, $6, $9, $12)을 결합한 16개 도박의 매력도를 평가하게 했고, 다른 실험에서는 동일한 4가지 확률(7/36, 14/36, 21/36, 28/36)과 매력적인 4가지 손익($30, $60, $90, $120)을 결합했다. 피험자들은 확률과 손익에 똑같은 가중치를 두려고 노력했지만(그리고 그렇게 했다고 생각했지만), 실제로는 손익보다 확률에 둔 가중치가 5~16배나 높았다.[6]

이 연구에서 피험자들은 손익의 매력도를 평가하기 어려우면 확률을 중시했다. 과학자들에 의하면, 사람들의 생명을 구조해야 하는 상황 등에서도 이렇게 확률을 중시하는 사례가 나타난다.

반면에 피험자들은 손익이 명확해서 매력도를 평가하기 쉬우면 확률을 무시하는 경향이 있다. 예컨대 복권은 손익이 매우 매력적이어서, 당첨 확률이 1천만분의 1이든, 1만분의 1이든, 사람들이 차이를 구분하지 못하는 경향이 있다. 마찬가지로, 경마꾼들 역시 배당에 매력을 느끼는 탓에, 해당 말의 우승 확률을 경시하는 경향이 있다.

요컨대 사람들은 투자 아이디어가 마음에 들면 위험은 무시하고 수익은 중시하는 경향이 있다.[7] 반대로 투자 아이디어가 마음에 들지 않으면 위험은 중시하고 수익은 무시하는 경향이 있다. 그러나 투자의 대가들은 이런 감정에 크게 영향받지 않는다. 아마도 대가들의 직관 체계는 특성이 다른 듯하다.

직관 체계의 오류

직관 체계는 흔히 외부 세력에 의해 조작당할 때 오류가 발생한다. 대표적인 사례가 광고다. 광고는 대개 강렬한 인상을 이용해서 우리 감정에 영향을 미치려고 한다. 따라서 손익과 확률을 평가할 때는 손익에 대한 자신의 감정을 인식하고 있어야 감정에 휘둘리지 않을 수 있다.

직관 체계는 문제가 비선형이거나 비정상일 때도 오류가 발생한다. 문제가 비선형일 때는 인과관계를 1차함수로 표현할 수 없어서 직관적으로 이해하기 어렵기 때문이다. 문제가 비정상일 때에는 시간이 흐름에 따라 통계적 속성이 바뀌므로, 과거 데이터로 미래를 예측할 수 없다. 주식시장은 비선형인 동시에 비정상이다. 따라서 투자자들은 주식의 기댓값을 평가할 때 감정에 휘둘리지 않도록 유의해야 한다.

개인의 감정과 집단의 감정

감정은 시장에도 영향을 미쳐 시장의 효율성을 떨어뜨릴까? 개인은 저마다 경험과 사고방식이 다르므로, 똑같은 사건도 다르게 느낄 수 있다. 시장은 개인 견해의 집합이므로, 개인들의 감정 사이에 상관관계가 존재하지 않는다면 시장의 효율성을 유지할 수 있다.

서구 사람들은 감정과 이성을 분리해야 한다고 생각한다. 그러나 이는 과학적으로 불가능할 뿐 아니라 바람직하지도 않다. 감정이 미치는 영향에 유의하면서 손익과 확률을 가늠한다면 장기적으로 투자에 성공할 가능성이 높아질 것이다.

구피의 짝짓기

모방이 투자에 미치는 영향

멋대로 하도록 내버려 두면 사람들은 대개 서로 모방한다.

- 에릭 호퍼(Eric Hoffer), 《맹신자들(The True Believer)》

모방하는 구피

생물학자 리 듀거킨(Lee Dugatkin)은 할 일이 없어 시간이 남아도는 사람처럼 보인다. 암컷 구피(guppy, 송사리와 비슷한 물고기)가 짝을 찾는 방식을 집중 연구하기 때문이다. 암컷 구피는 밝은 오렌지색 수컷을 유전적으로 선호한다. 그러나 다른 암컷들이 어두운 색 수컷을 선택하는 장면을 보여주자, 암컷 구피 일부도 어두운 색 수컷을 선택했다. 놀랍게도 이들은 자신의 본능을 억제하고 다른 암컷을 모방하는 사례가 많았다.[1]

듀거킨은 왜 이런 행태를 연구했을까? 동물의 행동이 유전적 요소로만 형성되는지, 아니면 문화에도 영향받는지 확인하기 위해서였다. 그의 연구에 의하면, 사회적 전파인 모방은 동물의 세계에도 분명하게 존재하고 종이 발전하는 데 중요한 역할을 한다.[2]

인간에게도 모방은 중대한 영향을 미친다. 유행과 전통이 모두 모방의 결과다. 투자 역시 본질적으로 사회활동이므로 모방이 큰 영향을 미친다고 보아야 마땅하다.

구피에게 짝을 선택하는 원칙이 있듯이, 사람들에게도 대개 기본적인 투자철학이 있다. 그리고 구피가 가끔 원칙을 무시하고 모방하듯이, 펀드매니저들도 모방에 이끌릴 때가 있다. 그러면 모방은 투자에 유리할까, 불리할까?

통섭과 투자

긍정적 피드백과 부정적 피드백

다른 분산 시스템과 마찬가지로, 금융시장도 긍정적 피드백과 부정적 피드백이 균형을 이룰 때 원활하게 돌아간다. 긍정적 피드백은 변화를 확대하는 반면, 부정적 피드백은 변화를 축소한다. 하나가 지나치게 커지면 균형이 무너진다.[3]

시장에서 부정적 피드백의 대표적인 예가 차익거래(arbitrage)다. 실제로 차익거래는 시장의 효율성을 높여주는 핵심적인 역할을 한다. 예컨대 어떤 증권의 가격이 내재가치에서 벗어나면, 차익거래자들은 그 증권을 매수하거나 매도해 가격과 내재가치 사이의 괴리를 축소한다.[4]

반면에 긍정적 피드백은 변화를 확대한다. 눈덩이 효과, 폭포 효과, 증폭 등이 긍정적 피드백의 사례다. 사람들은 흔히 긍정적 피드백을 바람직하지 않은 현상으로 간주하지만, 항상 나쁜 것은 아니다.

그러면 긍정적 피드백은 어떤 경우에 바람직한가? 긍정적 피드백은 현명한 결정을 촉진할 수 있다. 예를 들어 우리가 유망한 신산업에 일찌감치 투자해 좋은 성과를 거두면, 다른 사람들도 앞다투어 투자함으로써 산업이 빠르게 성장할 수 있다. 또 위험한 상황에서 벗어나는 방법으로도 유용할 수 있다. 새들은 옆의 새를 모방하는 행동 덕분에 포식자를 피할 수 있다. 마찬가지로 사람들 역시 모방 덕분에 부실 투자를 피하기도 한다.[5]

앞의 개미를 따르다

모방은 긍정적 피드백의 핵심 메커니즘이다. 예컨대 모멘텀 투자 (momentum investing)에서는 상승하는 주식은 계속 상승한다고 가정한다. 모멘텀 투자자가 많아지면, 주가가 계속 상승한다는 자기 충족적 예언이 실현될 수 있다.

사람들은 대개 모방을 부정적인 행동으로 간주한다. 그러나 모방도 합리적인 경우가 종종 있다. 예컨대 다음과 같은 사례다.[6]

- **정보 비대칭:** 어떤 종목을 나보다 다른 투자자가 더 많이 안다면 모방이 매우 유용할 수 있다. 우리는 남들의 전문 지식을 십분 활용하려고, 의사 결정에 일상적으로 모방을 이용한다.
- **대리인 비용:** 자산운용사들은 포트폴리오 실적 극대화(장기 투자수익률 극대화)와 회사 가치 극대화(운용자산 규모와 운용보수 증대) 사이에서 균형을 유지해야 한다. 회사 가치 극대화를 추구한다면 지수를 모방해 추적 오차를 축소하는 편이 유리하다.
- **순응 선호:** "세속적 지혜에 의하면, 관례를 거슬러 성공하는 것보다 관례를 따르다 실패하는 쪽이 평판에 유리하다"라고 케인스(John Maynard Keynes)가 말했듯이, 사람들은 군중에 속해 있을 때 안도감을 느낀다.

긍정적 피드백이 바람직한 상황에서는 모방이 타당한 선택이 될 수 있다. 그러나 긍정적 피드백이 지나치면 문제를 일으킬 수 있다.

금융경제학에서 군집행동은 수많은 사람이 남들을 모방해 똑같은 결정을 하는 행위로 묘사된다.[7] 이런 군집행동은 긍정적 피드백이 우세할 때 나타난다. 이때는 긍정적 피드백과 부정적 피드백 사이의 균형이 무너진 상태이므로 비효율적인 시장이 된다.

과학적 연구에 의하면, 긍정적 피드백이 추세를 압도하기 시작하는 이른바 임계점(tipping point)이라는 주요 문턱이 있다. 시장에서 주기적으로 거품이 형성되었다가 붕괴하는 것은 가격과 가치 사이에 괴리가 지속적으로 발생하기 때문이다.[8]

모방에 의한 비효율은 시장에서만 발생하는 현상이 아니다. 군대개미(army ant)가 매우 흥미로운 사례다. 앞을 못 보는 일개미들은 바로 앞에 있는 개미를 따라가는 습성이 있다. 그런데 앞의 개미를 따라가는 일개미의 숫자가 증가해 임계점에 이르면 이른바 원형 선회(circular mill) 현상이 발생해, 개미들이 죽을 때까지 원을 그리며 돌게 된다. 둘레가 365미터이고 한 바퀴 도는 데 2시간 반이 걸리는 원이 2일 동안 지속된 사례도 있다(그림 13.1 참조). 결국 일개미 일부가 이탈한 덕분에 원형 선회 현상이 소멸되었다.[9]

개미의 모방 행동은 문화 요소가 아니라 타고난 유전 요소다. 반면에 투자자들은 독자적인 사고력을 갖추고 있다. 그러나 150여 년 전 찰스 맥케이(Charles MacKay)의 글을 보면, 모방의 함정에서 벗어나기가 쉽지 않다는 사실을 알 수 있다. "사람들이 집단적 사고에 빠진다는 말은 전적으로 옳다. 사람들은 집단적으로 광기에 휩쓸렸다가, 한 사람씩 서서히 제정신으로 돌아오곤 한다."[10]

그림 13.1 군대개미의 원형 선회

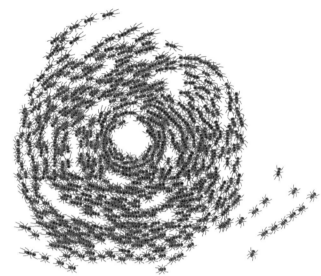

그림 13.1 군대개미의 원형 선회

자료: 저자의 분석

군집행동 사례

저명한 투자가 조지 소로스(George Soros)는 자신의 투자철학에서 긍정적 피드백의 역할을 설명했다. 그의 재귀 이론(reflexivity theory)에 의하면, 기업의 주가와 펀더멘털 사이에 긍정적 피드백이 작동하면 주가 폭등과 폭락이 발생할 수 있다. 소로스는 이 추세를 이용해서 매수하거나 공매도하는 전략을 구사했다.

다음은 금융 분야에서 드러나는 군집행동 사례들이다.

- **뮤추얼 펀드:** 러스 워머스(Russ Wermers)에 의하면, 특히 소형주 펀드와

통섭과 투자

성장주 펀드들에서 군집행동의 증거가 나타난다. 이들 펀드가 매수한 종목들은 매도한 종목들보다 이후 6개월 수익률이 4% 더 높았다.[11]

- **애널리스트:** 이보 웰치(Ivo Welch)에 의하면, 증권회사 애널리스트들의 매수 · 매도 의견은 다른 애널리스트의 의견에 상당한 영향을 미쳤다. 애널리스트들은 대개 주변 애널리스트들의 의견을 살펴보고 나서 자신의 의견을 결정하기 때문이다.[12]

- **두꺼운 꼬리(fat tail):** 경제물리학자들은 단순한 군집행동 모형을 이용해서 현재 시장 수익률의 두꺼운 꼬리 분포를 반영하는 모형을 개발했다. 이 모형은 효율적 시장 가설보다 실제 시장을 훨씬 더 설득력 있게 묘사한다.[13]

일반적으로 시장은 긍정적 피드백과 부정적 피드백이 공생하면서 균형을 유지한다. 투기자들이 고가 매수 저가 매도로 시장을 교란하면 시장에서 바로 축출된다. 게다가 차익거래자들은 저가 매수 고가 매도를 통해 시장을 안정시킨다. 그러나 단기적으로는 긍정적 피드백이 시장을 지배할 수 있다.[14] 사람들이 일시적으로 모방에 휩쓸려 한 방향으로 몰려갈 수 있기 때문이다. 다음에 주식을 매수하거나 매도할 때는 구피를 생각해보기 바란다.

행동재무학을 경계하라

행동재무학 오용의 위험성

개별 경제 단위들을 동원해서 최적화를 시도하지 않더라도 실물 경제는 경쟁 균형에 근접할 수 있다. 인간이 복잡한 과제를 최적화하지 못하더라도 경쟁 균형 달성이 어렵다고 판단할 필요는 없다. 복합한 경제 시스템에서조차 개별 경제 단위들에 관한 매우 약한 가정들로도 경쟁 균형을 달성할 수 있다.

– 안토니 보슈–도메네크(Antoni Bosch–Domènech), 샤이암 선더(Shyam Sunder),
"보이지 않는 손 추적(Tracking the Invisible Hand)"

경제학이 행동 분야가 아니라고요? 그러면 도대체 무슨 분야라는 말인가요?

– 찰리 멍거(Charlie Munger), 《Psychology of Misjudgement(오판의 심리학)》

삼단논법 유감

고전경제학에서는 모든 사람이 선호가 똑같고, 모든 대안을 완벽하게 알고 있으며, 자신이 결정했을 때 나오는 결과도 이해한다고 가정한다. 즉, 사람들의 행동이 합리적이라고 본다. 그러나 이렇게 이상적인 상태는 실제로 존재할 수 없다. 경험이나 연구에 따르면 사람들이 완벽하게 합리적인 것은 아니었다. 이렇게 이론과 실제가 다르기 때문에 행동재무학이라는 새로운 분야가 등장하게 되었다.[1] 행동재무학자들은 고전경제학에 심리학을 접목해서 사람들과 시장의 행태를 설명하려고 한다.

행동재무학이 제시하는 핵심 주제는 두 가지다. 첫째, 시장의 비합리적인 행태를 체계적으로 이용할 수 있는가? 둘째, 투자자는 어떻게 하면 비합리적인 결정을 피할 수 있는가? 행동재무학은 실제로도 최대한 합리적인 결정을 내리도록 하는 것이 목표다.[2]

그러나 투자에서 심리의 역할을 제대로 이해하지 못하면 행동재무학을 오용할 위험이 있다. 게다가 전문가들조차 행동재무학을 오용하는 사례가 있다.

다음은 행동재무학 오용의 위험을 보여주는 삼단논법이다.

인간은 비합리적이다.

시장은 인간으로 구성되어 있다.

따라서 시장은 비합리적이다.

이 논리 흐름에서 행동재무학의 주요 결론이 도출되는 것처럼 보인다. 행동재무학의 선두 주자 허시 셰프린(Hersh Shefrin)은 다음과 같이 썼다. "행동재무학에서는 휴리스틱(heuristic) 편향과 프레이밍(framing) 효과 탓에 시장가격이 내재가치에서 벗어난다고 가정한다."[3] 요컨대 시장은 비합리적인 개인들의 집합이므로 시장 역시 비합리적이라는 말이다.

그러나 위 주장에는 결함이 있다. 투자자의 행태를 개인 차원과 집단 차원에서 살펴보자. 개인 차원에서 보면 투자자는 줄곧 과신, 정박, 프레이밍, 확증의 덫 등 심리의 덫에 빠져든다. 그러나 집단 차원에서 보면 이런 개인들의 불합리한 행태는 상쇄되어 사라진다.

요컨대 개인들이 비합리적일 때도 시장은 여전히 합리적일 수 있다는 말이다.[4] 단지 투자자의 다양성만 충분히 유지되면 된다. 그러나 투자자의 다양성이 부족해져서 이들의 행태가 한 방향으로 쏠리면 시장은 효율성을 상실하게 된다.

따라서 문제는 '개인들이 비합리적인가?'가 아니라, '개인들이 같은 시점에 같은 방향으로 비합리적이 되는가?'다. 그러므로 초과수익을 달성하려면 개인 차원은 물론 집단 차원에서도 투자자들의 행태를 파악해야 한다. 그러나 행동재무학자들은 개인과 집단의 차이를 구분하지 못할 때가 많다.

통섭과 투자

멍청한 짓?

행동재무학 전문가들도 투자자들의 다양성이 시장에 미치는 영향을 이해하고 있다. 안드레이 슐라이퍼(Andrei Shleifer)는 탁월한 저서 《Inefficient Markets: An Introduction to Behavioral Finance(비효율적 시장: 행동재무학 소개)》에 다음과 같이 썼다.

투자자가 합리적인가 여부가 효율적 시장 가설의 사활을 좌우하는 것은 아니다. 투자자가 그다지 합리적이지 않더라도 시장은 여전히 효율적일 것이다. 흔히 논의되는 사례는 비합리적인 투자자들이 시장에서 무작위로 거래하는 상황이다. 이런 투자자가 많고 이들의 매매 전략 사이에 상관관계가 없다면 이들의 매매가 미치는 영향은 상쇄될 것이다. 이런 시장에서는 주가가 내재가치에 근접한다.

문제는 행동재무학자들이 투자자들의 다양성을 일반적인 상황이 아니라 특수한 상황으로 인식한다는 점이다. 슐라이퍼는 덧붙였다. "이 주장의 핵심 전제는 비합리적인 투자자들의 매매 전략 사이에 상관관계가 없다는 것이다. 따라서 이 주장에는 한계가 있다."[5]

끝으로, 차익거래에도 위험이 있기 때문에 실제로는 활발하게 이루어지지 않는다고 주장한다. 요약하면, 투자자들은 비합리적이고 이들의 매매 전략 사이에 상관관계가 존재하므로 시장은 비효율적이다. 게다가 차익거래도 불충분해서 시장의 효율성을 회복시킬 수 없다. 따라서 시장은 일반적으로 비효율적이며, 간혹 예외적으로 효율적일 뿐이다. 시장이 원래 비효율적이라면 공격적으로 펀드를 운용해보아야 멍청한 짓이 될 것이다.

그러나 실제로 전문가 대부분은 시장이 대체로 효율적이며 예외적으로 비효율적이라고 볼 것이다. 사실 많은 복잡계에서 다양한 개인들이 효율적인 성과를 창출하고 있다. 집단의 성과가 개인의 성과를 초과하는 사례도 잇따른다. 일반적으로 투자자의 다양성만 유지되어도 시장이 효율적이 되므로, 초과수익을 달성하는 체계적인 방법이 존재할 수 없다. 다양성이야말로 기본 가정이며, 다양성 상실은 투자수익을 추구해도 되는 주목할 만한 예외가 된다.

핵폭탄을 찾아라

집단의 힘을 보여주는 흥미로운 사례가 있다. 1966년 1월 17일, 스페인 해안선 상공에서 B-52 폭격기와 공중급유기가 충돌했다. 폭격기에는 핵폭탄 4기가 실려 있었다. 3기는 해안에서 즉시 발견되었지만 나머지 1기는 지중해에서 사라졌다. 미국 안보를 위해서는 1기를 신속하게 회수해야 하는 상황이었다.

국방부 차관보 잭 하워드(Jack Howard)는 젊은 해군 장교 존 크레이븐(John Craven)에게 폭탄을 찾아내라고 지시했다. 크레이븐은 다양한 전문가들로 집단을 구성한 다음, 폭탄의 위치에 대해 라스베이거스 방식으로 내기를 하게 했다. 그는 내기에서 도출된 확률을 바탕으로 시나리오를 구성해 금세 폭탄을 찾아냈다. 전문가들이 개별적으로는 답

을 찾아내지 못했지만, 집단적으로는 답을 찾아낸 것이다.[6]

개미와 벌 같은 사회적 곤충들도 식량과 보금자리를 찾는 등 문제를 해결할 때 다양성을 활용한다. 잭 트레이너(Jack Treynor)가 진행한 젤리 빈 단지 실험도 다양성의 위력을 보여주는 사례다. 그는 단지에 젤리 빈을 채워놓고서 재무학과 학생들에게 개수를 추측하게 했다. 분석에 의하면, 개별 학생의 추측치보다 전체의 추측치 평균이 거의 예외 없이 더 정확했다.[7]

인간의 행동은 비합리적이지만, 관건은 '다양성이 확보되어 효율성이 나오는가?'다. 여러 차원, 즉 정보의 원천, 투자 기법(기술적 분석 vs 기본적 분석), 투자 스타일(가치투자 vs 성장투자), 투자 기간(단기 vs 장기)에 걸쳐 생각해보면, 대개 다양성만 확보되어도 시장이 효율적이 되는 이유를 알 수 있다.

다양성과 시장의 효율성

시장은 다양성이 유지되면 대체로 효율적이지만, 다양성이 사라지면 대체로 비효율적이 된다. 즉, 다양성이 유지되는지 살펴보면 시장이 효율적인지 판단할 수 있다.[8]

군집행동이 대표적인 사례다. 군집행동은 수많은 사람이 남들을 모방해 똑같은 결정을 내리는 행위다.[9] 간혹 시장은 일시적으로 특정 감정에 휩쓸리는 경향이 있다. 이때 시장은 다양성을 상실해 폭등(모두가 매수)하거나 폭락(모두가 매도)하게 된다.

나는 이런 다양성을 제대로 평가하는 척도를 알지 못한다. 그래도 대중(매체)과 개인의 의견을 객관적으로 평가하려고 노력하면 약간의 힌트는 얻을 수 있을 것이다. 역발상 투자를 하려면 소수가 아니라 다수가 저지르는 오류에 초점을 맞춰야 한다.

케인스 가라사대

대중이 예상하는 '대중의 견해'는?

투자 전문가들이 추구하는 목표는 우리 장래를 뒤덮은 무지한 암흑 세력 퇴치가 되어야 한다. 그러나 오늘날 실제로 투자 전문가들이 은밀하게 추구하는 목표는 동료와 함께 반칙까지 동원해서 대중을 속여 불의한 수익을 차지하는 것이다.

– 존 메이너드 케인스(John Maynard Keynes),
《고용, 이자 및 화폐에 관한 일반이론(The General Theory of Employment, Interest and Money)》

예상의 두 측면

마크 트웨인(Mark Twain)은 '고전이란 누구나 읽어보려고 하지만 아무도 읽지 않는 책'이라고 정의했다. 존 메이너드 케인스의 《고용, 이자 및 화폐에 관한 일반이론(The General theory of Employment, Interest and Money)》도 그런 고전 중 하나다. 이 책에서는 특히 '12장. 장기 예상'이 주목할 만하다. 투자 등 모든 의사결정의 바탕에는 우리의 예상이 깔려 있다. 그러나 한 걸음 물러서서 그런 예상이 왜 깔려 있는지 숙고하는 경우는 드물다. 케인스는 이 사실을 일깨워준다.

이제 예상의 두 측면을 찬찬히 살펴보자. 첫째, 연역 과정(deductive process)에 깔린 예상과, 귀납 과정(inductive process)에 깔린 예상을 구분하자. 연역 과정은 일반적인 전제로부터 특정 결론을 이끌어내는 추론 과정이고, 귀납 과정은 개별 사실로부터 일반적인 결론을 이끌어내는 추론 과정이다.

그러나 매우 복잡한 상황에서는 인간이 추론 능력을 발휘할 수 없으므로, 현실 세계에서는 연역 과정을 제대로 실행하기가 어렵다.[1] 예컨대 사람들의 행동이 합리적이지 않다면 사람들의 행동을 예상하려고 해도 소용이 없다.

예상의 두 번째 측면은 후견지명(後見之明, hindsight) 편향으로, 과거에 발생한 일도 나중에 돌아보면 당연해 보이는 현상이다. 이런 후견지명 편향은 과거 오류에 대한 평가를 심각하게 손상시키므로, 투자자들이 경험에서 제대로 배우지 못하게 된다.

투기와 사업

케인스는 미래 수익률 예상의 근거를 두 가지로 구분한다. 하나는 어느 정도 확실한 사실이고, 하나는 불확실하지만 예측해야 하는 사건이다. 불확실한 사건에는 투자의 규모와 유형, 수요 등락 등이 포함된다. 그는 이런 사건에 대한 예상을 '장기 예상'이라고 부른다.

대부분 사람들은 예측할 때 이른바 '관행'에 의존한다. 즉, 현재 상황을 기준으로 삼고, 명확하게 변화가 예상될 때 수정한다.[2] 수정 규모는 '확신 수준'에 따라 달라진다. 그러나 확신 수준은 예상할 수가 없다. 시장은 심리에 영향을 미치고, 심리는 시장에 영향을 미치기 때문이다.[3]

케인스는 관행이 원래 불안정할 수밖에 없다고 주장한다. 사람들은 '사업(enterprise)', 즉 수명이 끝날 때까지 자산에서 나오는 수익을 예측하는 활동이 아니라 '투기(speculation)', 즉 시장 심리를 예측하는 활동에 집중하기 때문이다. 여기서 그는 시장을 미인 선발 대회에 비유한다. 여기서는 자신이 보기에 최고의 미인을 고르는 것도 아니고, 다른 사람들이 보기에 최고의 미인을 고르는 것도 아니다. 다른 사람들이 예상하는 평균적인 의견을 예상해내는 것이다. 이 비유를 통해 그는 시장에 연역법을 적용하기가 왜 어려운지 보여준다.

그렇다고 해서 시장이 오로지 심리에 좌우된다는 말은 아니다. 케인스는 말한다.

장기 예상은 대개 안정적이며, 안정적이지 않을 때는 다른 요소들이 보상을 제공한다. 다시 말하지만, 미래에 영향을 미치는 (개인적, 정치적, 경제적) 의사결정들이 엄격하게 계산한 기대를 근거로 도출된 것은 아니다. 엄격하게 계산할 근거는 존재하지 않기 때문이다.[4]

케인스는 탁월한 의견을 덧붙인다. "사업이 안정적인 흐름을 유지할 때는 투기가 아무 영향을 미치지 못한다. 그러나 사업이 투기의 소용돌이에 휩쓸리면 거품이 될 위험에 처하게 된다."[5]

그러면 오늘날 기관투자가들은 사업과 투기 중 어느 쪽에 더 집중할까? 답하기가 쉽지는 않지만, 주식 포트폴리오 회전율 통계를 보면 우려하지 않을 수 없다. 1970년대 초 30~40% 수준이었던 연간 회전율이 지금은 약 90%까지 상승했다. 이제는 평균 보유 기간이 1년 남짓하다는 뜻이다. 이렇게 회전율이 높으면 비용이 증가할 뿐 아니라 기업의 지배구조도 불안해진다.[6]

손님 수 예상

경제학자 브라이언 아서(Brian Arthur)는 귀납법과 연역법을 이용한 종목 선택 등 해법 개발에 크게 기여한 인물이다. 인간은 지극히 단순한 문제만 연역적으로 해결할 수 있다고 아서는 지적한다. 실험에 의하면, 인간의 연역 능력은 실제로 매우 취약하다. 반면에 패턴 인식 능력은 탁월해서, 인간은 귀납 기계라 부를 만하다.

아서는 케인스의 뒤를 이어 귀납 추론 모형을 제시한다. 그 모형은 뉴멕시코 산타페에 있는 술집 엘 파롤(El Farol)로, 목요일 밤에 아일랜드 음악을 연주한다.[7] 손님이 붐비지 않을 때 가면 맥주를 마시면서 연주를 한껏 즐길 수 있다. 그러나 손님이 붐빌 때는 서로 밀치는 손님들 탓에 맥주가 쏟아지기도 하고, 시끄러운 목소리 탓에 연주를 즐기기도 어렵다. 그러면 언제 가면 좋을까?

아서는 엘 파롤의 최대 수용 인원이 100명이고, 손님이 60명 이하이면 쾌적하고, 60명을 초과하면 붐빈다고 가정했다. 따라서 손님이 60명 이하로 예상되는 날에는 엘 파롤에 가고, 60명 초과로 예상되는 날에는 가지 않으면 된다. 이 의사결정은 과거 결정의 영향을 받지 않고, 다른 사람과 협의할 수 없으며, 과거에 갔던 경험만을 근거로 결정해야 한다.

이 문제의 특징은 두 가지다. 첫째, 문제가 매우 복잡해서 연역적으로는 해결할 수 없다. 과거에 갔던 경험만 돌아보더라도 예상 모형은 수없이 나올 수 있다. 따라서 귀납법을 사용해야만 한다. 둘째, 사람들이 똑같은 판단을 내리면 역효과가 발생한다. 모두가 엘 파롤이 붐빌 것으로 판단하면 아무도 가지 않을 것이다. 반면에 모두가 엘 파롤이 쾌적할 것으로 판단하면 모두 갈 것이다. 케인스의 미인 선발대회와 마찬가지로, 관건은 내가 아니라 다른 사람들의 평균적 의견을 예상하는 것이다.

연구자들은 다양한 규칙을 적용해서 문제 해결 모형을 개발했다. 다양한 규칙을 반복 적용한 결과, 평균 손님은 약 60명이었다. 어떤 연구에서는 시뮬레이션을 2만 회 실시하기도 했는데, 약 385년에 해당하는 분량이었다.[8] 이는 전략이 다양하면 귀납법으로도 연역법과 비슷한 결과를 도출할 수 있다는 뜻이다.

케인스와 아서는 시장에 관한 기본적 사실을 끌어냈다. 엄격한 연역법을 바탕으로 투자자들이 종목을 선택하는 사례는 많지 않고, 많을 수도 없다는 것이다. 내가 한마디 덧붙이면, 전략이 다양하기만 해도 시장은 효율적이 된다. 그러나 전략의 다양성이 부족해지면 시장은 효율성을 상실한다.

착각

후견지명은 과거에 발생한 일도 나중에 돌아보면 당연해 보이는 현상이다. 이는 문제가 발생한 과거 시점의 불확실했던 상황을 기억하지 못해서 나타나는 현상이다.[9]

허시 셰프린 교수는 오렌지카운티의 재무 책임자였던 로버트 시트론(Robert Citron)의 논평을 근거로 제시한다.[10] 1993년 9월 연례보고서에 시트론은 다음과 같이 썼다. "1990년대 내내 금리는 약보합세를 유지할 전망입니다. 적어도 3년 동안은 금리가 상승할 조짐이 보이지 않습니다." 그러나 1994년 2월, 연준이 금리를 인상하자 시트론은 다음과 같이 말을 바꾸었다. "이번 금리 인상은 뜻밖의 사건이 아닙니다. 우리는 금리 인상을 예상해 대비하고 있었습니다." 물론 시트론이 금리 인상 전에 견해를 바꿨을 수도 있다. 그러나 그에게 후견지명 편향이 있다고 보는 편이 맞을 것이다. (미국에서 가장 부유한 자치단체인 캘리포니아 오렌지카운티는 금리 하락에 베팅했는데, 1994년에 금리가 급등하면서 엄

청난 손실을 보고 파산 신청을 했다. - 감수자 주)

    이런 후견지명 편향에 빠지면, 자신이 과거에 왜 그런 잘못을 저질 렀는지 반성하기 어려워진다. 결정할 당시 왜 그렇게 판단했는지 기록 해두는 것이 한 가지 해결책이다. 그러면 나중에 그 기록을 바탕으로 당시 결정을 객관적으로 반성할 수 있으므로, 향후 의사결정을 개선할 수 있다.

자연주의적 의사결정

의사결정으로 먹고사는 사람들은 (전쟁터, 거래소 입회장, 경쟁이 치열한 기업 환경 등) 복잡하거나 혼란스러운 상황에서는 대개 직관이 합리적인 분석에 우선한다는 점을 실감한다. 그리고 과학적으로 분석해보면, 직관은 선천적 자질이 아니라 기량이다.

– 토머스 스튜어트(Thomas A. Stewart), "직관적 사고법(How to Think with Your Gut)"[1]

총잡이와 트레이더

해병대 중장 폴 밴 리퍼(Paul Van Riper)는 해병대 훈련 과정에서 전통적인 의사결정 기법을 배웠다. 문제의 틀을 구성하고, 대안들을 만들어내서 각 대안을 평가하는 방식이었다. 1990년대에는 해병대 지휘 및 전투 개발 프로그램 책임자가 되어 전통적인 의사결정 기법을 가르치기도 했다. 그런데 전투 시뮬레이션에서는 합리적인 의사결정 기법이 제대로 작동하지 않는다는 점을 실감했다.

그는 인지심리학자 게리 클라인(Gary Klein)에게 조언을 구했다. 클라인은 복잡한 상황에서 소방관들이 실제로 의사를 결정하는 방식을 연구한 인물이다. 그의 연구에 의하면, 소방관들은 대안 평가를 전혀 하지 않는다. 가장 먼저 떠오르는 만족스러운 아이디어를 실행에 옮기고 나서, 다음 아이디어를 찾는 식이다. 소방관들의 의사결정 방식은 전통적인 의사결정 이론과 전혀 비슷하지 않았다.

리퍼는 뉴욕상업거래소 트레이딩 핏(trading pit)이 작전실과 매우 비슷하다고 생각했다. 1995년 그는 해병들을 데리고 뉴욕상업거래소 트레이딩 핏을 방문해, 그곳 전문가들을 상대로 트레이딩 시뮬레이션을 실행했다. 해병들은 전문가들에게 완패했지만, 아무도 놀라지 않았다.

약 1개월 후, 리퍼는 트레이딩 핏 전문가들을 버지니아 주 콴티코 (Quantico) 기지로 초청해서 해병들과 전쟁 게임을 치르게 했다. 해병들은 이번에도 전문가들에게 완패했고, 모두가 충격에 빠졌다.[2]

의사결정은 유서 깊은 연구 분야다. 250년 전 다니엘 베르누이 (Daniel Bernoulli, 스위스 수학자)가 개발한 고전 의사결정 모형은 여전히 경제학에서 널리 사용되는 권위적인 모형이다.[3] 1950년대에 경제학자 허버트 사이먼(Herbert Simon)은 인간은 인지 능력의 한계 때문에 이 고전 의사결정 모형에서 요구하는 정보를 감당할 수 없다고 비판했다. 인간은 합리성에 한계가 있으므로, 최적 결과가 아니라 '최소 조건 충족'이 의사결정 기준이라고 보았다. 그는 사람들이 최대 성과를 추구하지 않고 작은 성과에 만족한다고 주장했다.

최근 사연주의적 의사결정(naturalistic decision making)이라는 새로운 기법이 등장했다. 이는 전문가들이 복잡하고 제약 많은 현실 세계에서 실제로 의사결정을 실시하는 과정을 연구하는 기법이다.[4] 분석에 의하면, 자연주의적 의사결정의 핵심 특성과 원칙 들은 노련한 투자자들에게도 그대로 적용된다. 자연주의적 의사결정을 이해하면 자신의 투자 기법을 더 정확하게 평가해 성과를 개선할 수 있을 것이다.[5]

의사결정 트리

최근 논문에서 로버트 올슨(Robert Olsen)은 투자와 관련된 자연주의적 의사결정의 5가지 조건을 열거했다.[6]

1. **구조가 부실하고 복잡한 문제:** 이런 문제에는 적절한 해결 방법이 없다. 증권의 내재가치 평가가 전형적인 예다.
2. **불완전하고 모호하며 변화하는 정보:** 우리는 미래 재무 실적을 추정해 종목을 선정하고자 하지만, 관련 정보를 모두 입수할 방법이 없다.

3. **정의가 부실하고 변화하며 상충하는 목표들:** 투자에서 장기 목표는 명확해 보일지 몰라도, 단기 목표는 크게 바뀔 수 있다. 예컨대 단기적으로 펀드매니저는 만족스러운 실적을 지키려고 방어적인 태도를 취할 수 있고, 부족한 실적을 채우려고 공격적인 태도를 취할 수도 있다.

4. **시간 제약과 거액 투자에서 오는 스트레스:** 스트레스는 투자의 필연적 특성이다.

5. **다수가 참여하는 의사결정:** 다수가 참여하는 탓에 의사결정이 제약될 수 있다.

자연주의적 의사결정은 실제로 어떻게 이루어지는가? 올슨은 그 과정을 3단계로 구분한다. 1단계는 주로 심상(心像)과 시뮬레이션에 의지해 상황과 대안 들을 평가한다.[7]

2단계에서는 패턴을 비교해 문제를 인식한다. 전문가들은 알고 있는 패턴을 특정 상황에 연결할 수 있다. 게리 클라인은 동료들과 함께, 시간 제한에 따라 체스 고수와 하수가 두는 수의 평균 품질을 분석했다. '135초 안에 한 수' 조건에 비해 '6초 안에 한 수' 조건에서 하수들의 수는 품질이 대폭 하락했지만, 고수들의 수는 상대적으로 변화가 적었다(그림 16.1 참조). 고수들은 체스판을 훑어보고 패턴을 빠르게 인식했으므로, 짧은 제한 시간에도 비교적 좋은 수를 둘 수 있었다.[8]

3단계는 유추(類推)다. 전문가들은 다양한 상황에서 유사성을 찾아낼 수 있다.

자연주의적 의사결정에서 나타나는 매우 흥미로운 특성 하나는 전문가들이 거의 무의식적으로 결정한다는 점이다. 신경과학자 안토니

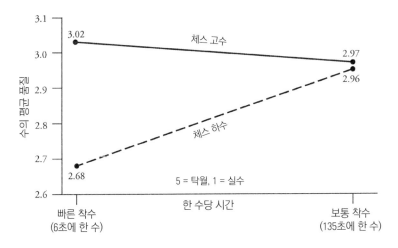

그림 16.1 체스 고수들은 시간 제약에도 수의 평균 품질을 유지한다

자료: Gary Klein, 《Sources of Power: How People Make Decisions》, 163.

오 다마시오는 한 실험에서 카드 2벌은 좋은 패, 2벌은 나쁜 패로 구성된 카드 4벌을 준비했다. 그런 다음 참가자들에게 아무 데서나 카드를 골라 뒤집게 했다. 참가자들에게 피부 전도 반응 측정기를 부착했고, 패를 뒤집을 때마다 게임의 성격이 이해되는지 물었다. 10장쯤 뒤집자, 참가자들은 나쁜 패가 나올 때마다 신체적 반응을 보이기 시작했다. 약 50장을 뒤집은 후, 참가자들은 카드 4벌 중 2벌에서 나쁜 패가 나오는 것 같다고 명확하게 설명했다. 30장을 더 뒤집고서 참가자들은 자신의 예감이 옳았다고 말했다. 이들은 명확하게 설명하지 못하는 상태에서도, 무의식적으로 알고 있다는 사실을 신체 반응으로 드러냈다.[9]

연구자 레이 크리스티안(Ray Christian)은 의사결정에서 무의식이 일

통섭과 투자

정 역할을 하는 이유를 설명한다. 한 시점에 신체 감각 기관을 통해 들어오는 정보 중 우리가 인식하는 정보는 극히 일부에 불과하다. 구체적으로 말하면, 신체 감각 기관의 수용 능력은 초당 11메가비트(1메가비트는 100만 비트)이지만, 인식 능력은 초당 16비트여서 70만분의 1에도 못 미친다.[10]

자연주의적 의사결정과 투자

로버트 올슨은 자연주의적 의사결정이 실제로 투자에도 적용되는지 시험했다. 자연주의적 의사결정 이론은 해당 분야 전문가들에 관한 이론이므로, 그는 국제재무분석사(Chartered Financial Analyst, CFA) 자격증을 획득한 투자자들을 분석했다. 대상 250여 명 중 경력 6년 이상이 90%였고, 경력 15년 이상이 50%였다. 올슨은 투자 행태를 파악하려고 질문 8개를 던졌다.

표 16.1이 답변을 요약한 자료다. 첫 번째 질문에 대한 답변을 보면, 전문가들은 심상(心像)을 많이 이용하고 있다. 사실에 기초한 스토리 구성이 투자 결정에 중요하다고 말한 응답자가 90%가 넘는다.

질문 2~4에 대한 답변을 보면, 전문가들은 상황에 맞춰 결정을 내린다. 상황에 따라 기법을 변경한다는 뜻이다.

질문 5~8에 대한 답변을 보면, 전문가들은 '최소 조건 충족'을 추구한다. 이들은 일부 결과를 무시하거나 분류를 통합해 의사결정 과정을 단순화한다.

표 16.1 CFA 자격증 소지자들의 답변

NO	질문	동의	반대
1	투자를 결정하거나 추천하려면, 반드시 사실을 기초로 일관되고 완벽한 스토리를 구성할 수 있어야 한다.	93%	7%
2	예측/추천이 더 복잡하고 어려워질수록, 나는 정형화된 정량 분석보다 주관적 판단에 더 의존하는 경향이 있다.	64%	36%
3	정량 평가 모형은 신생 기업이나 변동성 높은 기업의 증권 분석에는 유용성이 낮다.	89%	11%
4	분석의 정확도를 높이려면 많은 비용이 들어갈 때, 나는 정확도가 낮더라도 비용이 적게 들어가는 분석 방법을 선택한다.	80%	20%
5	나는 나올 것 같지 않은 결과는 무시하고 결정한다.	62%	38%
6	나는 다른 사람들도 비슷하게 예상하는 결과는 무시하고 결정한다.	82%	18%
7	나는 특정 추정치 대신 확률 범위로 결과를 평가해 결정한다.	75%	25%
8	나의 예측력이 의심스러워질수록, 대안에 관한 부정적 정보에 더 비중을 둔다.	86%	14%

자료: Robert A. Olsen, "Professional Investors as Naturalistic Decision Makers: Evidence and Market Implications," *The Journal of Psychology and Financial Markets* 3, no. 3 (2002): Table 2, 163.

올슨의 연구에 의하면, 투자 전문가들은 자연주의적 의사결정 성향이 뚜렷하다. 투자 대가들을 자세히 지켜본 사람들이라면 이 결과에 쉽게 수긍할 것이다. 이 연구의 중요한 시사점 하나는, 투자 훈련 과정이 비행 시뮬레이터(flight simulator)를 닮아야 한다는 점이다. 즉, 적시에 명확한 피드백을 제공하면서 시나리오를 분석하고 시뮬레이션하는 방식이 되어야 한다는 뜻이다.

유의 사항

자연주의적 의사결정은 분명히 투자에 유용하다. 그러나 명심할 사항이 몇 가지 있다.

이 기법은 환경이 복잡할 때 사용하기 적합하다. 문제가 단순할 때에는 대개 전통적인 의사결정 기법이 더 효과적이다. 환경에 따라 적합한 의사결정 기법이 달라진다.

일반 개인보다 다양한 개인으로 구성된 집단이 복잡한 문제를 대체로 더 잘 해결한다. 주식시장이 대표적인 사례다. 투자 전문가들도 장기적으로는 초과수익을 내기 어렵다. 복잡한 상황에 대해 심상을 그려내는 전문가들이 성과가 좋은 듯하다. 그러나 자연주의적 의사결정이 초과수익을 제공한다고 보아서는 안 된다.

끝으로, 탁월한 자연주의적 의사결정 기량은 전수되지 않는다. 투자 대가들은 타고난 능력(기질)에 노력(다양한 정보 습득)을 결합하는 듯하다. 누구나 의사결정 능력을 개선할 수는 있지만, 타고난 능력에 노력을 결합해서 일관되게 초과수익을 낼 수 있는 사람은 극소수에 불과할 것이다.

중요도 평가

실험과 관찰로부터 결론을 도출하려면, 그 사건이 발생할 확률을 평가하고, 그 사건이 증거로 삼을 만큼 중대하거나 빈번한지 판단해야 한다. 이런 평가 작업은 흔히 생각하는 것보다 더 어렵고 복잡하다.

– 앙투안 라부아지에(Antoine Lavoisier)[1]

거짓말에는 세 종류가 있다. 거짓말, 새빨간 거짓말, 그리고 통계다.

– 레너드 코트니(Leonard H. Courtney)[2]

정보의 중요도 평가

정보가 모두 평등한 것은 아니다. 성직자와 신도들 앞에서 정장 차림으로 하는 대답이, 커피에 우유를 추가하느냐는 질문의 대답보다 훨씬 무게감이 있다. 정보의 중요성을 가늠할 수 있으면 투자는 물론 인생에도 큰 도움이 된다.

투자를 하려면 정보를 수집하고 분석해야 한다. 투자자들은 정보 수집이나 분석을 통해 경쟁우위를 확보하려고 줄곧 노력해왔다. 그러나 이제는 기술 진보와 규제 탓에, 정보 수집으로 경쟁우위를 확보하기가 훨씬 어려워졌다.

예컨대 요즘은 인터넷을 통해 정보가 거의 무료로 신속하게 유포된다. 25년 전만 해도 주요 기관들조차 꿈도 꾸지 못했던 정보를, 지금은 개인 투자자도 손가락만 까딱하면 얻을 수 있다. 공정공시규정(Regulation FD) 덕분에 대형 펀드에서 개미 투자자에 이르기까지 모두가 주요 정보를 동시에 입수한다.

그런데도 애널리스트들은 여전히 독점 정보를 찾아다니고 있다. 요즘도 이들의 조사 건수는 여전히 많고, 정보 수집 활동 역시 여전히 활발하다. 그러나 지금은 그런 독점 정보의 가치가 얼마나 되는지 의심스럽다.

회의론은 세 가지다. 첫째, 투자자들이 과연 정보의 중요도를 제대로 평가할 수 있을까? 둘째, 표본 추출의 문제로, 애널리스트들이 추출한 표본이 실제로 모집단의 특성을 제대로 반영할까? 셋째, 오늘날 독점 정보가 실제로 초과수익을 창출할까?

중요도 배분

1990년대 중반, 빌 게이츠는 마이크로소프트(Microsoft)가 수행하는 사업들의 우선순위 목록을 작성했다. 당시 떠오르기 시작한 인터넷 사업은 우선순위가 5~6위였다. 그러나 게이츠는 인터넷 사업의 중요성을 실감하고 즉시 최우선순위로 변경했다.[3] 게이츠는 이미 알고 있던 정보를 과감하게 재평가했고, 이후 막대한 주주가치를 창출했다. 정보에 대한 평가가 달라지면 세상을 보는 관점도 달라지고, 자산에 대한 평가도 달라진다.

우리의 확신도는 두 가지 요소로 구성되는데, 증거의 '강도(strength)'와 증거의 '중요도(weight)'다.[4] 예를 들어 어떤 동전은 앞면이 더 잘 나오는 듯해서 시험을 통해 확인한다고 가정하자. 이때 동전을 던져서 앞면이 나온 비율이 '강도'이고, 동전을 던진 횟수, 즉 표본의 수가 '중요도'에 해당한다.

이런 강도와 중요도의 결합 방식을 설명하는 것이 바로 통계학 이론이다. 그러나 수많은 조사에 의하면, 사람들은 통계학 이론을 따르지 않는다. 사람들은 증거의 '중요도'보다 '강도'를 훨씬 더 중시하는 경향이 있다.

이런 편향 탓에 사람들은 과신이나 불신 상태에 빠지게 된다. 예컨대 (흔히 월스트리트 금융회사들이 하는 조사가 그렇듯이) 증거의 강도는 높지만 중요도가 낮을 때, 사람들은 과신하는 경향이 있다. 반대로 증거의 강도는 낮지만 중요도가 높을 때, 사람들은 불신하는 경향이 있다.

그림 17.1은 강도와 중요도의 조합을 나타낸다. 둘 다 높으면 확실

그림 17.1 가설 검증 시 강도와 중요도의 조합

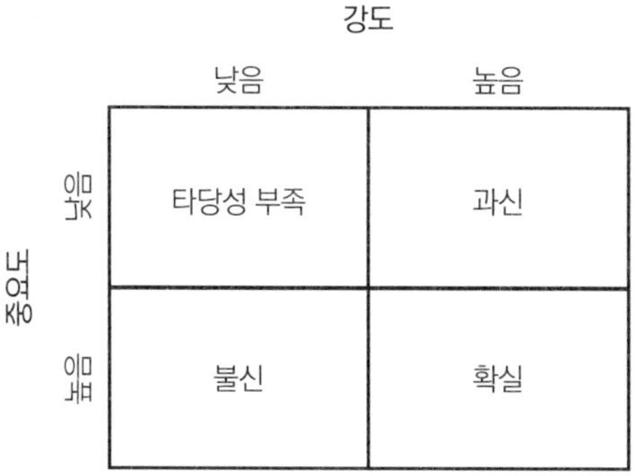

강도

	낮음	높음
낮음	타당성 부족	과신
높음	불신	확실

중요도

자료: Dale Griffin and Amos Tversky, "The Weighing of Evidence and the Determinants of Confidence" 및 저자의 분석

하다고 볼 수 있고, 둘 다 낮으면 타당성이 부족하다고 볼 수 있다. 그러나 나머지 두 경우에는 우리가 오판할 위험이 있다.

승자의 저주(winner's curse)는 정보의 중요도를 잘못 평가할 때 발생한다.[5] 즉, 경매에서 최고 호가를 제시해 낙찰받으면 '승자'가 되지만, 지나치게 높은 가격을 치르는 탓에 결국 '저주'를 받게 된다. 사람들은 자산의 가치를 평가할 때, 다양한 매수자들이 제시할 법한 평균 가격에 주목하기 쉽다. 그러나 실제로 중요한 가격은 최고 호가 하나뿐이다.[6]

따라서 사람들은 증거의 '중요도'보다 '강도'를 훨씬 더 중시하기 쉽다는 점을 명심하고, '중요도'를 과소평가해 오류에 빠지는 일이 없도록 유의해야 한다.

표본 추출의 오류

대리점들이 하는 말, 종업원들의 자기 회사 평가, 최고정보책임자 (CIO)들의 매수 의사 등은 투자에 유용한 정보가 될 수 있다. 그러나 모집단의 견해를 정확하게 파악하기는 쉽지 않다.

통계학에서는 모집단의 특성을 비교적 정확하게 파악하고자 할 때 필요한 적정 표본 규모를 제시한다. 모집단은 대개 정규분포를 따르므로, 표본 추출이 적절하면 모집단의 특성을 파악할 수 있다. 예를 들어 성인 여성의 키 표본을 적절하게 추출해서 평균과 분포를 계산하면, 성인 여성의 키를 비교적 정확하게 알 수 있다.

그러나 정규분포를 따르지 않는 모집단도 많다. 예를 들어 정보기술비용을 조사할 때는 대개 포춘 1,000대 기업의 최고정보책임자들을 대상으로 설문조사를 한다. '매출 대비 정보기술비용'의 분포가 무작위라고 가정하면, 조사 대상에 어떤 기업이 포함되는가에 따라 결과가 크게 달라질 수 있다.

포춘 1,000대 기업의 매출 합계 중에서 상위 10% 기업이 차지하는 비중은 50%가 넘지만, 하위 10% 기업이 차지하는 비중은 2% 미만이다. 따라서 표본을 층화(層化) 추출하지 않고 모든 응답을 똑같이 취급하면 모집단의 특성이 왜곡될 수 있다. 그림 17.2는 포춘 1,000대 기업의 매출 분포를 나타낸다.

요즘은 증거의 강도는 높지만 중요도가 낮은 조사 탓에 과신에 빠지는 사례가 많은 듯하다. 데이터 두세 개를 근거로 다음 결과를 예측하는 방식으로는 좋은 성과를 기대하기 어렵다.[7]

그림 17.2 포춘 1,000대 기업의 매출 분포

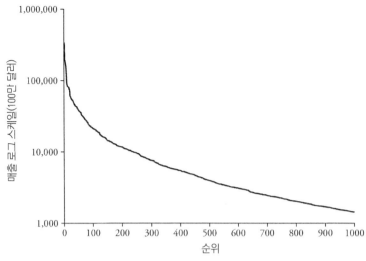

자료: Fortune.com 및 저자의 분석

주가에 이미 반영된 정보

조사보고서의 가치를 평가하는 기본적인 기준은 '종목 선정에 유용한가?'라 할 것이다. 그러나 실제로 종목 선정에 유용한 조사보고서를 찾기는 쉽지 않다.

첫째, 시장은 새 정보를 신속하게 반영하기 때문이다.[8] 시장은 새 정보에 신속하게 적응한다는 증거가 있다. 그렇다면 새 정보로는 초과수익을 창출하기 어렵다. 증권회사들이 발간하는 조사보고서는 동시에 배포되고, 운용사들이 입수하는 정보도 대개 곧바로 주가에 반영되기 때문이다. 현황에 관한 정보나, 가까운 미래에 발생할 사건은 주가에 효율적으로 반영된다고 보아야 한다. 반면에 먼 미래에 관한 정보는 주가에 충분히 반영되지 않는다는 증거가 있다.[9]

둘째, 기업의 펀더멘털과, 현재 주가에 반영된 기대 사이에는 상당한 괴리가 존재하기 때문이다.[10] 주가에는 시장의 집단적인 기대가 반영되어 있으며, 어떤 개인이 보유한 정보보다도 많은 정보가 반영되어 있다. 결국 관건은 '그 정보가 주가에 이미 반영되었는가?'다.

셋째, 나는 유명한 CIO 조사 데이터와 초과수익의 상관관계를 분석해보았지만(그림 17.3 참조),[11] 유의미한 상관관계를 발견하지 못했다.

일부 투자자들은 특정 섹터의 실적보다, 다른 섹터로부터 받는 영향에 관심을 기울이기도 한다. 이때는 조건부 확률(conditional probability)로 분석해야 한다. 예를 들어 기업 a의 주문량이 기대에 못 미칠 확률이 70%이고, 기업 b의 수주량이 기대에 못 미칠 확률이 70%라고 가정하자. 그렇다면 기업 a의 주문량이 기대에 못 미쳐서 기업 b의 수주량도 기대에 못 미칠 확률은 49%가 된다(70%×70% = 49%).

분석에 의하면, 사람들은 두 사건이 동시에 발생할 확률을 과대평가하는 경향이 있다. 이를 결합 오류(conjunction fallacy)라고 하는데, 사건의 유형을 제대로 구분하지 않고 뭉뚱그려 생각할 때 흔히 발생한다. 따라서 복수의 사건을 고려할 때는 결합 오류에 빠지지 않도록 유의해야 한다.[12]

투자자가 신규 정보를 탐색하는 것은 좋은 일이다.[13] 그러나 정보의 양이 증가한다고 해서 정보의 가치도 반드시 증가하는 것은 아니다. 투자자들은 정보의 중요도를 잘못 평가하는 사례가 많고, 그 정보는 표본 추출 과정에 오류가 있을지도 모르며, 그 정보는 이미 시장가격

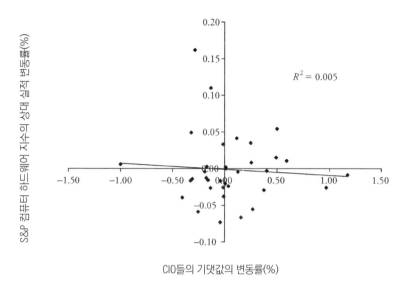

그림 17.3 CIO 조사 데이터와 초과수익의 상관관계

자료: http://www2.cio.com/techpoll/index.cfm 및 저자의 분석

에 반영되었을 수도 있기 때문이다. 그런데 기업의 중장기 경쟁력 전망에 대해 심층적으로 토론하는 사례는 매우 드문 듯하다.

3부
혁신과 경쟁 전략

여러 작은 실험에
투자하기

공통 구성 요소 묶기

산출

혁신적 응용

적합성 지역에 오르기 위해서는
종종 내려가기도 해야 한다

도구

변성
재조합

혁신

탐색

들어가는 글

지난 100년 동안 얼마나 많은 변화가 있었는지 알려면 1896년에 만들어진 다우지수에 처음 포함된 아래 종목들을 살펴보면 된다.

아메리칸 코튼 오일(American Cotton Oil)

라클레드 가스(Laclede Gas)

아메리칸 타바코(American Tobacco)

노스 아메리칸(North American)

시카고 가스(Chicago Gas)

테네시 콜 앤드 아이언(Tennessee Coal & Iron)

디스틸링 앤드 캐틀 피딩(Distilling and Cattle Feeding)

유에스 레더(U.S. Leather)

제너럴 일렉트릭(General Electric)

유에스 러버(U.S. Rubber)

위 기업들 가운데 지금까지 살아남은 회사는 제너럴 일렉트릭뿐이다. 이마저도 이제는 전기회사(Electric)라기보다 만물상(General)에 가깝다. 이들은 당대의 블루칩이었고, 원자재 상품 경제의 경쟁 기업들이었다. 사료회사인 디스틸링 앤드 캐틀 피딩과 면실유 제조회사인 아메리칸 코튼 오일이 그 시기를 대표하는 기업들이었다는 사실을 믿기 어려울 것이다. 하지만 우리 후손들도 마이크로소프트와 머크(Merck)를 두고 비슷한 생각을 할지 모른다. (2018년 6월 21일, S&P500 지수위원회는 제너럴 일렉트릭을 다우지수 30대 종목에서 제외한다고 발표했다. 다우지수 30대 종목 체제가 갖춰진 1896년 이래 122년 만의 일이다. -감수자 주)

지난 세기의 변화가 다음 세기에 대해 암시해줄 수 있을까? 몇 가지는 확실히 알 수 있다. 첫째는 먼 미래에 대한 예측은 크게 빗나갈 가능성이 크다는 점이고, 둘째는 앞으로 우리가 기댈 수 있는 것은 혁신뿐이라는 점이다. 혁신을 어떻게 바라보고 다룰지가 3부의 주제다.

혁신은 어떤 회사가 흥하고 망할지 결정하는 핵심 메커니즘이기 때문에 투자자들은 혁신에 대해 잘 알아야 한다. 하지만 걸림돌이 있다. 투자자 대부분은 미래에 성공하는 기업이 오늘날의 리더와는 아주 다르다는 사실을 알지만, 시대를 앞지르는 변화는 통상 조금씩 작게 나타난다는 점이 문제다. 그래서 혁신의 누적 효과를 주의 깊게 살피지 않으면 작은 변화를 감지하지 못해, 이전부터 좋아하는 기업에 계속 투자하게 된다.

3부의 핵심 주제 가운데 하나는 '혁신은 불가피하다'는 점이다. 혁신은 기존의 아이디어 조각들을 재구성한 결과물이다. 따라서 아이디어가 많을수록, 그리고 이를 더 빨리 다룰수록 유용한 해결책인 혁신을 더 신속하게 얻을 수 있다. 사실 혁신 속도가 점점 빨라진다는 주장은 일리가 있다. 혁신으로 자연스레 승자와 패자가 갈린다. 오늘날의 승자는 경쟁 상대의 표적이 되고, 한때 좋았던 회사가 쓰러지면 다시 일어서기 어렵다는 사실을 보여주는 사례가 많다.

또 다른 핵심 주제는 '인간은 변화를 다루는 데 서툴기 짝이 없다'는

통섭과 투자

점이다. 우리는 투자할 때 과거를 기반으로 미래를 추정하는 경향이 있다. 주가를 추정할 때에도 마찬가지다. 훌륭한 회사는 계속 번창하고, 실적이 나쁜 기업은 계속 어렵다고 가정한다. 기업의 최고경영자들도 현재 상황에 안주해 실패의 씨앗을 뿌리고 만다.

마지막 주제는 '변화에 어떻게 대처하는가?'다. 새로운 산업이 출현할 때는 좋고 나쁜 전략을 구분하기가 거의 불가능하다. 그래서 여러 전략을 시도하고 시장이 이 가운데 좋은 것을 선택하게 하는 패턴이 흔히 나타난다. 이는 두뇌 발달 과정과 아주 유사하다. 그 결과 매력적인 전략들만이 살아남지만 수많은 실패에 따른 비용이 만만치 않다. 이런 실패를 바람직스럽지 않다고 여기지 말고, 비즈니스 모델을 찾아가는 필수 과정으로 보는 것이 좋겠다.

혁신에 깔려 있는 원칙들을 확실히 안다 해도, 여러분의 손자들에게 어떤 주식을 보유하면 좋을 거라는 예측까지는 해주지 못할 것이다. 하지만 탄탄한 포트폴리오 구축에 필요한, 기대가 어떻게 변하는지 예측하는 능력을 기르는 데는 엄청난 도움이 된다.

라이트 형제의 혁신

혁신이 불가피한 이유

모든 혁신은 과거로부터 어느 정도는 단절됨을 의미한다. 전구는 가스등을, 자동차는 마차를, 증기선은 범선을 대체했다. 그렇지만 마찬가지로 모든 혁신은 과거의 조각으로부터 만들어진다. 에디슨은 시스템 조직 원리를 기존의 가스 산업에서 도출했고, 초창기 자동차는 마차 제조업자들이 만들었다. 최초 증기선도 범선에 증기 엔진을 붙인 것이다.

– 앤드류 하가든(Andrew Hargadon),
《How Breakthroughs Happen(획기적 발전은 어떻게 일어나는가?)》

우리는 매년 선철 5,000만 톤, 철강 6,000만 톤까지 생산해낼 수 있어야 합니다. 석탄은 5억 톤, 원유는 6,000만 톤까지 채굴해낼 수 있어야 합니다. 이를 모두 이루어야만 우리 조국은 만일의 사태에 대비할 수 있습니다.

– 이오시프 스탈린(Iosif Stalin), 연설, 1946

미래의 제국은 정신의 제국입니다.

– 윈스턴 처칠(Winston Churchill), 하버드 대학 연설, 1943

재조합으로 도약하라

1903년 12월 7일, 오빌 라이트(Orville Wright)는 엔진 동력 비행기로 12초 동안 37미터를 날아 새 역사를 썼다(그림 18.1 참조). 이를 계기로 라이트 형제는 항공 복합 산업을 탄생시켰고 장거리 여행의 신기원을 열었다.

라이트 형제는 세상을 바꾸는 업적을 어떻게 이뤄냈을까? 이들은 신의 계시를 받지도 않았고, 백지 상태에서 시작한 것도 아니었다. 이들 형제가 만든 첫 비행기는 이미 알려진 아이디어와 기술을 재조합한 작품이라 해야 맞을 것 같다.[1] 경영학 교수 앤드류 하가든(Andrew Hargadon)은 모든 혁신은 과거로부터 어느 정도 단절됨을 의미하지만 과거의 조각으로부터 만들어진다고 했다. 라이트 형제가 천재라고 여길 수 있는 것은 경유 엔진과 케이블 몇 개, 프로펠러와 베르누이(Bernoulli) 원리 등을 조합하고 활용해 비행체를 만들어내는 통찰력을 보여주었기 때문이다.

투자자들이 혁신의 과정을 알아야 하는 이유는 다음과 같다. 첫째, 우리가 누리는 모든 물질적 행복은 혁신에 크게 의존한다. 둘째, 혁신은 창조적 파괴에 뿌리를 두고 있다. 즉, 창조적 파괴 과정을 통해 새로운 기술과 산업이 다른 것들을 대체한다. 더 빠른 혁신은 더 많은 기업의 흥망을 의미한다.

그림 18.1 라이트 형제의 첫 비행

자료: Corbis Corporation

부는 어떻게 창출될까?

경제학자 폴 로머(Paul Romer)는 종종 설명에 앞서 아주 간단한 질문을 던진다. 오늘날 우리는 어떻게 100~1,000년 전보다 부유해졌을까? 그사이 전 세계 자원 총량, 극단적으로 말해 지구상의 물질 총량은 변하지 않았고, 이를 나눠 가져야 하는 인구는 훨씬 더 늘었다. 하지만 전 세계 1인당 국내총생산(GDP)는 1,000년 전 수치의 약 30배에 이른다. 더욱이 부의 증가 대부분은 주로 지난 150년 사이에 이루어졌다(그림 18.2 참조).[2]

그는 우리가 자원을 더 가치 있도록 재조합하는 방법을 계속 발전시

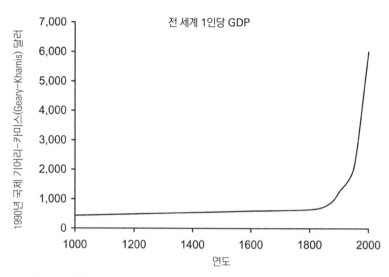

그림 18.2 1인당 GDP의 폭발적 성장

전 세계 1인당 GDP

자료: 앵거스 매디슨(Angus Maddison)과 저자의 분석

컸기 때문이라고 아주 간단하게 설명한다. 100년 전에는 '물적 자원을 어떻게 통제하는가?'가 부의 원천을 좌우했지만(1896년에는 다우지수 구성 종목 12개 중 10개가 원자재회사였다), 오늘날에는 원자재를 다루는 아이디어와 기술이 부를 창조하는 엔진이다.

60년 전, 처칠(Winston Churchill)은 미래의 제국은 정신의 제국이라고 정확히 예측했다.[3]

로머는 처칠의 주장을 더 구체적으로 설명하기 위해 가치 창조 과정을 두 부분, 즉 작업 지침, 아이디어, 기술을 개발하는 부분과 이들을 수행하는 부분으로 나누었다. 지침을 새롭게 개발하더라도 이를 실제로 수행할 수 없으면 전혀 쓸모가 없다.

또한 1990년의 US스틸(U.S. Steel)과 2000년의 머크를 비교해보면 경제가 전반적으로 어떻게 변했는지 알 수 있다고 했다. 1세기 전의 US스틸에서는 직원 대부분이 철광석을 운반해 용광로에 넣어 철강을 만드는 기존 지침에 따라 일했을 뿐, 새롭게 지침을 개발하는 직원은 드물었다. 물론 개선된 지침을 개발하는 일을 중요시했지만 별 성과는 없었다.

오늘날의 머크 같은 제약회사를 살펴보면 주력하는 분야가 뒤바뀐다. 직원 대부분은 새로운 지침을 개발하는 데 매달린다. 물론 기존 지침에 따라 일하는 노동자들도 있지만, 전체 직원 가운데 일부에 지나지 않는다. 우리는 이를 일자리 아웃소싱에 대한 문제에도 적용해볼 수 있다. 직원들이 새로운 방안을 창출하도록 장려하면서, 지침대로 수행하는 일은 아웃소싱해도 전혀 문제가 없을까?

세상을 변화시키는 작업 지침(아이러니하게도 고전과 경제 성장 모형에서는 이를 외생변수로 간주한다)이 부를 창출하는 데 핵심 역할을 한다는 사실은 여러 면에서 중요한 의미가 있다.

첫 번째 함축 의미는 '경제학자들이 말하는 경합재(rival goods)와 비경합재(non-rival goods) 사이에는 차이가 있다'는 점이다. 자동차, 펜, 셔츠 같은 경합재는 누군가 소비하면 다른 사람이 소비할 수 있는 양이 줄어든다. 반면, 지침서 세트 같은 비경합재는 많은 사람이 동시에 사용할 수 있다. 소프트웨어가 대표적인 예다. 기업은 소프트웨어를 널리 보급할 수 있는데, 이를 추가로 사용한다고 해서 다른 사람의 몫이 줄어드는 것은 아니기 때문에, 더 널리 공유할수록 성장이 더 빨라질 수 있다.[4]

두 번째 함축 의미는 '혁신은 아이디어 조각을 재구성하는 것이므로, 이 조각이 많을수록 문제를 해결하는 방법도 더 많아진다'는 점이다. 이 원칙은 간단한 수학으로 설명할 수 있다. 가능한 해결책을 찾는 데 쓰이는 블록이 4개 있다고 치자. 블록 4개로 만들 수 있는 조합은 $4 \times 3 \times 2 \times 1$, 즉 24가지다. 이제 블록을 6개로 늘려보자. 그러면 가능한 조합은 $6 \times 5 \times 4 \times 3 \times 2 \times 1$인 720가지로, 블럭이 4개일 때보다 30배나 많다. 로머가 즐겨 예시한 것처럼, 20개로 늘리면 조합은 대략 10^{19}까지 커진다. 이는 빅뱅으로 우주가 탄생한 뒤 흐른 시간을 초 단위로 계산한 수보다 크다.

이로써 다음 결론을 도출할 수 있다. 아이디어 조각이 많을수록 더 크게 혁신할 수 있고 궁극적으로 더 빠른 경제 성장을 이룬다. 주로 물적 자원에 의존하는 기업들은 희소성에 기인한 비용 탓에 규모의 비경제에 부딪혀 규모와 성장에 제약을 받는다. 주로 지식을 창조하는 회사들은 (다른 종류의 도전을 받을 수 있지만) 이 같은 걸림돌이 없다.

이 같은 규모와 관련된 성장의 문제를 국가 단위에도 적용할 수 있다. 지난 200년간 미국 경제가 커지는 과정에서도 (대략 40년 단위로 측정한) 1인당 GDP는 실질적으로 가속되어왔다(그림 18.3 참조). 아이디어가 중요한 세상에서는 규모 자체가 성장을 제약하지 못한다. 오히려 그 반대다.

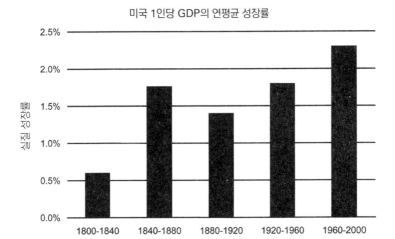

그림 18.3 미국의 경제 성장을 제약하지 못하는 규모

미국 1인당 GDP의 연평균 성장률

자료: 앵거스 매디슨과 저자의 분석

이리하여 사람이 별에 이르다

우리는 서로 맞물려 돌아가는 세 요소, 즉 과학의 발전, 정보 저장
용량의 증가, 무어의 법칙(Moore's Law)을 따르는 연산 능력 향상이 지
속적으로 혁신을 가속화할 거라고 기대할 수 있다.[5] 여기서는 혁신의
일면인 정보 전달의 변화에 초점을 맞추고자 한다.

후안 엔리케즈(Juan Enriquez)는 《As the Future Catches You(미래가 당
신을 사로잡을 때)》라는 책에서 인류의 기호통신의 진화 과정을 추적했
다.[6] 2~3만 년 전, 구석기 시대 사람들은 동굴에 벽화를 그렸다(그림
18.4 참조). 과학자들은 이 그림이 사냥과 관련된 의식을 표현한 것이라
여긴다. 이 그림들은 아름답지만 재생산과 이동이 불가능하므로 의사

통섭과 투자

그림 18.4 동굴 벽화

자료: Corbis Corporation

소통 수단으로서는 가치가 제한적이다.

약 5천 년 전, 메소포타미아와 이집트 문명 시대에 설형문자와 상형 문자가 처음 사용되면서 통신 기술이 발전하기 시작했다(그림 18.5 참 조). 이 시기에 물리적 특징에 기반한 수학 기호도 처음 등장했다. 이런 원시적 문자는 바람직한 방향으로 크게 진전한 것이지만 불편한 점도 있었다. 더욱이 그때는 엘리트 계급만 문자를 사용했다.

중국인들은 더 표준화된 문자를 개발했다(그림 18.6 참조). 더 단순한 기호 통신 형태를 띤 이 문자를 이용해 목판으로 책을 인쇄했다. 유럽 에서 구텐베르크(Johannes Gutenberg)가 인쇄기를 발명하기 500년 전의

그림 18.5 상형문자 - 음절 기호

자료: Corbis Corporation

일이다.

그리스인들은 다양한 소리를 문자 몇 개로 단순화함으로써 오늘날 서양의 많은 나라에서 사용되는 26개 로마 알파벳의 기초를 제공했다. 우리는 이 문자를 조합해 거의 모든 뜻을 표현할 수 있다. 이 알파벳 덕분에 글을 읽고 쓰는 능력이 급격히 개선되고 전 세계적으로 생활 수준도 크게 향상되었다.

그러다가 제2차 세계대전이 벌어지기 직전, 0과 1로 이루어진 새로운 언어가 출현했다. 이 이진법 디지털 언어 덕분에 우리는 단어와 음악부터 인간의 게놈(genome) 지도까지 거의 모든 정보를 부호화할 수 있게 되었다(그림 18.7 참조).

디지털 언어는 간단하기 때문에 코드로 만들어 전송하고 이를 다시

그림 18.6 중국어로 쓴 "통섭적 관찰자"

探求融会贯通的观察者

자료: 진유(Jean Yu)

그림 18.7 2진법으로 쓴 "통섭적 관찰자"

0100001101101111
0110111001110011
0110100101101100
0110100101100101
0110111001110100
0010000001001111
0110001001110011
0110010101110010
0111011001100101
01110010

자료: http://nickciske.com/tools/binary.php.

푸는 과정을 아주 빨리 처리할 수 있다.[7] 정확도도 아주 높고 저장하기
도 쉽다.

표 18.1은 1999년부터 2002년까지 정보 생산량의 변화를 보여준다.
자기 테이프와 광섬유 저장량이 크게 늘었음을 알 수 있다.

이 모든 것이 혁신과 무슨 관계가 있을까? 디지털 언어의 유연성 덕

표 18.1 전 세계의 원천 정보 저장량

저장 수단	2002년 (테라바이트)	1999~2000년 (테라바이트)	증감(%)
종이	1,634	1,200	36
필름	420,254	431,690	-3
자기 테이프	4,999,230	2,779,760	80
광섬유	103	81	28
총계	5,421,221	3,212,731	69

자료: Lyman and Varian, 《How Much Information? 2003》

분에 이전과는 판이하게 아이디어 조각을 찾아내고 다룰 수 있다. 여기에 아이디어 조각의 보유량이 증가한다는 점까지 덧붙이면 혁신 속도가 엄청나게 빨라질 것이라는 결론을 내릴 수 있다. 예컨대 과학자들이 헬스케어 분야에서 디지털화, (게놈 지도 같은) 생물학적 지식, 향상된 연산 능력을 한데 묶으면 변화는 어마어마할 것이다.

창조적 파괴가 생활의 일부가 되다

21세기 라이트 형제의 후예들은 역사상 유례없는 통합적 해결 능력을 보여주었다. 미래의 부는 아이디어를 실행하는 사람보다 유용한 아이디어를 창조하는 사람에게 돌아갈 것이다.

통섭과 투자

더 나은 성과를 위한 가지치기
두뇌 발달 과정과 비슷한 혁신

여기서 보시는 그대로입니다. 인터넷상에서 온갖 실험이 시도되고 있지요. 성
공하는 것도 많고 실패하는 것도 많을 것입니다.

– 제프 베조스(Jeff Bezos), 인터넷 서밋(Internet Summit), 1999

얕은 지식이 더 위험할 수 있다

나는 스스로 똑똑하다고 느낄 때마다 세 살배기 아이를 유심히 살펴본다. 아이는 엄청나게 빨리 배운다. 한 연구에 따르면, 글을 깨치기 전까지는 두 시간마다 단어 하나를 습득하고, 고등학교를 졸업할 때까지 대략 4만 5,000단어를 알게 된다.[1] 어린아이들은 주어진 환경에서 유용한 것을 배우는 능력이 뛰어나다.

반면에 어른은 새로운 정보를 받아들이기가 더 어렵다. 실제로 40대 어른은 어린이보다 외국어를 배우기가 훨씬 더 힘들다. 왜 그럴까? 이에 대한 답은 아동 발달의 관점에서 흥미로울 뿐만 아니라 비즈니스 세계에서 혁신 과정을 이해하는 데도 유용하다.

아이가 태어나 세 살이 될 때까지 뇌의 신경과 신경을 연결하는 시냅스가 엄청나게 증가한다. 걸음마를 배우는 아이는 시냅스가 1,000조 개로, 어른보다 두 배나 많다. 아이의 뇌는 어른의 뇌보다 더 활발하고 더 잘 연결되어 있으며 더 유연하다.[2]

하지만 시냅스는 이처럼 엄청나게 늘어난 후 상당한 가지치기 과정이 뒤따른다. 심리학자 도널드 헵스(Donald Hebbs)의 이름을 따 헤비안(Hebbian) 과정으로 명명된 이 과정에서 경험을 통해 쓸모 있는 시냅스는 더욱 강해지고, 그렇지 않은 것들은 가지치기당한다.[3] 어린이 뇌에서는 시냅스가 하루에 약 200억 개 정리된다고 추정된다.[4] 이로써 뇌는 주어진 환경에서 살아남도록 미세 조정된다. 이 시냅스 선택 과정은 어른이 될 때까지 반복되어 성공하는 뇌를 형성한다.

이 시냅스의 과잉 생산과 가지치기 과정이 그리 대수롭지 않게 보일 수도 있지만, 정리된 시냅스와 에너지 비용을 고려하면 엄청나게 값비싼 전략이다. 이처럼 낭비가 심한 프로세스가 진화 과정에서 없어지지 않고 유지되는 까닭은 무엇일까? 자연은 꽤 똑똑하다. 신경 네트워크 모형들을 살펴보면, 과잉 생산과 가지치기 방식은 아주 유연할 뿐 아니라, 실행 전에 결함을 예측하는 자동 제어 네트워크보다 정보 보존 신뢰성이 더 높음을 알 수 있다. 여러 대안에서 출발해 가장 유용한 것만 남기는 방법은 아주 비효율적으로 보이지만 사실은 가장 탄탄한 전략임이 증명되었다.[5]

투자자와 사업가 들이 신경 발달 과정에 관심을 가지는 이유는 무엇일까? 신경의 과잉 생산과 뒤이은 가지치기가 신산업이 태생할 때 일어나는 과정과 아주 비슷하기 때문이다. 투자자들이 이 과정을 이해하면 다음 세 가지 면에서 유익하다. 첫째, 이는 이론적으로 타당할 뿐만 아니라 경험적으로도 증명된 혁신에 대한 모형이다. 둘째, 광기나 거품을 이해하는 기반이 된다. 셋째, 혁신 과정이 종종 투자 기회로 연결되는 것을 보여준다.

혁신의 역동성

제임스 어터백(James Utterback)은 《Mastering the Dynamics of Innovation(혁신의 역동성 숙달하기)》라는 책에서 산업 혁신을 세 단계로 제시했다. 첫 단계는 수많은 실험이 시도되는 유동 단계로, 시냅스의 과잉 생산과 유사하다. 다음은 진화를 통해 지배적인 상품 디자인이 선택되는 과도 단계로, 시냅스의 가지치기 과정과 유사하다. 마지막은 상품이나 프로세스 변화가 완만한 경화 단계로, 어른의 뇌가 굳어지는 것과 유사하다.

이 세 단계를 거치면서, 산업 초창기에 많은 기업이 우후죽순처럼 늘었다가 가지치기 과정을 통해 정리되는 패턴이 반복된다. 이 과정은 많은 대안이 시도된 뒤 버려지기 때문에 낭비가 심해 보인다. 그렇지만 궁극적으로 기술력에 따른 경쟁을 통해 시장 환경에 최적화된 기업이 선택된다.

비즈니스 세계에서는 이런 패턴이 수없이 되풀이된다.[6] 미국 역사상 최대 산업인 자동차와 TV 산업을 예로 들어보자(그림 19.1 참조). 사람들은 두 산업이 초창기에는 전망이 불투명했지만 성장 잠재력이 컸으므로 엄청나게 투자했다. 하지만 두 산업 모두 시장을 지배하는 제품에 인기가 집중되면서 경쟁 업체 수가 급격히 줄어들었다.

더 가깝게는 디스크 드라이브와 PC 산업에서도 이와 같은 패턴이 나타났다(그림 19.2 참조). 물론 이 경우에는 가지치기 과정이 훨씬 더 짧았다. 100년 전 자동차 산업에서는 이 과정이 30년 걸렸지만, 최근 디스크 드라이브 산업에서는 15년, PC 산업에서는 대략 10년밖에 안 걸렸다.

21세기 접어들면서 인터넷도 비슷한 과정을 거쳤다(그림 19.3 참조). 인터넷은 그 자체가 산업은 아니지만 1990년대 말까지 실험적 시도가 넘쳐났다. 그 뒤 2001년 격렬한 가지치기 과정이 진행되었다. 웹머저스닷컴(Webmergers.com)에 따르면, 문을 닫은 인터넷 기업이 2000년 223개에서 2001년 544개로 늘었다.

그림 19.1 기업 수 하락 추이

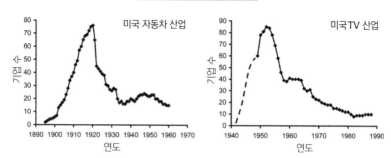

자료: Utterback, 《Mastering the Dynamics of Innovation》 35, 38, 저자의 분석

그림 19.2 추가 하락: 디스크 드라이브 및 컴퓨터 산업

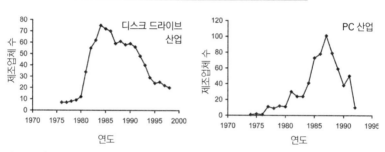

자료: DISK/TREND report, 《Management Science》, 저자의 분석

그림 19.3 사라진 인터넷 기업 수 추이

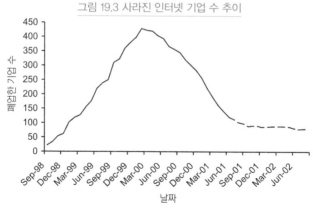

자료: WebMergers.com, CommScan, 저자의 분석

2001년 접어들어 상반기까지 폐업한 기업 수는 전년 대비 75%나 감소했다.[7] 1990년대 말에 불었던 인터넷과 텔레콤 붐은 21세기에도 이어졌지만 이런 거품 형성과 붕괴 패턴이 특별할 것도 없다. 장래에도 똑같은 모습이 반복될 것이다.

우리가 어린이에서 어른으로 자라는 동안 정신적 유연성은 점점 떨어지지만 환경에 적응하는 능력은 향상된다. 시냅스 수는 줄지만 기량과 능력은 나아진다. 비즈니스 세계에서 일어나는 모습도 이와 비슷하다. 특정 제품이나 프로세스가 지배하게 되면서 경쟁 기업 수는 줄어들지만 산업은 계속 성장한다(그림 19.4 참조).

이런 거품 형성과 붕괴 현상이 비경제적이고 불확실한 부분이 많다고 비판하는 전문가도 일부 있지만, 미래 성장의 발판을 제공한다는 점에서 필수적이다. 더욱이 자연도 지구상에 생명체가 태어난 30억 년 전부터 이 과정을 되풀이했다. 고생물학자인 데이비드 라웁(David Raup)은 화석을 분석한 결과 주식시장과 비슷한 면이 있다고 주장했다.[8]

그림 19.4 디스크 드라이브와 PC 산업

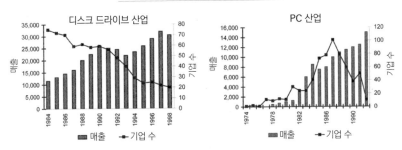

자료: DISK/TREND report, 《Management Science》, 저자의 분석

통섭과 투자

투자자들이여, 머리를 써라

지금까지 여러 그림을 그려 설명했으니, 이제부터는 투자자들이 여기서 얻을 수 있는 이점을 살펴보자. 먼저 거품 형성과 붕괴 패턴이 존재한다는 사실과, 이런 패턴이 자주 나타나는 이유를 이해할 수 있다. 사실 환경이 불확실할 때는 시냅스 과잉 생산처럼 많은 대안으로 시작한 뒤, 주어진 환경에서 가장 좋은 것을 선택하는 가지치기를 거치면 좋다. 이 과정에 에너지와 자원이 많이 들어가기 때문에 분명 비용이 많이 든다. 하지만 최상의 전략이다.

다음은, 이 과정이 어떻게 열풍으로 이어지는지도 알 수 있다. 어린이 뇌를 시장으로, 각 시냅스를 기업으로 가정해보라. 갓 태어난 아기의 뇌가 엄청나게 많은 시냅스를 만들고 그중 일부는 크게 성공하기 때문에 시장은 활기가 넘친다. 한마디로 열풍이 분다. 여기에 가격을 제시해보라. 그러면 광기가 득세한다.

투자자들은 사업이 성공할 가능성을 주가 수준으로 가늠한다. 주가가 상승하면 사람들은 자신도 모르게 사업에 뛰어들고 싶어진다. 긍정적인 심리가 강화되면서 열풍이 일어난다. 그렇지만 우리가 아는 것처럼, 성공하지 못하는 시냅스와 기업은 상당히 많다. 실패와 낭비를 밟고서야 혁신으로 나아갈 수 있다.

어쨌든 유동적인 사업 환경 속에서 혁신이 진행되는 경우가 일반적이므로, 어느 기업이 성공하고 실패할지 시장 참여자들이 가늠하기 어렵다는 사실을 알아야 한다. 하지만 살아남는 기업에서 얻는 보상은 엄청나다는 사실을 강조하면서 마지막 요점을 설명하겠다.

표 19.1 OEM 하드 디스크 드라이브 산업의 생존 기업

회사명	시가총액(천 달러)		역사
	1984. 12. 31.	2000. 6. 30.	
미니스크라이브 (Miniscribe)	51,720		파산, 자산은 맥스터(Maxtor)에 인수됨
매스토(Masstor)	51,786		파산
로다임(Rodime)	53,095		특허만 남음
아이오메가(Iomega)	106,068	1,100,000	사업 유지
사이퍼네이터 (Cipher Data)	298,056		아카이브(Archive Corporation)에 인수됨
컴퓨터메모리즈 (Computer Memories)	35,685		투자자 집단에 인수됨
오닉스+IMI(Onyx+IMI)	14,399		코어버스시스템즈(Corvus Systems)에 인수됨
시게이트(Seagate)	220,795	12,000,000	사업 유지
퀀텀(Quantum)	199,836		2개 기업으로 분할
DSS(Quantum)		1,400,000	사업 유지
HDD(Quantum)		888,000	사업 유지
마이크로폴리스 (Micropolis)	43,826		싱가포르테크놀로지스(Singapore Technologies)에 인수됨
프라이엄(Priam)	77,682		파산, 자산만 인수됨
탠돈(Tandon)	304,710		자산만 웨스턴디지털(Western Digital)에 인수됨
총계	1,457,658	15,388,000	

자료: Bygrave, Roedel, Wu, "Capital Market Excesses", 13.

현명한 투자자라면 가지치기 과정을 마치고 살아남을 기업들을 탐색해야 한다. 생존 기업들로 이루어진 포트폴리오의 성과는 종종 매력적이기 때문이다. 예컨대 1985년 초까지 살아남은 하드 디스크 드라이브 기업 12개에 투자해 2000년 6월까지 보유했다면 연 복리 수익

률이 11%에 달했을 것이다. 더욱이 실패하는 기업이 속출하는 극심한 경쟁 환경에서 살아남은 기업의 주식을 최고가에 처분했다면 연 복리 수익률은 21%까지 상승한다(표 19.1 참조).[9] 1989~2000년 PC 기업들을 분석해보니 결과가 비슷했다.

시장과 기업은 사회적 구조물이지만 자연과 특성이 아주 비슷하다. 뇌 발달과 산업 혁신 사이의 유사성은 한 예일 뿐이다.

변화에 앞서 나가기

창조적 파괴와 기댓값 연결하기

몸이 마음대로 되지 않을 때, 한물갔다는 것을 알게 된다네.

– 리틀 피트(Little Feat), "늙은이들의 춤(Old Folks Boogie)"

권위의 상실

TV 자연 다큐멘터리에서 접하는 익숙한 장면이 하나 있다. 젊은 사자가 건방지게도 우두머리인 늙은 사자의 권위에 도전하는 장면이다. 늙은 사자는 으르렁대거나 침착하게 대처하며 반란을 억누르는 데 한동안 성공하지만 결국 굴복하고, 젊고 힘센 사자가 우두머리 자리를 차지한다.[1]

도전자 모두가 새 우두머리가 되는 것은 아니지만, 도전자만이 누릴 수 있는 영광이라는 점은 분명하다.[2] 초원에서처럼 비즈니스 세계에서도 리더가 되기 위한 싸움이 끝없이 계속된다. 자연계의 성공은 다음 세대에 유전자를 넘겨주는 것을 뜻한다. 하지만 비즈니스 세계의 성공은 돈을 많이 벌고 업계 평균을 능가하는 투자수익률을 거둔다는 것을 뜻한다.

리더와 도전자 사이의 역학 관계를 이해하면 투자자들에게 어떤 도움이 될까? 이 역학 관계는 혁신의 정신적 모형일 뿐만 아니라, 투자자들이 혁신에 어떻게 대응하는지 파악할 수 있다는 점에서 유용하다. 투자자들은 성장 전망을 과소평가하거나 과대평가하는 경향이 있다.

주식시장은 혁신을 진행하는 과정에 영향을 미친다. 주가는 현재가 아니라 미래의 전망을 반영해 형성되기 때문이다.[3] 투자자들은 수단과 방법을 총동원해 기업의 미래에 대해 현재 가격을 매긴다. 더 정확히 말하면 미래 현금흐름의 현재 가치를 계산한다. 주가는 투자자 집단의 기대를 반영한다. 따라서 투자할 때 혁신만 고려하면 곤란하고, 시장이 혁신을 어떻게 평가하는지도 검토해야 한다. 바로 그 안에 투자 기회가 잠재되어 있다.

골디락스: 너무 차갑지도, 뜨겁지도 않은 딱 알맞은 상태

산업이 단절이나 기술적 변화를 겪은 뒤 매출과 이익이 S 자 형태를 띤다는 증거가 많다.[4] 성장은 천천히 시작해서 점점 빨라진 뒤 마지막에는 거의 정체된다(그림 20.1 참조). 이 그래프는 기댓값이 어떻게 변하는지 잘 보여준다. 사람들이 일반적으로 생각하는 것처럼, 투자자들은 과거의 모습이 미래에도 이어진다고 종종 생각한다. A 지점에서 투자자들은 미래 실적 예측에 신중한 나머지, 성장률을 상대적으로 낮게 예상한다. 즉, 미래 실적에 대한 기댓값이 너무 낮다. 성장이 빨라지는 B 지점에 이르면 투자자들은 순진하게도 높은 성장률이 계속 유지된

그림 20.1 성장에 대한 기댓값 차이를 보여주는 S 자 곡선 성장

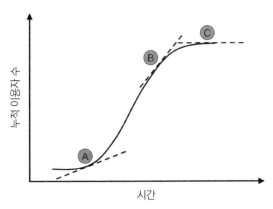

자료: 저자의 분석

다고 생각한다. 결국 C 지점에 이르러서야 기댓값을 낮추고 더욱 현실적인 전망을 반영하면서 주가는 조정 국면에 들어간다.

그래서 투자자는 A 지점에서 매수해 B 지점에서 매도해야 한다. 이 곡선의 마지막 단계에서 기댓값을 낮춰야 하는 달갑지 않은 고통을 피하는 것이 상책이다. 기술 전략가인 제프리 무어(Geoffrey Moore)는 베스트셀러인《고릴라 게임(Gorilla Game)》등에서 전망치를 높게 재조정하는 틀을 제시했다. 그는 S 자 곡선의 팔꿈치에 해당하는 A 지점을 넘어서는 것과 관련된 주요 이슈를 다루면서 승자 후보를 찾아내는 전략을 조리 있게 설명했다. 물론 많은 기업이 신산업의 리더가 되려고 애쓰지만 결국 일부만 성공한다는 데 어려움이 있다. 비즈니스 세계는 정글처럼 경쟁이 심하기 때문이다.

내 목표는 A 지점에서 B 지점으로 이동할 때 초과수익 기회가 생기는 반면, B 지점에서 C 지점으로 옮겨가면 투자 성과가 초라하게 끝나는 경우가 많다는 점을 입증하는 것이다. 이 변곡점들을 파악하면 투자자들에게 여러모로 매우 유익하다. 첫째, 혁신이 가속화되면 산업과 제품의 주기가 분명히 짧아진다.[5] 혁신의 물결이 점점 더 빨리 다가오는 만큼 A 지점에서 B 지점으로 이동하는 기회도 더 많아진다. 따라서 투자자들은 더욱 빠르게 기댓값을 수정해야 한다.

둘째, 사람들은 '강렬한' 경험을 한 뒤에는 기계적으로 반응하는 경향이 있다. 예컨대 최근에 좋은 성과를 보인 주식은 투자자의 머릿속에 강하게 남는다. 그 결과, 투자가 어려워지면 과거에 많이 상승했던 종목을 다시 찾는다.[6] 하지만 이 종목들은 B 지점에 있는 경우가 많기 때문에 일반적으로는 피해야 한다. 빠르게 변하는 세상에서는 오래된 기업보다 새롭게 떠오르는 기업에 투자하는 편이 더 낫다. 어느 신생 기업이 초과수익을 창출할지는 모르지만, 구닥다리 기업이 가져다주지 못한다는 점은 거의 확실하다.

송구영신

리처드 포스터(Richard Foster)와 사라 캐플런(Sarah Kaplan)은 《창조적 파괴(Creative Destruction)》라는 명저에서, 신생 기업이 확실히 자리 잡은 오래된 기업보다 주주들에게 더 높은 수익률을 가져다준다는 사실을 보여주었다(그림 20.2 참조). 이는 그림 20.1에서 A 지점에서 B 지점으로 이동하는 경우에 해당된다. 저자들은 문자 그대로 수천 개 기업을 대상으로 30년 이상의 자료를 분석했다. 아울러 시가총액이 상위 80% 이내이면서 매출이 해당 산업에서 50% 이상 발생한 기업들을 샘플로 삼았다.

혁신 산업에 치우친 분석이라는 점은 인정하지만, 글로벌 경제가 급속도로 변화함에 따라 도전 기업과 기존 기업 사이의 균형이 도전 기업 쪽으로 급격히 기울어지고 있다고 할 수 있다. 리처드 포스터는 1986년에 쓴 《이노베이션(Innovation: The Attacker's Advantage)》에서 혁신 과정을 구체적으로 설명했다.

특히 이 연구는 기존 기업을 뛰어넘는 신생 기업의 초과수익은 대부분 초창기 5년에 거둔다는 점을 보여주었다. 그 뒤 15년 동안은 업계 평균에 근접하고, 20년이 지난 후에는 업계 평균을 밑도는 성적을 보

그림 20.2 끝내 줄어드는 초과수익

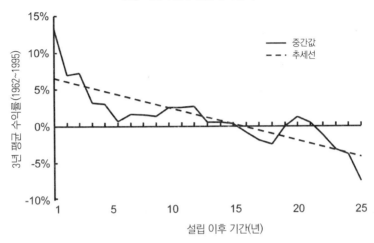

신생 기업의 업계 평균 대비 성과

자료: Foster and Kaplan, 《Creative Destruction》, 47.

였다.

포스터와 캐플런은 그 이유를 세 가지로 설명했다. 첫째, 경쟁 기업들이 혁신을 모방하거나 개선함에 따라, 혁신을 주도했던 기업은 의미 있게 성장하거나 자본비용을 넘어서는 수익을 창출할 여지가 거의 없어진다. 둘째, 신생 기업보다 안정되고 오래된 기업에 대해 시장이 더욱 정확하게 전망하고 주식 가치 평가도 정확해진다. 마지막으로 거의 모든 기업이 비대화, 성공 뒤의 자만, 관료화(저자는 이를 '문화적 고착화'라고 불렀다) 같은 문제들 때문에 결국 혁신의 날카로움을 잃는다.

여기서 찾을 수 있는 중요한 메시지는 다음과 같다. 초과수익을 가져다주는 기업들도 '영구 보유 주식 포트폴리오의 임시 구성 종목'일

뿌이다. 자본시장의 경쟁 게임에서 기존 기업을 물리친 신생 기업으로 지수 구성 종목이 교체되면서 주가지수 수익률은 상승세를 유지하게 된다. 기업이 장수하는 사례는 줄어들고, 개별 기업의 변동성은 증가하고 있다.[7] 기업과 투자자 모두 엄청난 기회와 위험에 직면해 있다.

몸이 더 이상 마음을 따라가지 못한다고 여기다

1998년, 기업전략위원회(Corporate Strategy Board)는 '정체 지점'이라 일컫는 S 자 곡선 위쪽의 변곡점을 자세하게 연구한 결과를 발표했다.[8] 이 정체 지점은 그림 20.1에서 B 지점에서 C 지점으로 이동하는 구간에 해당한다. 위원회는 정체 지점에 도달한 기업의 83%는 향후 10년 내에 매출성장률이 연 5% 이하로 둔화된다는 사실을 발견했다. 이들의 70% 정도는 주가가 반토막 났다는 점이 투자자에게 더 중요한 사실이다. 성장률이 둔화될 때 기댓값을 하향 조정할 수밖에 없다는 증거다.

갈수록 기준이 높아지고는 있지만, 매출액이 대략 200억 달러에 이르면 실질 매출성장률 두 자릿수를 기록하는 경우가 거의 없다는 점도 밝혀냈다. 물론 몇몇 대형 기술주 주가에는 여전히 탄탄하게 두 자릿수로 성장하리라는 기대가 반영되어 있다.[9]

'창조적 파괴'와 '정체 지점' 연구에서 주목할 만한 공통점은, 혁신과 성장 능력의 상실은 주로 통제 가능한 조직적, 전략적 요인 때문이라는 사실이다. 포스터와 캐플런은 기업의 관리 체계가 틀에 박히면 어떻게 노쇠하는지 자세하게 설명하면서 지속적 쇄신에 유용한 가이드라인 몇 가지를 제시했다. 기업전략위원회 보고서는 정체 지점에 도달하는 원인을 자세히 분석하면서, 혁신력 약화 원인 중 기업이 통제할 수 없는 부분은 채 20%가 넘지 않는다고 지적했다.

기대치와 혁신

혁신이 발생하면 승자와 패자로 갈리게 된다. 도전 기업은 유리한 반면, 기존 기업은 리더 자리를 지킬 수 있을 만큼 충분히 혁신하지 못한다는 사실도 밝혀졌다. 주가는 기대를 반영하므로 투자자들은 혁신의 역동성뿐 아니라 시장의 기대치도 파악해야 한다. 도전 기업에 대한 기대치가 초창기에 너무 낮은 반면 나중에는 너무 높다는 점도 확인되었다.

당신의 포트폴리오에는
초파리 같은 종목이 있습니까?
산업의 가속적 변화가 투자자들에게 던지는 시사점

경쟁우위를 통해 초과수익을 내는 기간이 점점 짧아지고 있다는 명백한 증거들
이 있다. 이런 현상은 산업 경제 전반에 걸쳐 폭넓게 나타나고 있다.

- 로버트 위긴스(Robert R. Wiggins), 티머시 뤼플리(Timothy W. Ruefli),

"압도적 실적: 전성기는 점점 짧아지는가?

(Hypercompetitive Performance: Are the Best of Times Getting Shorter)?", 1998

기술주들의 주가배수는 코카콜라(Coca-Cola)와 질레트(Gillette)보다 훨씬 낮아
야 한다고 생각한다. 언제든 규칙이 완전히 바뀔 수 있기 때문이다. 10년 뒤에
도 마이크로소프트가 여전히 업계 리더로 남으려면, 적어도 세 번의 위기를 넘
겨야 한다고 생각한다.

- 빌 게이츠(Bill Gates), 〈포춘〉, 1998

생애 주기가 아주 짧은 초파리

유전생물학자들은 초파리로 연구하길 좋아한다. 1995년에는 초파리 연구로 얻은 통찰력 덕분에 과학자 3명이 노벨의학상을 받았다. 지금도 수많은 학자들이 유전과 발달 문제를 이해하기 위해 초파리 연구를 계속하고 있다.

과학자들은 초파리가 특성을 파악하기 쉽고 다루기도 편하지만, 특히 생애 주기가 짧다는 점에서 좋아한다. 초파리는 태어나서 죽을 때까지 2주 걸릴 정도로 생애 주기가 빠르기 때문에, 과학자들은 수백 세대에 걸친 초파리의 진화와 돌연변이를 비교적 단기간에 분석할 수 있다. 초파리의 빠른 진화는 상대적으로 느리게 진화하는 다른 종의 발달 과정을 분석하는 데도 좋은 실마리를 제공한다.[1]

초파리에게서 어떤 영감을 받을 수 있을까? 과학자들이 초파리 진화 과정에서 많은 것을 알았듯이, 투자자들도 비즈니스의 진화가 빨라지는 원인과 영향을 파악하면 도움이 된다.

비즈니스 세계에서 진화가 빨라짐에 따라 기업들이 경쟁우위를 유지하면서 초과수익을 창출하는 기간이 과거보다 짧아졌다는 점이 중요하다. 이 추세는 가치평가, 회전율, 분산투자와 관련된 분야에서 투자자들에게 중요한 의미를 지닌다.

속도의 함정?

찰스 파인(Charles Fine)은 《진화의 속도 클락 스피드(Clockspeed: Winning Industry Control in the Age of Temporary Advantage)》라는 책에서 주기를 측정하는 단위인 클록속도를 여러 단계로 구분했다.[2] 첫째는 상품 클록속도다. 직관적으로 알 수 있듯, 상품 클록속도는 신상품을 얼마나 빨리 출시하고 유지하는지와 관련된다. 신상품을 출시하는 속도가 더욱 빨라지고 있다는 증거는 사방에 널려 있다. 예컨대 〈테크놀로지 리뷰(Technology Review)〉는 GM이 신차를 출시하는 기간을 48개월에서 21개월로 단축했다고 밝혔다. 실제로 GM은 평균 23일에 한 대씩 신차를 선보이고 있다.[3]

둘째는 저자가 이름 붙인 공정 클록속도다. 이는 상품이나 서비스를 새로 만들어 전달하는 공정과 관련된다. 공정 클록속도는 자산의 평균 수명으로 측정하기도 한다. 크레딧스위스(Crédit Suisse)의 분석 시스템인 HOLT에 따르면, 미국 1,800대 기업의 R&D 투자비용을 포함한 자산의 평균 수명이 1975년 약 14년이었지만 현재는 10년 이내로 줄었다. 이제는 기업들이 한 세대 전보다 훨씬 짧은 기간에 초과수익을 창출해야 한다. 파인이 추정한 주요 기업들의 상품 클록속도와 공정 클록속도를 표 21.1에 나타냈다.

평균 클록속도가 단축되고 있지만 모든 부문이 같은 속도로 빨라지는 것은 아니다. 상장기업의 산업 구성이 달라지는 것도 하나의 원인이다. 기업 재무 데이터베이스인 컴퓨스태트(Compustat)에 등재된 기업 수가 1970년대 중반에 비해 1990년대 중반에는 70%나 증가했다

표 21.1 산업의 클록속도

산업	상품 클록속도	공정 클록속도
클록속도가 빠른 산업		
PC	〈 6개월	2~4년
완구, 게임	〈 1년	5~15년
반도체	1~2년	3~10년
화장품	2~3년	10~20년
클록속도가 중간인 산업		
자동차	4~6년	10~15년
패스트푸드	3~8년	5~25년
공작 기계	6~10년	10~15년
제약	7~15년	5~10년
클록속도가 느린 산업		
민간 항공	10~20년	20~30년
담배	1~2년	20~30년
석유화학	10~20년	20~40년
제지	10~20년	20~40년

자료: Fine, 《Clockspeed》, 239.

고 유진 파마(Eugene Fama)와 케네스 프렌치(Kenneth French)는 밝혔다. 신규 상장기업은 대부분 기존 기업보다 작았지만 성장률은 높았다.[4] 지난 25년간, 클록속도가 빠른 기업들이 시장에 많이 진입하면서 전체 평균 주기가 단축되었다.[5]

클록속도는 경쟁우위의 지속성과 깊은 관련이 있기 때문에 투자자들은 관심을 가져야 한다. 로버트 위긴스(Robert Wiggins)와 티머시 뤼플리(Timothy Ruefli)는 초과수익의 지속성을 실증적으로 분석하면서, '장기간의 통계적인 초과수익'을 지속적인 경쟁우위로 정의했다.[6] 이들은 건전한 경제 지표가 아니라 ROA, 토빈의 q(Tobin's q)라는 회계 지표로 수익률을 측정했는데, 40개 산업 6,800개 기업의 1972~1997 년 25년간의 자료를 활용했기 때문에 충분하게 신뢰할 만하다.

이들은 네 가지 가설을 제시했다.

1. **지속적인 경쟁우위를 유지하는 기간이 갈수록 짧아진다:** 분석 결과, 가설 이 입증되있있디. 즉, '경쟁우위 집단'에서 탈락하는 확률이 점점 높아졌다.

2. **하이테크뿐 아니라 대부분 산업에서 치열한 경쟁이 나타난다:** IT 기업보 다 비IT 기업이 경쟁우위 집단에 남아 있을 확률이 높았지만, 이들도 갈수 록 탈락률이 높아졌다.

3. **기업들은 지속적인 경쟁우위를 유지하기 위해 단기적 경쟁우위를 연결하 려는 경향이 있다:** 승자 기업들이 단기적 경쟁우위를 사슬처럼 연결하려 한다는 가설이다. 분석 결과, 이 가설도 입증되었다. 특정 기간에 경쟁우 위가 있었다면 그 이후에도 그렇다고 밝혀졌다.[7]

4. **산업 집중도나 시장점유율이 높을 때 지속적인 경쟁우위를 유지한다:** 분 석 결과, 이 가설은 기각되었다. 높은 산업 집중도나 시장점유율은 지속적 인 경쟁우위와 별 관계가 없었다.

이들의 연구 결과는 포스터와 캐플런이 《창조적 파괴》에서 제시한 내용을 비롯해 캠벨(John Campbell) 등이 연구한 것과 일맥상통한다. 즉, 1970년대 중반 이후 개별 기업의 변동성은 점점 더 커지고 있다.[8] 혁 신이 가속화되면서 개별 기업의 부침 속도가 더 빨라지고 있다.

클록속도가 빨라지는 추세가 지속된다고 보는 이유는 다음 두 가지다. 첫째, IT 기술이 발달해 기업에 미시적으로 상당한 영향을 주기 때문이다.[9] 기술이 발전하면서 기업들은 처리 과정을 개선하고 소비자들에게 더 높은 투명성을 제공하게 되어 클록속도가 빨라진다. 둘째, 유형 자산보다 지적 자산의 비중이 커지면서 자원 배분의 유연성이 증가하기 때문이다. 기업들은 공장의 생산량 변경보다 직원의 업무량 조정을 더 쉽게 할 수 있다.

투자자들의 진화

클록속도가 빨라지면서 투자자들은 다음 사항들도 고려해야 한다. 첫째, 지속적인 경쟁우위를 유지하는 기간이 짧아지면 주식 가치 평가법도 달라져야 한다. 상품 클록속도와 공정 클록속도가 짧아지면 특히 원래부터 별로 유용하지 않았던 PER처럼 과거 데이터를 사용하는 상대 가치법의 유용성이 줄어든다. 비교 기준이 달라지기 때문이다. 단기 실적이 일시적으로 높더라도 장기적으로는 평균으로 수렴한다고 보는데, 이 생각이 맞든 틀리든 단순하게 가치를 평가하는 것은 위험하다.

현금흐름할인(discounted cash flow, DCF) 모형도 일정 기간 이후에 무한하게 성장률이 유지된다고 가정하기 때문에, 미래 가치를 할인하는 과정에서 오류를 범할 수 있다. 여기에는 가치가 장기적으로 창출된다는 가정이 깔려 있는데, 지속적인 경쟁우위를 유지하는 기간이 짧아지는 오늘날의 비즈니스 환경에서 이 같은 가정은 들어맞지 않는다.[10]

포트폴리오 회전율에도 클록속도는 중요한 의미를 지닌다. 기업들은 일련의 경쟁우위를 이어가야 하기 때문에 오늘날 최적 포트폴리오 회전율이 과거보다 높아졌다. 시장 전체의 회전율이 지난 20년 동안 가파르게 올라 너무 높아졌다고 생각한다. 하지만 회전율이 20% 미만으로 지나치게 낮으면 유연성이 떨어져 시장의 역동적 변화를 따라잡을 수 없다.

아울러 클록속도 단축은 분산투자의 필요성이 더 커졌음을 의미한다. 경쟁우위가 생겼다가 사라지는 기간이 짧아진다면, 포트폴리오도 이를 감안해 그물을 넓게 쳐 분산해야 한다. 물론 승자 기업에만 투자하고 패자 기업을 피하면 가장 좋겠지만 이는 거의 불가능하다. 분석 결과, 분산도가 이전보다 증가했음이 입증되었다.

마지막으로, 비즈니스 환경이 빠르게 변화하기 때문에 투자자들은 조직의 역동적인 변화 상황을 파악하는 데 더 많은 시간을 할애할 필요가 있다. 변화가 빠른 기업의 성패는 느리게 진화하는 기업을 이해하는 데 유용한 개념적 모형을 제공한다. 비즈니스 세계는 초파리처럼 생애 주기가 빠르게 단축되고 있다.

승리의 비결
장기 전망과 단기 전망 사이의 균형

복잡계에서는 보드게임처럼 전략을 구사해야 합니다. 작지만 유용한 복수 대안을 마련해두고 상대방의 수에 따라 끊임없이 수정해나가야 하지요. 여기서 핵심은 복수 대안을 마련해야 한다는 점입니다. 대안을 마련하는 방법론을 개발하는 것도 중요합니다.

– 존 홀랜드(John H. Holland), 2000 CSFB 리더스 포럼(Thought Leader Forum) 강연

중장기 전략 수립하기

어느 포럼에서 포춘 100대 기업의 한 임원은 자기 회사는 "다음 분기가 아니라 향후 25년을 대비하는 경영 전략을 세운다"라고 역설했다. 하지만 이런 상투적인 말을 믿는 투자자는 아무도 없다. 향후 25년은 고사하고 5년도 내다보지 못하는 경영자가 대부분일 것이다. 그렇다면 불투명한 미래를 어떻게 대비해야 할까?

경영자들은 단기 계획과 장기 계획을 매우 균형 있게 세워야 한다. 이는 고속도로에서 운행 속도를 늦추는 행위와 비슷하다. 차 바로 앞만 집중하면 먼 곳에 무엇이 나타나는지 알아차리기 어렵다. 반면, 너무 멀리 보면 바로 앞이 잘 보이지 않아 안전운전을 장담할 수 없다. 즉, 상황에 따라 초점을 적절히 옮겨가며 멀리 보기도 하고 가까이 보기도 해야 한다.

경영자들이 먼 장래에만 초점을 맞춰야 한다는 주장은 터무니없다. 20분기나 연속으로 실적이 부진했는데도 20분기를 모은 5년 성과는 뛰어난 회사를 본 적이 있는가? 이런 일은 있을 수 없다. 장기란 단기를 모아놓은 것이다. 그렇다면 복잡한 환경에서 장기 경영 전략을 수립하는 최선의 방법은 무엇일까?

딥 블루의 교훈

체스 세계 챔피언이 된 전략에서 비즈니스 전략 수립을 위한 아주 중요한 힌트를 얻을 수 있다. 체스는 규칙이 비교적 간단하고 가로와 세로가 여덟 줄밖에 안 되지만 게임이 아주 복잡하고 극적인 상황도 끊임없이 연출된다. 체스 게임이 수학적으로 보면 그리 복잡하지 않더라도 모든 수를 계산하려면 슈퍼컴퓨터가 필요하다.

IBM의 체스 게임용 슈퍼컴퓨터인 딥 블루는 1999년 체스 세계 챔피언 가리 카스파로프와 벌인 여섯 번의 대결에서 엄청난 계산력을 과시하며 승리했다. 카스파로프는 초당 고작 3개 수를 계산하는 데 비해, 이 300만 달러짜리 컴퓨터는 초당 2억 개, 즉 착점 제한 시간인 3분에 350억 개의 수를 계산했다. 딥 블루는 체스 세계 챔피언 대회의 100년간 대국 기록도 데이터베이스로 가지고 있었다.[1]

딥 블루의 승리에서 얻을 수 있는 교훈은 기계가 인간을 이겼다는 사실이 아니라, 전략이 잘 정의된 게임은 컴퓨터 계산력만으로 승리할 수 있다는 점이다. 하지만 게임을 조금 더 복잡하게 만들면 경우의 수가 엄청나게 늘어 슈퍼컴퓨터도 무용지물이 된다. 예컨대 바둑에서는 어떤 컴퓨터도 프로 기사를 이길 수 없다(앞에서 설명한 것처럼 이 기록은 2016년에 깨졌다. -역주). 참고로 바둑은 규칙이 체스처럼 간단하지만, 가로와 세로 줄이 19개씩으로 체스보다 많다.[2]

비즈니스 세계는 보드 게임보다 훨씬 더 복잡하기 때문에 미래의 모든 가능성을 계산하는 것은 고사하고 상상하는 것조차 불가능하다. 따라서 체스에서든 사업에서든 계산을 잘하는 것이 능사가 아니다. 장기 목표를 달성하려면 전략을 잘 세워야 한다.

성공 전략

체스 챔피언의 게임 전략은 무엇일까? 체스 전문가 브루스 판돌피니(Bruce Pandolfini)는 체스 챔피언들의 공통적인 행동 유형 4가지를 발견했는데, 장단기 전략 수립에 유용하다.[3]

1. **너무 멀리 보지 마라:** 고수라면 10~15수 앞까지 볼 거라고 생각하지만 사실은 그렇지 않다. 필요한 만큼 몇 수만 볼 뿐이다. 정보가 불확실하기 때문에 너무 멀리 보는 것은 시간 낭비다.

2. **복수의 대안을 마련하고 상황에 따라 끊임없이 수정하라**(그림 22.1 참조): 고수는 이리저리 수를 따져본 뒤에 움직인다. 좋은 수가 떠올랐다고 바로 두지 않는다. 더 좋은 수가 있는지 따져본다. 이것이 내 모토다. 복수의 대안을 비교해야 좋은 수를 찾을 수 있다.

3. **상대를 읽어라:** 체스를 잘 두려면 사람의 마음도 잘 읽을 줄 알아야 한다. 체스도 감정이 드러나면서 인간이 하는 게임이라는 사실을 아는 사람은 드물다. 하지만 정말 그렇다. 체스를 잘 두는 사람은 상대를 면밀히 파악한다. 고수는 상대의 움직임 하나하나에서 상대의 생각을 읽어낸다.

4. **티끌 모아 태산:** 상대가 알아채지 못하거나, '까짓것, 그쪽이나 챙기셔'라고 생각하며 무시한 자그마한 이득을 취하라. 그러면 더 유리해져서 왕(King)을 더 안전하게 지킬 수 있다. 자그마한, 자그마한, 자그마한 것들이 중요하다. 이 '자그마한' 움직임 하나하나는 큰 의미가 없을지도 모르지만, 여러 번 쌓아가다 보면 게임 전체가 유리해질 수 있다.

그림 22.1 복수의 대안을 마련하라

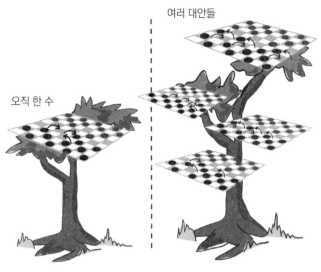

자료: Sente Corporation

판돌피니는 체스 수련생들을 고수로 키우는 것이 아니라 사고력이 뛰어난 사람으로 만드는 것이 자신의 목표라고 강조했다.

수련생들이 정말 중요한 다음 두 가지 사고력을 발전시키도록 돕는 것이 제 목표입니다. 하나는 다른 사람의 마음을 읽는 능력이고, 다른 하나는 자신을 이해하는 능력입니다. 이 둘을 갖추어야 체스에서, 그리고 인생에서 성공할 수 있습니다.[4]

비즈니스가 복잡하다는 점을 차치하고라도, 체스의 가장 큰 한계는 제로섬 게임이라는 점에서 비즈니스를 체스에 비유하는 데는 한계가 있다. 제로섬 게임은 승자가 있으면 반드시 패자가 있다. 반면, 비즈니스 세계는 제로섬 게임이 아니며, 게임 종료 시간이 별도로 정해져 있지도 않다. 그렇다면 체스에서 얻은 교훈을 비즈니스 세계에 어떻게 활용할 수 있을까?

단순 규칙 전략

간단한 규칙에서 수많은 결과가 나올 수 있다는 점도 복잡계의 특징 중 하나다. 체스 게임을 일부러 복기하지 않는 한, 똑같이 둘 리는 만무하다. 단기와 장기 사이의 긴장 관계를 풀어주는 열쇠가 바로 여기에 있다.

기업은 경영자가 단기적인 결정을 올바르게 내릴 수 있을 만큼 유연한 장기 의사결정 규칙을 개발해야 한다. 그래야만 미래가 불투명하더라도 장기적으로 잘 경영할 수 있다. 체스판이 어떻게 흘러갈지 알 수 없듯이, 비즈니스도 환경이 어떻게 바뀔지 알 수 없다. 하지만 의사결정 규칙이 마련되면 예상치 못한 일이 벌어질 때 잘 대응할 수 있는 지침이 된다.

캐시 아이젠하트(Kathy Eisenhardt)와 돈 술(Don Sull)은 이를 '단순 규칙 전략'이라 불렀다.[5] 특히 빠르게 변하는 시장에서는 기업들이 복잡한 전략보다는 '큰 방향만 제시하는, 단순하지만 엄격한 규칙' 몇 개만 채택하는 편이 낫다고 주장했다. 다음은 이들이 제안한 5대 규칙이다.

1. **업무 방법 규칙:** 어떤 방법으로 업무를 처리할지 정하는 규칙이다. 이는 '우리 회사에 특별히 필요한 업무 방법이 있다면 무엇일까?'에 대한 답이라 할 수 있다.

2. **사업 영역 규칙:** 기회를 찾아야 할 사업 영역과 비사업 영역을 구분하는 규칙이다.

3. **우선순위 규칙:** 기회를 추구할 때 우선순위를 정하는 규칙이다.

4. **조율 통합 규칙:** 여러 분야에서 나타나는 기회들을 조율하고 통합하는 규칙이다.

5. **사업 정리 규칙:** 한물간 사업을 언제 정리할지 정하는 규칙이다.

기업은 2~7개 규칙으로 충분한데, 신생 기업에서는 너무 적고 오래된 기업에서는 너무 많다고 이들은 주장한다. EPS 같은 회계 수치에 집착하지 않고 경영하기만 해도 단기 실적을 올리려고 열을 내는 일이 줄어들 것이다.

'단순 규칙 전략'은 체스뿐 아니라 복잡계에서도 다양하게 응용할 수 있다. 이는 기업이 초점을 단기에 두어야 하는지 장기에 두어야 하는지에 대한 비생산적 논란을 잠재울 수 있다는 점에서도 의미가 크다. 앞에서 제시한 대로 단순한 규칙을 세우는 기업은 다음 분기뿐 아니라 향후 25년도 내다보며 잘 경영할 수 있다.

적자생존

적합성 지형과 경쟁우위

가장 강하고 똑똑한 종이 살아남는 것이 아니다. 변화에 가장 적합한 종이 살아
남는다.

- 찰스 다윈(Charles Darwin), 《종의 기원(The Origin of Species)》

한 단계 더 도약하기 위한 타이거 우즈의 스윙 교정

1997년 봄, 타이거 우즈(Tiger Woods)는 마스터스 메이저 대회에서 압도적으로 우승했다. 세계에서 내로라하는 골퍼들이 출전한 경기에서 2위와 12타 차로 기록적 승리를 거두었다. 프로에 입문한 지 1년도 되지 않은 21세의 타이거 우즈가 15개 대회에 참가해서 벌써 4번째 달성한 우승이었다. 팬들은 그를 사상 최고의 골퍼로 알려진 잭 니클라우스(Jack Nicklaus)와 견주기 시작했다.

우즈는 자신의 엄청난 성공을 어떻게 생각했을까? 그는 자신의 기량을 아직 최대한 발휘하지 못했다고 여겼다. 즉, 승리감에 도취되어 안주하지 않았다. 대신 자신의 마스터스 경기를 담은 동영상을 면밀히 검토하더니 놀랍게도 이렇게 결론지었다. "스윙이 정말 형편없네."[1]

우즈는 부치 하먼(Butch Harmon) 코치에게 자신의 스윙을 교정해달라고 부탁했다. 스윙을 바꾸면 언젠가 실력이 나아지겠지만 당장은 역효과가 있을지도 모른다고 코치는 경고했다. 즉, 장기적으로 실력을 향상시키려면 단기적으로 성적이 떨어지는 것도 감수해야 했다. 하지만 우즈는 망설이지 않았다. 결국 코치의 도움을 받아 근력을 키우고 채를 잡는 방법도 바꿔 공을 멀리 정확하게 칠 수 있게 되었다.

1997년 7월~1999년 2월 출전한 여러 대회에서 우승은 한 번에 그쳤지만, 실력이 늘었다고 자신했다. 그는 "실력 향상은 우승 횟수로 알 수 있는 것이 아닙니다!"라고 큰소리쳤다. 1999년 봄, 새로운 스윙이 드디어 실력을 발휘하기 시작했다. 그해 치러진 14개 대회 중 8개 PGA 투어를 포함해 10번이나 우승했다. 2000년에는 9개 PGA 투어에서 우승을 차지했다. 이듬해에 마스터스 대회에서 승리하면서 4개 메이저 대회를 동시에 석권한 최초의 선수가 되었다.

적합성 지형

이 타이거 우즈 이야기는 적합성 지형(fitness landscape)을 소개하기에 알맞은 예다. 적합성 지형은 원래 진화생물학자들이 진화 과정을 연구하기 위해, 특히 종(species)이 적응력을 높이는 방법을 알아내는 데 도움을 얻기 위해 고안한 말이다.[2] 이 과정에서 쓰인 분석 틀은 기업 경영 전략에도 유용한 개념으로 발전했다.[3]

적합성 지형은 어떤 모습을 띨까? 커다란 격자를 머릿속으로 그려보자. 여기서 가로세로 교차점은 종(또는 기업)이 추구하는 전략이고, 교차점의 높이는 적응력이라 가정한다. 그러면 봉우리는 높은 적응력, 골짜기는 낮은 적응력을 의미한다. 기업 관점에서 적응력은 가치 창출 잠재력과 같다. 각 기업은 고수익의 봉우리와 가치 파괴의 골짜기로 가득한 환경에서 활동한다.[4] 지형지세는 각 산업의 특성에 따라 다를 수 있다.

찰스 다윈이 지적했듯이, 적응력 강화는 힘이나 지능이 아니라 '환경에 얼마나 잘 적응하는가?'의 문제다. 적응력을 높이려면 마련된 여러 대안 중에서 최선을 선택해야 한다. 자연에서는 유전적인 재결합과 돌연변이로 다양한 종이 생기고, 자연선택 과정에서 가장 적합한 대안이 살아남는다.[5] 기업의 적응력이란 장기적으로 최고의 수익률을 창출

통섭과 투자

한다는 목표로 가치 창출 전략을 세우고 실행하는 능력이다.

적합성 지형에서는 봉우리와 골짜기가 많기 때문에, 어떤 봉우리(국내 최고)에 이르렀다 해도 최고봉(세계 최고)이 아닐 수 있다. 더 높은 봉우리에 오르려면 단기 적응력을 떨어뜨리고 장기 적응력을 올릴 필요도 있다. 기업도 마찬가지다. 타이거 우즈 사례를 보면 쉽게 이해할 수 있다.

적합성 지형은 기업의 비즈니스 전략에 아주 유용한 도구다. 어느 기업이든 다음 두 가지 질문에 대한 답이 있어야 한다. 첫째, 회사가 처한 적합성 지형은 어떤 모양인가? 물론 회사의 결정이 적합성 지형에 영향을 받기도 하고 적합성 지형의 형태에 영향을 끼치기도 한다. 둘째, 기업이 주어진 지형에서 적응력, 예컨대 경제적 가치를 점차 높이기 위해 옳은 전략을 추구하고 있는가?

그렇지만 공진화(coevolution)의 역할이 아주 크기 때문에, 한 기업이나 산업 자체의 진화에만 초점을 맞추면 곤란하다는 점에 유의해야 한다. 어떤 행위든 상대의 반응을 불러온다. 기업들은 협력하기도 하지만 경쟁하기도 한다. 기업의 행동에는 반드시 반응이 따른다. 기업은 더 좋은 자리를 차지하려고 항상 경쟁하기 때문이다.[6] 적합성 지형이 역동적일수록 적응 속도는 더욱 빨라야 한다.

첫 질문에 답하기 위해 다음과 같이 완만한 지형, 거친 지형, 험준한 지형 등 세 가지 유형을 제시한다(그림 23.1 참조).

- **완만한 지형:** 적합성 지형이 꽤 안정적인 산업들이 여기에 속한다. 비교적 평평해서 순환적으로 유리한 국면에서는 기업 대부분이 초과수익을 창출

그림 23.1 다양한 적합성 지형

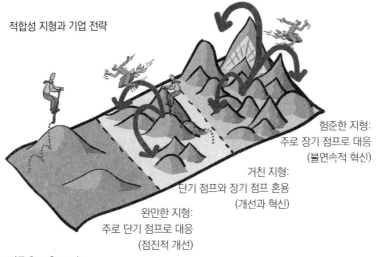

적합성 지형과 기업 전략

험준한 지형:
주로 장기 점프로 대응
(불연속적 혁신)

거친 지형:
단기 점프와 장기 점프 혼용
(개선과 혁신)

완만한 지형:
주로 단기 점프로 대응
(점진적 개선)

자료: Sente Corporation

한다. 전기와 전화 같은 유틸리티, 에너지, 제지, 금속 같은 원자재, 자본재, 비내구성 소비재, 리츠(REITs) 업종이 여기에 속한다. 이 업종의 기업들은 주로 경쟁사를 희생양 삼아 적응력을 키운다. 성장성과 새로운 사업 기회가 제한적인 반면, 구조적 예측 가능성은 높은 편이다. 즉, 해당 기업이 미래에 어떤 모습일지 알기 쉽다.

- **거친 지형:** 적합성 지형이 자주 변하지만 예측하기 어려울 정도로 빠르지는 않다. 지형은 더 거칠다. 타사보다 높은 경제적 성과를 거두는 기업들이 종종 있다. 금융 서비스, 소매, 헬스케어, 어느 정도 자리를 잡은 IT 업종이 여기에 속한다. 이곳 기업들은 혁신적 기술이 출현하면 적응력을 잃고 자리를 뺏길 위험이 크다.[7]
- **험준한 지형:** 사업 모형이 진화하고 있고 불확실성이 크며 신상품이 속속

출현하는, 아주 역동적인 업종이 여기에 포함된다. 봉우리와 골짜기가 시시각각 바뀌고 급변하기도 한다. 소프트웨어, 생명공학, 패션, 신생 기업 대부분이 이 지형에 속한다. 이 집단은 경제적 성과가 엄청날 수 있지만 보통은 순식간에 사라진다.

혁신의 가속, 지속적인 규제 완화, 세계화가 엮이면서 글로벌 적합성 지형이 과거 어느 때보다도 뒤틀리고 있다는 증거가 많다.[8] 특정 기업의 적합성 지형이 어떤 모습인지 파악하면, 그 지형이 더 안정적이든 아니든, 기업의 장기 가치를 극대화하는 데 적절한 전략을 생각해 낼 수 있다.

적절한 점프는?

컨설턴트인 에릭 바인호커(Eric Beinhocker)는 적응력을 높이기 위한 일반 전략 두 가지를 제시했다. 첫째, 봉우리에 오르기 위해 작고 점진적으로 움직이는 것을 '단기 점프'라 불렀다. 처리 절차를 개선하려는 노력은 대부분 단기 점프에 속한다. 둘째, 더 높은 봉우리나 낮은 골짜기를 향해 불연속적으로 움직이는 것을 '장기 점프'라 불렀다. 기존 사업과 무관한 분야로 진출하려고 대규모 인수합병을 하거나 신상품 개발에 투자하는 조치가 여기에 속한다. 기업의 적합성 지형에 따라 장단기 점프 간에 적절한 균형을 유지해야 한다고 생각한다.[9]

예컨대 완만한 지형에 속한 기업들은 단기 점프를 통해 처리 절차를 최적화하는 데 초점을 맞춘다. 장기 점프는 예상외로 비용이 많이 들고 집중력이 떨어져 가치를 많이 창출하지 못한다. 이 말은 예를 들어 기술이 발전하지 않는다는 뜻이 아니다. 기술은 당연히 발전하고, 앞으로도 그럴 것이다. 하지만 기술적인 개선은 대체로 점진적이고 반복적이다.

반면에 험준한 적합성 지형에서 경쟁하는 기업들은 크게 도약할 수 있는 상기 짐프에 더욱 초점을 맞춰야 한다. 봉우리에 오르더라도 지형이 크게 바뀌어 봉우리가 순식간에 사라질 수 있기 때문이다. 여기서는 상품 생애 주기가 짧기 때문에 적응력이 최적화보다 더 중요하다.[10]

거친 지형에서 경쟁하는 기업들은 장단기 점프를 잘 혼합해야 한다. 이 전략이야말로 연관성 깊은 지형을 탐색하는 데 최적이라는 사실을 보여주는 모형들이 많다.[11]

상황에 맞는 전략 채택하기

적합성 지형에 따라 장단기 점프를 다르게 혼합하듯이, 상황에 따라 재무 분석 기법과 조직 구조도 달라져야 한다. 완만한 적합성 지형에는 전통적 DCF 모형이 잘 들어맞는다. 산업 활동이 대체로 명확하게 정의되기 때문에 중앙집권적 경영 방식이 효과적이다.

거친 적합성 지형에서는 전통적 DCF 모형과 전략적 옵션을 잘 섞어야 한다. 가치를 창출할 사업 기회를 모색하기 위해 전략적 옵션을 취할 수는 있지만, 필수는 아니다.[12]

통섭과 투자

마지막으로, 험준한 적합성 지형에서 경쟁하는 기업은 현황과 미래 적응력을 판단하기 위해 전략적 옵션을 더 많이 활용해야 한다. 게다가 이 기업에는 '단순 규칙 전략'이 유리하다.

이처럼 분권화된 접근법은 의사결정 규칙만 정해놓은 다음 하위 단계에서 상황에 맞게 개별적으로 결정하도록 위임하는 방법이다.[13]

적합성 지형	재무 분석 도구	조직 구조
완만한 지형	DCF 모형	중앙집권 구조
거친 지형	DCF 모형 + 전략적 옵션	느슨한 중앙집권 구조
험준한 지형	전략적 옵션	분권 구조

타이거 우즈는 단기적으로 고통스러울지도 모르지만 장기적으로 적응력을 높이기 위해 변화가 필요하다는 것을 보여주었다. 적합성 지형을 파악하면 기업이 옳은 전략을 추구하는지, 조직 구조가 적절한지 판단하는 데 도움을 줄 수 있다. 다양한 사업 기회를 평가하는 재무 분석에도 유용하다.

현재 상황이 미래에도
이어진다고 가정하면 큰코다친다
PER 평균을 쓰는 어리석음

과거 데이터의 평균이 의미가 있으려면 동일한 모집단에서 추출되어야 한다. 서로 다른 모집단에서 추출된 데이터는 정상적이라고 말할 수 없다. 이렇게 비정상적 데이터로 구한 과거 평균으로 예측해봐야 터무니없는 짓이다.

– 브래드포드 코넬(Bradford Cornell), 《The Equity Risk Premium(주식 위험 프리미엄)》

기업의 무형자산은 유형자산보다 가치와 성장에 더 많이 기여한다. 하지만 무형자산에 투자하면 비용으로 회계 처리되어 자산으로 잡히지 않는다. 이런 비대칭적 회계 처리는 무형자산 투자는 비용으로 처리하는 반면, 유형자산 및 재무적 투자는 자산으로 잡음으로써 기업의 성과와 가치에 대한 평가를 왜곡하는 문제를 가져온다.

– 바루크 레브(Baruch Lev), 《Intangibles(무형자산)》

사회보장제도의 허점

어니스트 애커먼(Ernest Ackerman)은 행운의 사나이였다. 1937년 사회보장연금이 시행된 바로 다음 날 은퇴해 이 연금의 최초 수급자가 되었는데, 월급에서 공제한 납입금은 1센트에 불과했지만 은퇴하면서 일시불로 받은 연금은 17센트나 되었기 때문이다.

앞으로는 누구도 이런 행운을 누리지 못할 것이다. 60년 이상 사회보장제도를 운영하면서 미국 정부가 많이 개선했지만 아직도 커다란 문제점을 안고 있다. 주로 미국의 인구 구조가 바뀐 탓이다.

이를테면 당초 정부는 '근로자 급여의 일부만 보험료로 걷어도 사회보장연금 제도를 별 어려움 없이 관리해나갈 수 있다'고 발표한 보험 통계 연구를 근거로, 국민들의 연금 지급 개시 연령을 65세로 설정했다.[1] 하지만 21~65세의 생존율이 1940년에는 54%였지만 지금은 72%로 급등했다. 아울러 65세 남성의 기대여명이 12.7년에서 15.3년으로 크게 늘고, 출산율은 거의 10%나 하락했다. 그 결과 은퇴자 1명을 부양해야 하는 근로자가 1940년에는 42명이었지만 지금은 3명으로 추락했다.

사회보장제도의 이런 변화는 아주 중요한 점을 시사한다. 즉, 기본 데이터가 끊임없이 바뀔 때는 시스템을 관리하기가 정말 어렵다는 점이다. 과거의 평균이 현재의 평균을 정확하게 나타내지 못하므로, 과거 평균으로 결론을 도출할 수 없다.

이 교훈은 투자에도 바로 적용할 수 있다. 대표적인 사례는 투자자들이 과거 PER로 시장이나 종목의 가치를 평가하는 경우다. 과거 PER

은 현황을 대충 파악하는 정도로만 활용해야 한다. 과거의 인구 구조로 사회보장제도를 설계할 수 없듯이, 투자자들도 과거 PER로 현재의 시장을 평가하면 안 된다.

비정상성과 과거 PER

비정상성은 시계열 분석에서 아주 중요한 개념으로, 기후와 금융 분야에서 특히 강조된다. 서로 다른 기간의 평균을 비교하려면 모집단의 통계적 특성이 같아야 정상적이다. 시간에 따라 모집단의 특성이 바뀌면 비정상적 데이터라 할 수 있다. 비정상적 데이터로 구한 과거의 평균을 현재의 모집단에 적용하면 엉뚱한 결론에 이를 수 있다.

이론적·실증적으로 분석해보면 PER에 사용되는 데이터는 비정상적이다.[2] 실제 지난 125년간의 데이터를 분석한 결과, 연초의 PER과 12개월이나 24개월 뒤의 주가상승률 사이에 통계적으로 의미 있는 관계를 찾을 수 없었다.[3] 더 노골적으로 말하면, 과거 PER 평균은 대부분의 기간에 투자자에게 아무런 도움도 되지 못했다.

PER이 왜 비정상적인지 이해하는 것이 중요하다. 이유는 크게 세율과 인플레이션, 무형자산 비중 증가세, 주식 위험 프리미엄의 변동이다.

과거가 미래의 서막이 되지 못하는 까닭

재무분석의 기본은 위험조정수익률로 자산의 가치를 평가할 때 세금, 물가상승률, 거래 비용 등을 제외하는 것이다. 그래서 세율과 물가상승률이 달라지면 적정 시장가치에 영향을 주기 때문에 PER에도 영향을 미친다.

세율은 개념상 매우 직접적으로 영향을 미친다. 배당소득세율과 자본이득세율이 인상되면 투자자들은 똑같은 세후 수익을 얻기 위해 더 높은 세전 수익률을 올려야 한다. 따라서 다른 조건이 같다면 세율이 인하될수록 PER은 높아지고, 세율이 인상될수록 PER은 낮아진다.

미국의 세율은 1960년대 이후 크게 변했다(그림 24.1 참조). 1960년대 초 배당소득세율은 90% 수준이었지만 점차 낮아져 2003년부터는 15%에 머물러 있다. 자본이득세는 20~30%를 오르내리다가 21세기 들어서면서 15%로 인하되었다.

세율과 인플레이션 사이의 상호 작용도 중요하다. 투자자에게는 세후 실질수익률이 의미가 있기 때문에 인플레이션이 예상되면 더 높은 세전 수익률을 올려야 한다. 그림 24.2는 1960~2006년의 연간 물가상승률과 5년 이동평균의 추이를 나타낸 것이다. 1970년대에는 자본이득세율을 감안한 할인율과 물가상승률이 모두 높아서 PER이 매우 낮은 수준이었다. 게다가 물가상승률은 재무제표에도 영향을 미친다. 결국 세율과 물가상승률이 변하면 PER도 달라진다.

세계적으로 유형자산보다 무형자산이 중요시되면서 PER 수준이 달라지기도 했다. 기업은 신축 공장과 같은 유형자산에 투자하면 재무상

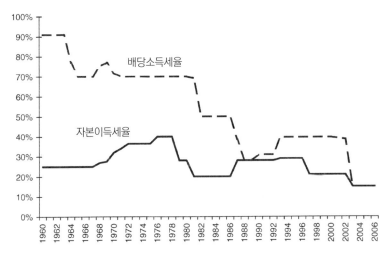

그림 24.1 미국 세율 추이

배당소득세율

자본이득세율

자료: HOLT, American Council for Capital Formation

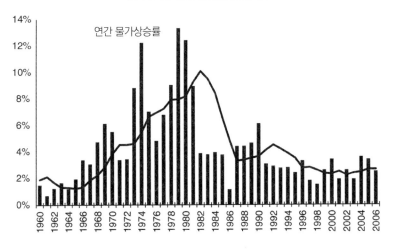

그림 24.2 미국 물가상승률 추이

연간 물가상승률

자료: U.S. Department of Labor

태표에 자산으로 계상한 후 내용연수에 따라 감가상각 처리한다. 반면, 연구개발이나 광고 같은 무형자산에 투자하면 즉시 비용으로 처리한다.

따라서 투자 금액뿐 아니라 투자 유형도 순이익 대비 현금흐름 비율(= 영업현금흐름/당기순이익) 계산에 영향을 미친다. 투자 금액과 수익률이 같더라도 주요 자산이 유형자산이냐 무형자산이냐에 따라 순이익 대비 현금흐름 비율은 크게 달라진다. 무형자산 비중이 큰 회사는 대체로 순이익 대비 현금흐름 비율이 높다.

다우지수에 포함된 기업들을 두 그룹으로 나누어 구체적으로 설명하겠다. 하나는 알코아(Alcoa), 캐터필러(Caterpillar), 유나이티드 테크놀로지스(United Technologies), 월마트(Wal-Mart) 같은 유형자산 그룹이다. 다음은 알트리아(Altria), 코카콜라(Coca-Cola), 마이크로소프트, 프록터 앤드 갬블(Procter and Gamble) 같은 무형자산 그룹이다. 2006년까지의 최근 5년간 순이익 대비 현금흐름 비율은 유형자산 그룹이 28%인 반면 무형자산 그룹은 111%나 되었다.

PBR이 높아지고, 직원 구성이 바뀌고, 교육 훈련의 중요성이 증가하는 등 세계적으로 유형자산보다 무형자산의 비중이 커지고 있다는 증거는 많다. 게다가 무형자산의 비중이 큰 기업들은 재무상태표에 계상된 자산이 적기 때문에 ROE가 높은 경향이 있다. 다른 조건이 동일하다면, 순이익 대비 현금흐름 비율과 ROE가 높으면 PER도 높게 유지된다.[4]

PER은 주식 위험 프리미엄에도 영향을 받는다. 주식 위험 프리미엄이란 무위험 자산에 투자하지 않고 상대적으로 위험한 주식에 투자해 얻으려는 초과수익률을 말한다. 참고로 주식 위험 프리미엄은 그 자체로 비정상적인 면이 있다.[5] 위험 프리미엄은 미래 성장 추정치 등 여러 요소에 따라 결정되지만, 그중에서도 투자자의 위험 감수 수준이 가장 중요한 요인이다. 위험 프리미엄은 투자자들의 낙관론이 팽배하면 낮아지고, 반대로 비관론이 득세하면 커진다. 투자자들이 위험을 감수하려는 심리가 수시로 바뀌는 탓에 PER이 정상적으로 유지되기 어렵다.

일정 범위 안에서 움직이는 변수

지난 130년간 시장 PER은 평균인 14배를 중심으로 오르내렸다.[6] 그렇다고 해서 평균인 14배 수준으로 시장 PER이 회귀한다고 주장할 수 있을까?

내 대답은 조건부 '아니요'다. 비정상성을 유발하는 세율과 물가상승률, 주식 위험 프리미엄은 폭이 넓기는 하지만 일정한 범위 안에서 변동한다. 이 요인들도 10년 이상의 장기 평균에 수렴하기도 하겠지만, 그보다는 이 요인들이 수십 년간 변동하면서 PER에 중요하고 타당한 영향을 미쳤다고 할 수 있다.

회계 방식 변경은 논외로 하고 다른 조건이 같다고 할 때, 무형자산 비중이 증가하면서 PER이 더 높아진다. 투자를 비용으로 처리하는 기업은 이를 자본화하는 기업보다 순이익 대비 현금흐름 비율이 높아지는 경향이 이를 뒷받침한다. 이는 장기 추세로 보인다.

하지만 유형자산 중심의 오래된 산업에 비해 서비스 및 지식산업은 지속 가능한 경쟁우위를 유지하는 기간이 더 짧기 때문에 PER이 낮아질 수도 있다. 따라서 이런 상쇄 요소를 감안한 적정 PER은 과거 평균에서 크게 벗어나지 않을 수도 있지만, PER을 움직이는 실질적인 경제 환경은 바뀌었다.

원인을 자세히 뜯어보기

PER은 비정상성을 띠기 쉬우므로 투자자들은 아주 주의해서 사용해야 한다. PER은 경험 법칙으로 유용해서 매력적이지만, 내재된 가정을 이해하면 유용성을 높일 수 있다고 생각한다. 내재된 가정을 잘 살펴보면 성장, 물가상승률, 세율, 위험 감수 수준, 무형자산 증가세 등의 경제 환경이 과거에 비해 달라진 이유와 양상을 알 수 있고, 이것이 PER에 어떤 의미인지 알 수 있다.

쓰러졌는데 일어설 수 없어요

평균회귀와 턴어라운드

경쟁우위를 지속적으로 유지하는 경우가 드물다는 사실에 비추어 보면, 경쟁우위를 달성하기가 대단히 어렵다는 것이 본 연구의 핵심 결론이다. 더구나 경쟁우위를 일정 기간 유지했더라도 추락할 확률은 비교적 높다.

- 로버트 위긴스(Robert R. Wiggins), 티머시 뤼플리(Timothy W. Ruefli),

"지속 가능한 경쟁우위(Sustained Competitive Advantage)"

수익률과 성장

재무학 교수인 조셉 래코니쇼크(Josef Lakonishok)는 2004년 〈뉴욕 타임스〉에, 주식시장이 '광란의 도가니'에 빠져 있다는 논평을 썼다.[1] 그는 성장률과 PER을 거론했는데, 이익이 빠르게 증가한다는 이유로 시장에서 일부 기업의 PER이 너무 높게 형성되고 있다고 지적했다. 동료들과 함께 진행한 연구에 따르면, 극소수의 기업만 이처럼 높은 성장률을 유지하는 것으로 나타났다.[2]

그렇다면 PER을 결정하는 요소는 정말 무엇일까? 기업의 내재가치는 기대되는 성장률 및 이익과 함수 관계다. 성장률만 중시하면 오류가 발생하는 이유가 바로 이것이다. 자본비용보다 이익이 초과하면 우량 기업이고, 밑돌면 불량 기업이고, 같으면 그저 그런 기업일 것이다. 그래서 성장률을 논하기 전에 이익의 수준이 적정한지 먼저 파악해야 한다. 성장률이 높지만 파산하는 사례도 있다.[3] 마찬가지로 성장률이 낮아도 초과이익이 크기 때문에 PER이 높게 유지되는 기업도 있다. 이익은 도외시한 채 성장률만 중시하는 것은 투자에 실패하는 지름길이다.

기업의 실적을 정확히 예측하려면 경쟁 전략을 확실히 파악해야 한다.[4] 기초적인 질문 세 가지로 전략을 분석해보자.

1. 자본비용을 초과하는 이익을 내는가? 아니면 향후 매력적인 수준으로 이익이 성장할 만한 타당한 이유가 있는가?
2. 자본비용을 초과하는 이익이 있다면 얼마나 오래 유지할 수 있는가?[5]

3. 자본비용보다 이익이 밑돌 때 요구수익률 이상으로 회복할 가능성은 얼마나 되는가?

이제부터 위 2, 3번 질문을 더 자세히 살펴보고자 한다. 실감 나게 설명하기 위해 IT 업종과 소매 업종의 실증 데이터로 분석하겠다.

파산, 세금, 평균회귀

미시경제 이론의 경험칙 중 하나는 시간이 갈수록 기업의 이익이 자본비용에 수렴한다는 개념이다.[6] 단순하지만 그럴듯한 이론이다. 기업이 고수익을 누린다면 경쟁자가 생겨나고 자본도 유입되어 결국 기회비용 수준까지 이익이 감소하게 된다. 마찬가지로 수익성이 형편없으면 파산, 투자자금 회수, 구조조정으로 자본이 이탈해 결국 자본비용 수준으로 이익이 회복한다.

그림 25.1은 1979~1996년까지 IT 기업 450개의 현금흐름이익률 (cash flow return on investment)을 분석한 차트다. (인터넷 버블 때문에 1996년까지만 분석했다.)[7] 크레딧스위스는 현금흐름이익률에 따라 4등급으로 나누어 추적했다. 현금흐름이익률은 세후 실질 지표이기 때문에 이자율과 물가상승률에 의한 왜곡이 없다.

1등급의 현금흐름이익률은 15%로 출발해 5년 내에 6%로 떨어졌다. 4등급은 -15%에서 5년 내에 0% 수준으로 회복했지만 여전히 자본비용을 밑돌았다. 2~3등급은 자본비용 근처에서 비교적 안정되게 움직

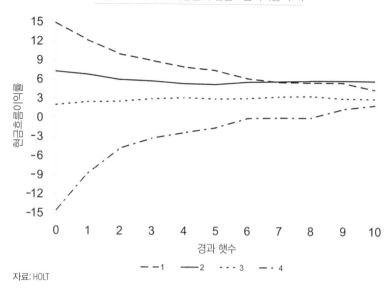

그림 25.1 미국 IT 기업들의 현금흐름이익률 추이

경과 햇수

현금흐름이익률

- - 1   — 2   · · · 3   — · 4

자료: HOLT

였다. 현금흐름이익률 최대치와 최저치의 차이가 첫해에는 30% 포인트였는데 10년 뒤에는 3% 포인트로 좁혀졌다. 10년이라는 기간이 평균으로 회귀하기에 충분하지 않을 수 있지만, 그래도 상당한 진척이 있었다고 볼 수 있다.

4등급이 이익을 회복하는 데 결정적인 역할을 한 것은 역시 퇴출이었다. 4등급 중 5년 후 생존 기업은 60%에 불과했고, 파산하거나 타사에 넘어간 성과 부진 기업이 많았다. 이 같은 퇴출 현상 때문에 생존 편향 문제가 생겨 10년간 현금흐름이익률이 회복된다. 반면 1등급은 5년 뒤에도 85%가 생존했다. 5년 뒤의 생존율은 모든 등급이 평균 수준으로 수렴했다.

지속적으로 높은 이익을 내는 기업이 많지는 않지만 더러 존재한다는 사실을 평균회귀분석으로 알게 되었다. 1950~2001년 소매 기업 약 700개를 분석한 결과, 14%가 자본비용을 밑도는 이익을 기록한 적이 한 번도 없었다.[8] 1960~1996년 IT 기업 1,700개를 조사해보니, 11%가 매년 완벽하게 자본비용을 초과하는 이익을 거두었다.

지속적인 고수익은 엄청난 부의 원천이다. 이익과 성장률이 처음에는 같더라도 자본비용을 초과하는 이익을 지속적으로 올리는 기업은 그렇지 않은 기업보다 시가총액이 더 높이 치솟아 PER도 훨씬 더 높게 형성될 것이다.[9]

고수익 기업을 전략적 관점에서 분석하면, 주로 소비자 우위나 생산자 우위 같은 측면에서 이익의 원천을 알 수 있고, 이 경쟁우위를 지속하게 하는 틀도 확인할 수 있다. 게다가 네트워크와 지식산업에서는 성장할수록 이익이 늘어나는 기업들도 있다.[10] 성장률만 분석하면 회사의 전략적 강점과 그 결과로 나타난 실적을 제대로 파악할 수 없다.

쓰러졌는데 일어설 수 없어요

주가는 기댓값을 반영하기 때문에, 투자에 장기적으로 성공하려면 기댓값을 잘 예측해야 한다. 이는 고수익 기업이라서 투자 매력이 있고 저수익 기업이라서 투자 매력이 없다고 판단할 수 없다는 의미다. 즉, 기댓값과 비교해 평가해야 한다.[11]

이런 점에서 실적 부진 기업은 눈여겨볼 만하다. 여기서 실적 부진 기업은 현금흐름이익률이 자본비용을 2년간 웃돌다가 2년 연속으로

통섭과 투자

밑돈 기업으로 정의했다.

이런 방식의 분석은 과거에 비해 가격이 저렴하지만 실적이 개선될 것으로 기대되는 종목을 매수하는 가치투자자에게 특히 중요한 의미가 있다. 저가에 매수했지만 실적이 부진해 주가가 오르지 못하면 가치함정에 빠졌다고 한다. 하지만 실적 부진이 일시적인데도 시장에서는 회복될 것으로 기대하지 않을 때 저가에 매수하면 엄청난 투자수익을 거둘 수 있다.

표 25.1은 실적 부진 기업들이 어떻게 진행되었는지 보여준다. IT 기업 및 소매 기업 1,200개를 분석했는데, 두 업종이 대단히 유사한 결과를 보였지만 신나는 상황은 아니었다. 크레딧스위스는 자본비용을 이익이 2년간 밑돌다가 3년 연속으로 웃돌면 안정적인 회복이라고 기준을 삼았는데, 분석 결과 불과 30%만 안정적인 회복을 나타냈다. 또 4분의 1 정도는 일시적인 회복을 보였다. 끝내 실적을 회복하지 못하거나 아예 사라진 기업도 절반 가까이 되었다. 명예를 지키면서 다른 기업에 인수되거나, 불명예스럽게 파산하는 사례도 있었다.

표 25.1 쓰러졌는데 일어설 수 없어요

	IT 업종(%)	소매 업종(%)
회복 불가능	45	48
일시적 회복	26	23
안정적 회복	29	29

IT 업종은 712개 기업(1960~1996년), 소매 업종은 445개 기업(1950~2001년)을 샘플로 사용함
자료: HOLT

이 분석은 기업들이 실적 부진을 얼마나 오래 겪었는지도 보여준다. 실적 부진이 2년간 지속된 기업은 두 업종 모두 27% 정도였다. 실적 부진이 5년 내로 지속된 기업은 두 업종 모두 60% 정도였다. 다시 말해, 실적 부진 기업의 운명은 신속하게 결정된 셈이다.

평균회귀와 실적 회복에 대한 이런 분석을 통해, 경쟁력이 강하고 지속적이어야 하는 이유를 분명히 알 수 있다. 주가가 싼 기업은 대부분 그럴 만한 이유가 있고, 과거에 장기간 초과이익을 기록했더라도 실적이 부진하면 회복하기 어렵다.

고수익을 지속적으로 누리는 기업이 분명히 존재하고, 시장에서 이 같은 실적의 지속성을 제대로 평가받지 못하는 사례가 있는 점으로 미루어, 역동적 경쟁 요인을 확실히 이해하고 충분히 장기로 투자하면 탁월한 수익을 얻는다는 것을 알 수 있다.

참호전을 벌이면서
적과 협력한 사례

게임 이론을 통해 협력과 경쟁 관계 파악하기

죄수의 딜레마는 단기적으로 자신의 이익을 챙기려는 욕심과, 장기적으로 더 좋은 결과를 얻기 위해 상대방의 협력을 이끌어내려는 노력 사이의 갈등 관계를 아주 잘 보여준다. 죄수의 딜레마는 매우 간단하기 때문에, 갈등 관계를 해결하는 핵심 과정을 파악하고 이해하는 데 아주 유용하다.

- 로버트 액슬로드(Robert Axelrod), 《Complexity of Cooperation(협력의 복잡성)》[1]

참호전을 벌일 때 공생하는 모습이 만연했다. 지휘관들이 그것을 막기 위해 무진 애를 썼고, 전투로 마음이 격해질 만했고, 군대 논리상 적을 죽여야만 하고, 일선에서 적과 협력하는 일이 없도록 사령부가 압박했는데도 이런 분위기는 더욱 무르익었다.

- 로버트 액슬로드(Robert Axelrod), 《협력의 진화(The Evolution of Cooperation)》[2]

생사를 가르는 전투 중에 있었던 사례

경영자들과 투자자들은 비즈니스를 곧잘 전쟁에 비유한다.[3] '시장점유율 전쟁에서 승리', '죽여주는 성과', '고객을 사로잡기', '경쟁에서 우회 공격하기' 같은 것도 회의 시간에 자주 접하는 표현이다. 사실 전략(strategy)이라는 말도 그리스어로 '장군의 통솔'을 의미하는 스트라테지아(strategia)에서 유래되었다.

우리는 비즈니스를 한쪽이 이기면 다른 쪽이 지는 전쟁 같은 제로섬 게임이라고 대체로 생각한다. 체스와 체커스 같은 많은 전략 게임은 제로섬 게임이다. 분석가들이 일찍부터 이런 게임에서 승리하는 최선의 방법을 찾는 데 온갖 노력을 기울였다는 사실은 놀라운 일도 아니다. 이런 접근법은 승자와 패자가 극명히 갈리는 경쟁 전략에도 흘러 들어가 종종 활용되었다. 이런 경우에는 전쟁에 비유한 분석이 분명 적절해 보인다.

하지만 전쟁이 항상 제로섬 게임일까? 아니다. 드물기는 하지만 전쟁이 제로섬 게임이 아니었던 사례가 있다. 프랑스와 벨기에를 사이에 두고 이어진 800킬로미터의 서부전선은 제1차 세계대전 중 가장 참혹한 전투가 벌어진 곳이다. 참호 속에 웅크린 양측 군인들 사이의 거리는 짧게는 100m, 길게는 400m에 지나지 않았다. 게다가 피를 흘려가며 전진해봤자 몇 미터에 불과했다. 상황이 이렇듯 참담하다 보니 서로 협력해 공생하는 모습이 나타나기 시작했다. 한쪽이 먼저 공격하면 그에 상응하는 보복이 따른다는 사실을 양쪽 모두 깨달았기 때문이다. 그래서 한쪽이 공격을 자제하자 상대가 똑같이 화답했다.[4]

통섭과 투자

돌이켜보면, 이런 협력은 식사 시간에 시작된 듯하다. 보급대가 전선으로 식량을 실어 올 때는 서로 총격을 멈추었다. 그 뒤 양측 군인들이 육성이나 신호로 더 많은 협력을 만들어냈다. 8일마다 새로운 대대가 전선으로 순환 배치될 때, 퇴각 병사들은 신입 병사들에게 적과 몰래 소통하는 방법을 자세히 알려주었다. 한 퇴각 병사는 이렇게 말하기도 했다. "독일 친구들이 나쁜 놈은 아니야. 이쪽에서 건드리지 않으면 그쪽도 우리를 건드리지 않거든."[5]

이 얘기는 치열하게 경쟁하는 대신 협력해야 하는 상황에 대한 단서를 제공한다는 점에서 최고경영자와 투자자에게도 해당되는 사례다. 경쟁적 협력이 특히 유용한 곳은 바로 가격 책정과 설비 증설 분야다. 협력이 어떻게 나타나고 왜 어려운지 보여주기 위해, 게임 이론에 나오는 기본 개념을 활용하고자 한다. 이 분석 틀은 두 경쟁사가 산업을 전반적으로 좌우할 때 특히 쓸모가 있다.

연애와 결혼이 다른 이유

게임 이론은 참가자들이 각자의 이익을 극대화하기 위해 상호 작용하는 모습을 연구한 것이다. 이 분석이 그리 간단치 않은 것은 참가자의 행위 및 이에 대한 상대의 반응에 따라 각자의 이익이 달라지기 때문이다. 그래서 게임 이론에 따라 최고경영자들은 자신들의 선택을 신경 쓰는 데 그치지 않고, 그 선택이 경쟁사의 의사결정에 끼치는 영향까지도 고려해야 한다. 물론 모든 경영자들이 경쟁사 입장에서 생각하는 것은 아니다. 다음은 대형 다국적 제지회사의 전임 최고재무책임자가 했던 말을 인용한 글이다.

새로운 제지공장을 세우려 할 때 보통은 경제가 얼마나 성장할지를 먼저 검토합니다. 경쟁사의 대응은 전혀 고려하지 않습니다. 하지만 같은 시기에 공장을 짓거나 기계를 증설하는 경쟁사가 있는지도 잘 살펴야 합니다.[6]

게임 이론에 나오는 간단하면서도 강력한 모형 중 하나는 죄수의 딜레마다.[7] 경쟁하는 두 원자재 업체가 경기 정점에서 설비 증설을 결정해야 하는 상황이라 치자. 그림 26.1은 두 회사의 의사결정에 따라 이익이 달라짐을 보여준다. 그림 오른쪽 위처럼 B사만 증설하고 A사는 증설하지 않으면 B사가 더 많은 이익을 챙길 수 있다. 반대로 그림 왼쪽 아래처럼 A사만 증설하고 B사는 증설하지 않으면 A사가 더 많은 이익을 얻을 수 있다. 그림 오른쪽 아래처럼 두 기업 모두 증설하면 이익 합계가 줄어들고, 각자 얻는 이익도 자기 회사만 증설하는 경우보다 작아진다. 마지막으로 왼쪽 위처럼 두 기업 모두 증설하지 않으면 이익 합계가 가장 커진다. 하지만 각자 얻는 이익은 그 기업만 증설하는 경우보다는 작다.

그런데 이 게임을 한 번 더 하면 각자가 어떤 선택을 할까? 내가 A사의 경영자인데 B사가 증설하지 않는다고 믿는다고 치자. 이때 내 최선의 전략은 증설이다. 그런데 B사도 증설할 것이라 예상한다고 가정하자. 이 경우에도 나의 최선은 증설이다. 결국 B사가 어떤 결정을 내리든, 이 게임을 다시 할 때는 내가 증설하는 것이 이익이다.[8] 그렇지

통섭과 투자

그림 26.1. 설비 증설과 죄수의 딜레마

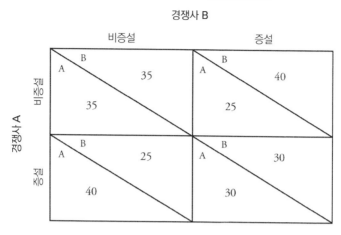

자료: 저자의 분석

만 두 회사의 총이익을 극대화하는 시나리오는 둘 다 증설하지 않는 것이다. 게임 이론에서 특이한 점은, 한 회사가 합리적으로 선택하더라도 산업 전체로는 최적의 결과를 낳지 못할 수 있다는 사실이다.

참호 전투 사례에서와 같이 비즈니스에서도 상호 작용은 한 번에 그치지 않고 계속 이어진다. 즉, 기업들은 사실상 죄수의 딜레마 게임을 단 한 번만 하는 것이 아니라 끊임없이 지속한다. 그러면서 기업들은 협력하는 방법을 '터득하기' 때문에 죄수의 딜레마 게임이 반복되면서 협력이 진전될 가능성이 더욱 커진다.

1980년대에 로버트 액슬로드(Robert Axelrod)라는 정치학자는 반복되는 죄수의 딜레마 게임(각 게임은 200수로 구성된다)에서 어떤 전략이 가장 효과적인지 결정하는 토너먼트를 열었다. 우승은 맞대응 전략, 즉 처음에는 협력하고 이후에는 상대의 움직임에 따라 대응하는 전략이 차지했다. 맞대응 전략은 처음에는 아주 호의적이고, 상대가 변절하면 분명하게 응징하며, 용서는 빨리 해주는 방법이다.[9]

비즈니스 세계에서 협력 관계가 깨지거나 시작되지도 않는 이유는 다양하다. 중요한 요소는 신호의 질이다. 기업들이 경쟁사에 신호를 보내지만, 신호가 모호하거나 상대가 잘못 해석하기 때문이다. 다른 요소는 기업들이 장기적으로 접근하지 않는다는 점이다. 경기 민감 기업 두 곳이 매일 치열하게 경쟁한다 할지라도, 경기 정점에서 증설 여부를 결정해야 할 때면 최고경영자들은 죄수의 딜레마 게임을 딱 한 번만 한다고 생각하기 쉽다. 장기적 관점에서 과거와 미래를 연결해 접근하지 않기 때문이다.

가격과 수량

1974년까지 30년 동안, 호주 시드니 기반의 두 신문사인 〈선(Sun)〉과 〈데일리 미러 (Daily Mirror)〉는 해마다 신문 가격을 꼬박꼬박 올렸다. 사실 가격 인상은 〈선〉이 주도했다. 1975년에 접어들자 상황이 바뀌었다. 〈선〉이 단가를 10센트에서 12센트로 올렸지만, 루퍼트 머독 (Rupert Murdoch)이 소유한 〈데일리 미러〉는 기존 가격을 고수했다. 〈데일리 미러〉는 상대적으로 저렴한 가격 덕분에 발행부수 점유율이 늘었고, 광고 단가가 올라가 이익이 더 늘었다. 반면, 〈선〉은 이익이 줄어들어, 결국 1979년 단가를 10센트로 되돌릴 수밖에 없었다.[10]

이는 게임 이론의 유용한 분석 사례 가운데 하나다. 〈선〉도 가격을

10센트로 떨어뜨려 맞대응했다면, 〈데일리 미러〉가 기존 단가를 고수해 이익을 챙기는 사태를 막았을 것이다.

경영자와 투자자 들은 치열한 가격 경쟁을 벌일 때 이 맞대응 전략을 활용할 수 있다.[11] 이 분석 틀이 활용된 사례에는 미국 영화 산업, 미국 인스턴트 시리얼 산업, 코스타리카 담배시장 등이 있다. 이 분석 도구는 두 경쟁사가 시장을 확실히 양분하는 경우에 가장 유용하지만, 산업 집중도가 충분히 높은 경우에도 활용될 수 있다.

게임 이론은 기업이 설비 증설 결정을 내릴 때에도 유용하다. 자동차, 화학, 제지, 항공, 에너지 같은 경기 민감 업종은 경기가 정점일 때 설비를 확장하는 경우가 많다. 경기가 정점일 때에는 일반적으로 수요가 탄탄하고 설비 증설에 필요한 자금도 넉넉하기 때문이다.

앞 사례에서 설명했듯, 모든 기업이 설비를 늘리면 경기 고점에서 거둘 수 있는 산업 전체의 이익이 감소하고 뒤이은 경기 저점에서 설비 과잉 문제가 불거진다. 브랜든버거(Adam Brandenburger)와 네일버프(Barry Nalebuff)는 게임 이론에 초점을 둔 《Co-opetition(협조적 경쟁)》에서, 공급을 제한함으로써 얻는 편익이 그에 따르는 비용을 능가한다고 주장했다.[12]

이 장의 핵심 메시지는 경쟁하는 시장이 꼭 제로섬은 아니라는 점이다. 여건이 좋으면 경영자들은 상황이 죄수의 딜레마가 반복되는 경우와 마찬가지라 판단하고, 기업의 장기적 가치를 극대화하는 쪽으로 가격과 증설 여부를 결정할 수 있다. 맞대응 전략은 가격 인하와 설비 증설 같은 상대의 행위를 빠르고 분명하게 응징할 수 있다는 점에서 견제 요소도 있다고 할 수 있다. 투자자들은 이 분석 틀을 활용함으로써,

경영자들이 어떻게 의사결정을 내리고 얼마나 장기적인 통찰력으로 접근하는지 판단할 수 있다.

성장에 대한 지나친 기대

기업의 성장 한계에 대해

공중누각은 피난하기 참 쉬운 곳이다. 더군다나 세우기도 쉽다.

– 헨릭 입센(Henrik Ibsen), 《대건축사 솔네즈(Master Builder)》

이익 성장률을 낮게 예상하기보다는 높게 예상하는 사례가 많다. 절제력을 바탕으로 냉철하게 예측하는 투자자들도 있지만 그런 사람은 아주 드물다.

– 찰리 멍거(Charlie Munger), 《Outstanding Investor Digest(뛰어난 투자 기법 요약)》[1]

믿기지 않는 복리의 마술

경영자와 투자자 들은 일반적으로 성장하면 무조건 좋다고 생각한다. 경영자들은 예전에 늘 하던 대로 목표를 늘려 잡고, 때로는 직원에게 동기를 부여하고 주주들에게 강한 인상을 심어주기 위해 '흥미롭고 대담한 높은' 목표를 설정하기도 한다. 성장주 투자자들은 매출과 이익을 지속적으로 빠르게 성장시키겠다고 약속하는 기업들을 좇는다.

하지만 투자자 대부분은 복리의 힘이 얼마나 강한지, 높은 복리 수익률을 계속 유지하기가 얼마나 어려운지 잘 모른다. 복리 효과를 알아보기 위해 다음 짤막한 퀴즈를 풀어보자.

1달러를 다음 복리 이자율로 20년간 불리면 얼마나 될까? 아래 빈칸에 금액을 적어보자.

초기 금액	복리 이자율(%)	20년 뒤의 금액
1달러	2	_____
1달러	7	_____
1달러	15	_____
1달러	20	_____

사람들 대부분은 계산 값을 선뜻 떠올리지 못할 것이다. 20년간 2% 복리로 불리면 1달러가 1.49달러로 늘어난다. 7%라면 3.87달러가 된다. 대기업들이 늘 제시하는 이익 성장률인 15%에서는 16.37달러로 늘어난다. 마지막으로 20%로 20년 동안 운용하면 1달러는 38.34달러로 증가한다.

통섭과 투자

여러분들은 어떻게 계산했는가? 보통 각 복리 수익률과 이로 계산한 결과 값 사이의 관계를 정확히 파악하기 어려웠을 것이다. 예컨대 복리 수익률이 15%에서 20%로 커질 경우 20년 뒤의 결과 값이 두 배 넘게 증가한다는 사실을 직감적으로 떠올리는 투자자는 많지 않다. 이런 이유로 알베르트 아인슈타인(Albert Einstein)은 복리를 '세계의 8번째 불가사의'라 했다. 투자자들은 이 복리의 마술이 자신에게 유리하게 작용하도록 만들어야 한다.

현실성 검증

베인앤드컴퍼니(Bain & Company) 컨설턴트인 크리스 주크(Chris Zook)는《핵심에 집중하라(Profit from the Core)》라는 통찰력 넘치는 책에서, 1990년대에 지속적 성장을 구가했던 기업들을 연구한 결과를 제시했다.[2] 표본은 매출이 5억 달러를 넘는, 7개국 1,800개 기업에서 뽑았다.

주크는 기업이 다음 세 가지 기준을 충족하는지를 살폈다.

인플레이션을 감안한 실질 매출 성장률 5.5%

실질 이익 성장률 5.5%

자본비용을 초과하는 총주주수익률

이 목표들이 대부분의 전략 수립 시 요구하는 수준을 훨씬 밑돈다는

그림 27.1 소수 기업만 지속 가능한 성장을 달성한다

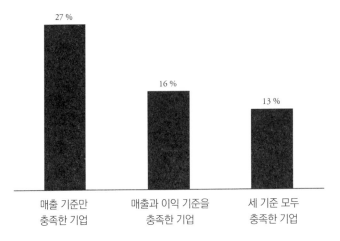

자료: Worldscope database, Bain 분석

점에 주목할 만하다. 실제로 베인앤드컴퍼니는 조사 기업의 3분의 2가 두 자릿수 명목 성장률을 목표로 한다는 사실을 발견했다.

그림 27.1에 연구 결과가 나와 있다. 밝혀진 바와 같이 전체 기업의 4분의 1만이 매출 성장률 기준을 충족했고, 8분의 1만이 지속 가능한 성장을 위한 기준 모두를 만족했다. 여기서 주목할 점은 동 세대에서 경기가 가장 활황일 때 나온 결과라는 사실이다. 대다수 기업이 두 자릿수 성장을 추구하고 목표로 삼지만 대부분 이를 달성하지 못한다.

직관과 현실의 차이가 이렇게 클 수 있을까? 이를 점검하기 위해 우선 분석 첫해 매출이 5억 달러가 넘는 미국 기업들의 10년(1997~2006년)간 매출 성장률 분포를 살펴보았다(그림 27.2 참조). 이 그룹의 평균 매출 성장률은 6.2%였고, 두 자릿수의 명목 매출 성장률을 지속한 기업은 전체의 3분의 1에 미치지 못했다. 더욱이 이 성장률은 인수합병

통섭과 투자

을 고려하지 않은 수치여서, 자체 순수 성장률은 이보다 낮았음이 거의 확실하다.[3]

다음으로, 2006년 기준 매출이 5억 달러 이상인 기업 전체를 대상으로 3년 이익 성장률과 매출 성장률을 겹쳐보았다. 역사적으로 이익 성

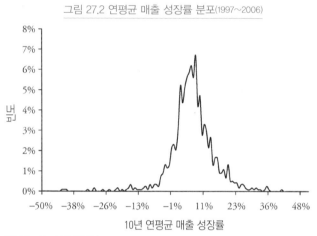

그림 27.2 연평균 매출 성장률 분포(1997~2006)

10년 연평균 매출 성장률

자료: FactSet, 저자의 분석

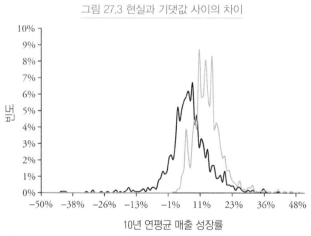

그림 27.3 현실과 기댓값 사이의 차이

10년 연평균 매출 성장률

자료: FactSet, 저자의 분석

장률이 매출 성장률을 100bp가량 상회했지만 분석 요지는 다르지 않다. 이 무리의 성장률 목표치는 평균 13.5%로서, 이전에 달성한 성장률의 두 배 정도였다(그림 27.3 참조). 예상 성장률 분포가 모두 플러스 영역에 있다는 점도 눈여겨볼 부분이다.

성장률이 6%가 아니라 13%라는 점은 무슨 의미가 있을까? 앞의 복리 효과 계산 사례에서 살펴보았듯, 20년간 13%로 복리 운용하면 6%로 운용한 것보다 4배 가까이 많다. 기업이 커질수록 두 자릿수 성장률을 지속적으로 달성하기란 더욱 어려워진다. 따라서 과거가 미래를 암시한다면, 많은 기업이 내세우는 성장률 전망치는 하향 조정되어야 한다.

규모가 클수록 성장은 둔화되거나 멈춘다

도시 인구 분포와 마찬가지로, 크고 작은 기업 모두를 포함한 전체도 뚜렷한 분포를 띤다.[4] 과학자들은 이런 분포를 복제한 모형을 통해, 평균 성장률이 기업 규모와 무관하고, 성장률 차이는 기업이 클수록 줄어든다는 사실을 밝혀냈다. 이를 원뿔 성장 모형이라 부른다.

이 모습은 그림 27.4에 나타나 있다. 여기에는 미국 기업 2,600개의 10년 연평균 매출 성장률이 점으로 표시되어 있다. 가로축은 로그 스케일로 표시했다. 이 그림은 기업이 크든 작든 평균 매출 성장률은 거의 같지만, 기업이 클수록 매출 성장률이 높아지거나 낮아질 확률이 줄어든다는 점을 보여준다. 큰 기업은 작은 기업만큼 빨리 성장하지

그림 27.4 연평균 매출 성장률 분포

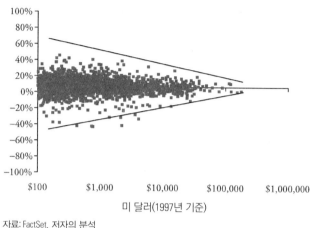

미 달러(1997년 기준)

자료: FactSet, 저자의 분석

못한다고 해서, 투자자들은 이를 대수의 법칙(law of large numbers)이라 부르기도 한다. 더 정확하게 표현하면, 큰 기업은 평균 성장률에서 크게 벗어나지 않는다.[5]

이 점을 이해한 독자들은, 성장 기대치가 높은 기업들에 투자하면 성과가 나쁘리라 생각할 수도 있다. 하지만 전혀 그렇지 않다! 문제는 향후 빠르게 성장해 이익 추정치가 상향 조정되고 매력적인 주주수익률을 실현하는 기업들이 있다는 사실은 알지만, 이런 기업들을 찾아내는 체계적 방법이 없다는 점이다. 바로 여기에 매력적인 투자 기회가 존재한다.

성장은 좋지만 이를 활용해 높은 수익을 내기가 어렵다는 사실을 보여주는 좋은 예가 있다. 바로 제러미 시겔이 《주식에 장기투자하라》라는 투자의 고전에서 훌륭하게 분석한 니프티 피프티(Nifty Fifty) 사레다.[6] 니프티 피프티는 1970년대 초에 고성장을 구가한 대기업들로, 성장 기대치가 워낙 높아 PER이 40 이상이었다. 하지만 뒤이은 1973~1974년의 약세장에서 모두 주가가 폭락했다.

시겔은 근본적인 질문을 하나 던졌다. 뒤이은 총주주수익률을 감안하면 1972년에 이 니프티 피프티 기업들은 고평가되었는가? 그의 분석에 따르면 그렇지 않았다. 필립모리스(Philip Morris), 질레트, 코카콜라처럼 시장 대비 초과 성과를 거둔 기업들이 있었는가 하면 버로스(Burroughs), 폴라로이드(Polaroid), 블랙앤데커(Black & Decker)처럼 시장 대비 저조한 성과를 기록한 회사들도 있었다. 하지만 전반적으로는 시장과 비슷한 수익률을 보였다. 시겔이 분석한 내용은, 뒤이은 성과를 고려했을 때 1972년에 PER을 높게 부여할 만한 기업도 있었고 낮게 부여할 만한 회사도 있었다는 점을 시사한다. 하지만 평균적으로는 PER이 적절한 수준이었다.

공중누각에 피신하기를 거부하라

현실과 기대 사이에 차이가 있다는 얘기는 전혀 새롭지 않다. 예컨대 S&500 지수에 속한 기업들의 이익을 상향식으로 분석해 추정한 값은 하향식으로 도출한 값보다 늘 컸다. 하지만 오늘날 이 문제는 이익 기댓값 게임 때문에 더욱 복잡해진 것 같다.[7] 경영자와 투자자 들은 이익 추정치를 올리는 관습에 젖어들었다. 경영자들은 월가의 이익 전망치를 맞추거나 뛰어넘기 위해 애쓰고, 바로 이 점 때문에 애널리스트들은 이익 추정치를 올린다. 그러면 다시 경영자들은 무슨 수를 써서라도 더 빠른 성장을 이루려고 노력한다.[8]

투자자와 경영자 들은 기댓값을 합리적인 수준으로 설정해야 한다. 특히 대기업들은 계속해서 빠르게 성장하기가 아주 어렵다는 증거가 많다. 더욱이 성장주라고 해서 특별히 문제 될 것이 없지만 전반적으로 기댓값을 상회하거나 하회하는 기업을 골라내는 일은 아주 어렵다. 투자자들은 상승 잠재력이 하락 위험보다 큰, 기대 수익이 양호한 투자처를 찾기 위해 끊임없이 노력해야 한다.

4부
과학과 복잡계 이론

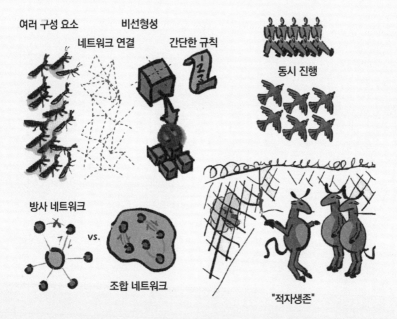

들어가는 글

2003년 8월 미국 동부 해안 정전 사태 직후, 나는 친구인 컬럼비아 대학 사회학과 교수 던컨 와츠(Duncan Watts)에게 전화를 걸었다. 그에게 정전의 원인은 무엇이고 사고가 어떻게 진행되었는지, 그리고 어떻게 하면 비슷한 사고를 예방할 수 있는지 물었다.

여러분은 정전 사태에 대해서 왜 사회학자에게 묻는지 궁금할 것이다. 이론 및 응용역학 박사인 와츠는 네트워크 이론의 세계 최고 전문가다. 그는 사회과학 분야를 주로 연구하지만, 물리과학과 사회과학을 자유로이 넘나들기도 한다. 정전 사고, 해리 포터(Harry Potter)의 성공, 주식시장 활황, 독감 유행 등 다양한 주제를 논의하며 유사점을 찾기도 했다.

자연과학과 사회과학은 대학 캠퍼스의 다른 건물에 둥지를 틀고 있지만, 지리적인 거리보다는 학문적인 거리가 더 멀다. 최근 와츠를 비롯한 일군의 과학자들은 종합적 사고가 아주 유용함을 보여주었다. 물리학자, 심리학자, 복잡계 이론 전문가 모두 금융시장을 이해하는 데 도움을 주고 있다.

과학은 투자자들에게 많은 것을 가르쳐준다. 4부는 시장이 왜 효율적인지(또는 비효율적인지) 설명하는 중요한 메커니즘을 제시하고, 표준적인 금융 이론이 제대로 다루지 않는 중요한 경험적 결과들을 자세히 다룸으로써 시장에서 단순한 인과관계가 통하지 않는 이유를 보여준다는 점에서 아주 중요하다.

개미와 벌 같은 사회성 곤충들은 문제를 해결하기 위해 분권화된 무리가 효율적으로 협동하는 과정을 잘 보여준다는 점에서 아주 흥미롭다. 4부에서는 꿀벌의 춤에서 할리우드 증권거래소에 이르기까지 집단적 문제 해결의 여러 형태를 살펴볼 것이다.

복잡계는 수많은 이질적 참가자의 상호 작용으로 이루어진 체계를 뜻하는데, 가장 좋은 사례 중 하나가 주식시장이다. 개별 투자자들이 실수해도 시장은 효율적으로 작동한다는 연구 결과가 있다. 더 나아가 어떤 경우에 시장이 효율적인지 정의함으로써 비효율성이 언제 발생하는지도 알 수 있을 것이다.

표준 금융 이론 모형 다수는 주가가 종 모양인 정규분포를 따른다고 가정한다. 정규분포는 평균과 표준편차라는 두 변수만으로 분포를 설명하는 강력한 분석 도구다.

하지만 이 모형은 고상할지는 몰라도 현실 세계를 잘 설명하지 못한다는 문제가 있다. 특히, 자주 발생하지는 않지만 매우 큰 가격 변화를 가져오는 '두꺼운 꼬리' 현상을 간과한다. 위험 관리 모형이 두꺼운 꼬리를 충분히 설명하지 못한 것은 대단한 관심과 논쟁을 불러일으켰다. 1998년 롱텀캐피털 매니지먼트(Long Term Capital Management)의 파산이 한 예다.

두꺼운 꼬리는 파워 법칙과 밀접한 관련이 있다. 자주 일어나는 작은 사건과 가끔 일어나는 큰 사건이라는 두 변수의 수학적 관계인 파워 법칙은 매우 흥미롭다. 경험적으로 도시의 크기, 지진, 소득 분배 등의 여러 관계를 설명해주기도 한다. 과학자들이 아직 파워 법칙 뒤에 있는 규칙을 명확히 밝혀내지는 못했지만, 법칙의 존재 자체가 투자자들에게 좋은 영감을 준다.

인간은 인과관계를 밝히려는 욕구가 내재되어 있다. 불행히도 시장은 이 욕구를 쉽게 충족시키지 못한다. 다른 기계적 시스템과 달리 시장은 각 부분을 들여다본다고 해서 이해할 수 있는 것이 아니다. 환원주의(reductionism)가 통하지 않는다. 그러나 우리는 시장의 작동 원리를 설명하기 위해 종종 개인들을 주시한다. 지엽적인 정보와 상호 작용에 의존하는 개미가 전체 집단에서 무슨 일이 일어나는지 알 수 없듯이, 시장 전문가들도 시장의 움직임을 모두 설명하지는 못한다.

복잡계는 이해하기 어려운 또 다른 특징이 있다. 즉, 결과의 크기가 동요의 규모에 항상 비례하는 것은 아니라는 사실이다. 가끔 작은 동요가 커다란 변화를 일으키기도 하고, 큰 동요가 별다른 변화를 가져오지 않기도 한다. 시장을 연구할 때는 전통적인 비례의 개념에서 벗어나야 한다.

최근 과학자들은 자연과학과 사회과학의 연결점을 찾으려고 한층 노력하고 있다. 주식 투자자들은 편협한 규칙에서 벗어나 새로운 관점에서 바라보면 이득을 얻을 수 있다.

다각도로 검토하라

성공 투자를 위한 조직화에 대한 고찰

더 많이 읽을수록

더 많은 것을 알게 되고,

더 많이 배울수록

더 많은 곳에 갈 수 있다.

- 닥터 수스(Dr. Seuss), 《I Can Read With My Eyes Shut!(눈을 감고도 읽을 수 있어요!)》

개미의 뇌

2000년 가을, 나는 선도적 투자자 몇몇을 불러 모아 금융, 전략, 기업 부분 리더들의 강연을 듣는 자리를 마련했다. 참석자들 모두 훌륭했지만, 로스앨러모스(Los Alamos) 국립연구소의 과학자 노먼 존슨(Norman Johnson)이 가장 창조적인 모습을 보여주었다. 그는 예사롭지 않게 입을 열었다. "금융 전문가들의 문제가 무엇인지 이야기해달라고 여기에 초대받았지만, 저는 금융 분야에는 문외한입니다."[1]

존슨이 무엇을 말했기에 이 똑똑한 투자자들이 주목했을까? 그는 다양한 분야의 '평범한' 사람들이 힘을 합하면 전문가들보다 문제를 더 잘 해결할 수 있다는 사실을 보여주었다. 그는 개미와 꿀벌 같은 사회성 곤충의 행동을 사례로 제시했다. 그 이야기를 들으며, 청중은 상상력을 엄청나게 자극받았다.

존슨은 대부분 거시적이거나 집단적인 문제를 해결하는 방법을 다루었다. 이는 시장이 어떻게 효율적일 수 있는지 이해하는 데도 분명 도움이 된다.[2] 하지만 나는 미시적 수준에서 개인들이 투자에서 성공하려면 어떻게 해야 하는지에 주목했다. 분석의 단위는 다르지만 전달하고자 하는 메시지는 같다. 즉, 다양한 정보를 획득하고 인식하면 투자 실적을 개선할 수 있다.

정보의 자료부터 신중하게 생각해보자. 아마 남들과 똑같은 신문을 읽고, 똑같은 사람과 대화하고, 같은 종류의 분석 보고서를 계속 읽지 않는가? 아니면 새로운 아이디어를 찾기 위해 막다른 골목길에서 시간을 허비한 적은 없는가? 투자뿐 아니라 많은 분야에서 앞서가는 사람들은 다양한 정보를 활용함으로써 이득을 얻고 있다는 강력한 증거가 있다.

놀라운 미로 찾기 사례

개인에 대해 검토하기 전에, 다양성이 문제 해결에 얼마나 크게 기여하고, 다양성 부족이 어떤 비효율을 낳는지 설명하려고 한다. 존슨은 미로 찾기 게임에서 평범한 개인보다 집단이 더 빨리 미로 문제를 풀 수 있음을 보여주었다.

- 먼저 역량이 같은 사람들에게 개별적으로 미로를 찾아보라고 한다. 각 개인은 문제를 전체적으로 인식하지 못하기 때문에, 답을 찾을 때까지 미로를 이리저리 탐색한다.
- 그 뒤 각자에게 미로 문제를 다시 해결해보라고 한다. 학습 효과 덕분에 결과가 개선되는 경향이 있다.
- 마지막으로 각자의 경험을 교환해 선형적으로 조합하고, 집단적 문제 해결에 동일한 규칙을 적용하게 한다.

개인의 첫 번째 미로 탐색은 무작위적이기 때문에, 개인의 집합은 경험(미로의 구역), 선호도(선호하는 통로), 해결 능력(통과 거리) 면에서 다양성을 지닌다.[3] 따라서 집단은 강력한 정보를 지닌 개인과 같다. 이 정보의 다양성 덕분에 집단의 해결 능력은 개인의 능력보다 훨씬 더

그림 28.1. 집단이 개인을 이긴다

그림에 삽입된 작은 그림은 시험용 미로다. 그림은 개인들이 집단적으로 움직이면 같은 수의 개인이 따로따로 움직일 때보다 문제 해결의 효율성이 더 높음을 보여준다. 집단의 걸음 수는 집단적 해결에 참여한 개인들의 걸음을 정상화한 것이다.

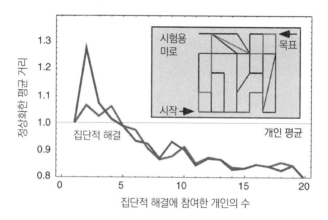

자료: Norman Johnson, http://www.ishi.lanl.gov/symintel.html

강력하다(그림 28.1 참조).

집단 효과의 힘은 자연에서도 나타난다. 여기서 존슨의 개미 이야기가 등장한다. 개미는 어떻게 그런 일들을 하는 것일까? 행군개미는 먹이를 찾아온다는 한 가지 임무만 생각하고 출발한다. 또 화학물질을 남기고 이를 따라가는 능력도 있다. 처음에는 아무 데로나 흩어진다. 먹이를 발견한 개미는 돌아올 때, 동료들이 따라갈 수 있도록 화학물질로 흔적을 남긴다. 이런 방법으로 개미들은 먹이에 도달하는 가장 짧은 길을 찾아낸다는 사실이 밝혀졌다.[4]

연구자들은 이 같은 집단적 능력을 이해한 후, 개미에게 한 가지 속임수를 써보기로 했다. 이들은 개미집에서 거리가 같은 두 곳에 음식

그림 28.2 헝클어진 머리카락 대안

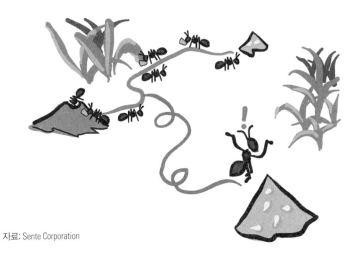

자료: Sente Corporation

을 놓아두었다. 실험 결과, 개미들은 무작위적이긴 하지만 두 가지 길중 하나만 사용하는 것으로 나타났다. 이유는 무엇일까? 개미는 화학물질의 흔적을 따라가기 때문에, 한쪽 길에 약간 더 많은 개미가 지나가게 되면 다른 개미들도 그쪽으로 유인되고, 이때부터 포지티브 피드백 원리가 작동한다. 따라서 개미들은 최적의 해법을 찾는 대신 한쪽길에만 몰려들어 다른 길은 텅 비게 된다.

하지만 놀랍게도 자연은 이런 문제점을 예상했다. 개미들은 주기적으로 정해진 길에서 벗어나 다시 무작위적인 길 찾기 과정을 시작한다. 개미들은 이미 발견한 음식을 모으는 일과 새로운 음식을 찾는 일사이에서 균형을 유지하도록 '프로그래밍되어 있다'(그림 28.2 참조). 노먼 존슨은 이것을 '헝클어진 머리카락(wild hair)' 대안이라고 부른다. 개미들은 본능적으로 다양성을 찾는 것이다.

다양성 확보하기

미로와 개미 사례가 투자와 무슨 관계가 있을까? 결론적으로 깊은 관련이 있다. 심리학자인 호레이스 발로(Horace Barlow)는 지식은 새로운 근원적 질서의 발견에 이르는 추론과 관련된 모든 것이라고 주장했다. 이것은 문제를 해결하고 논쟁의 타당성을 살피고 적절한 유사성을 찾아내는 것을 포함한다.[5] 그렇다면 투자 지식은 어디에서 오는 것일까?

노먼 존슨의 메시지가 투자자들에게 중요한 이유가 여기에 있다. 잘 정의된 시스템에서 전문가들은 쓸모가 있다. 규칙에 근거한 해답을 찾아주기 때문이다. 하지만 구조가 복잡해지면 보통 사람들의 집합이 전문가 개인보다 문제를 더욱 잘 해결하기도 한다. 주식시장이 웬만한 사람들보다 대체로 더 똑똑하다는 뜻인데, 이는 경험적 사실로 증명되었다.

더욱이 존슨은 주식시장과 같은 복잡계에서 전문가가 되려면 두 가지 핵심 특성을 지녀야 한다고 주장했다. 첫째, 머릿속으로 '시뮬레이션'을 실시해 여러 전략을 구상하고 선택할 수 있어야 한다.[6] 전설적 헤지펀드 매니저인 조지 소로스에 대한 다음 묘사에서도 이 점이 잘 드러난다.

15년 동안 소로스의 측근으로 일한 게리 글래드스타인(Gary Gladstein)은 상사였던 소로스를 신비한 마법사로 묘사했다. 즉, 그가 전 세계의 자금과 신용 흐름을 한눈에 파악하는 능력을 지녔다고 했다. "소로스는 전 세계를 거시적으로 파악합니다. 그는 모든 정보를 모아 소화하고, 자신의 의견을 곁들여 어디까지 걸러내 활용할지 판단할 줄 압니다. 차트를 보기도 하지만 다루는 정보 대부분은 말로 표현된 것이지, 통계적 수치가 아닙니다."[7]

아울러 우리는 다양한 곳에서 정보를 획득해야 한다. 시뮬레이션 능력은 타고나기 때문에 한계가 있지만(물론 어느 정도는 향상시킬 수 있지만) 다양한 아이디어를 구하는 것은 얼마든지 가능하다.

심리학자인 도널드 캠벨(Donald Campbell)은 창조적 사고는 '맹목적 변화와 선택적 억제'의 과정이라고 비슷하게 표현했다. 다시 말해, 창조적 사상가들은 아이디어의 다양성을 추구하지만 현재 주어진 목표에 유용한 것만 선택한다.

다양한 생각을 받아들이면 존슨이 말한 '미약한 신호(weak signals)'를 잘 찾아낼 수 있다. 미약한 신호는 (새로운 기술이나 개발 같은) 지배적 흐름에서 벗어난 새로운 흐름의 시작일 수도 있고, 예상치 않은 곳에서 제때 나오는 적절한 정보일 수 있다. 실제로 최근 연구에 따르면, 비공식적 학습이 조직 내부에 필요한 지식의 70%를 충족하는 것으로 나타났다.[8] 유용한 아이디어가 어디 있는지 찾아내는 것 자체가 매우 어려운 경우가 많다. 정보 자료가 다양하면 유용한 아이디어를 찾는 일도 그만큼 개선할 수 있다는 증거는 많다.

통섭과 투자

창의력과 투자

메릴린치 인베스트먼트 매니저스(Merrill Lynch Investment Managers)의
전 회장인 아서 지켈(Arthur Zeikel)은 투자 실적을 높이려면 회사의 핵
심 인력이 창조적이어야 한다고 강조했다.[9] 그가 말한 창조적인 사람
은 다음과 같다.

- 지적 호기심이 많다.
- 유연하며 새로운 정보에 개방적이다.
- 문제를 인지하고, 명확하고 정확하게 규정할 수 있다.
- 다양한 방법으로 정보를 취합해 해결책을 찾아낼 수 있다.
- 탈권위주의적이며, 기존 방식을 고집하지 않는다.
- 정신적으로 활동적이고 열정적이며, 의욕이 넘친다.
- 지적 능력이 뛰어나다.
- 목표 지향적이다.

다양성은 많은 자연적 인지 과정의 연료다. 투자 접근 방식이 편협
하거나 정보 자료가 너무 적으면 다양성의 힘을 간과할 위험에 빠질
수 있다. 물론 다양한 생각을 즐기면 불필요한 정보들을 걸러내야 한
다는 단점도 있다. 하지만 사려 깊은 투자자들이 다양한 관점에서 접
근한다면 투자 실적을 개선할 수 있고 인생도 풍요롭게 만들 수 있다.

허니에서 머니까지

집단의 지혜와 변덕

꿀벌 무리의 행동 중 가장 흥미로운 부분은 중앙집권적 통제 없이도 수만 마리가 조화롭게 행동하는 능력을 보이는 점이다. 꿀벌 무리의 응집력은 자연선택 과정에서 나타난 분권적 통제 메커니즘에 기인한다. 이는 자연계 및 인간의 경쟁적 시장경제에서 질서를 만들어내는 과정과 비슷하다.

– 토머스 실리(Thomas D. Seeley), 《The Wisdom of the Hive(벌 떼의 지혜)》

의사결정 시장은 여러 개인에게 알려진 정보를 공통 자원으로 모으는데, 뉴스 매체, 상호 검토, 심리, 여론 조사 등을 수행하는 일반적인 정보 통합 기관보다 많은 점에서 유리하다. 투기적 시장은 분권화되어 있고 비교적 평등하다. 게다가 우리가 던지는 질문에 직접적이고 간결하며 시의적절하고도 정확한 예측으로 답하기도 한다.

– 로빈 헨슨(Robin D. Henson), 《Decision Markets(의사결정 시장)》

똑똑한 개미

코넬 대학의 생물학자 토머스 실리(Thomas Seeley)는 뛰어난 책《The Wisdom of the Hive(벌 떼의 지혜)》에서, 벌집으로 돌아온 꿀벌이 동료 벌들에게 먹이의 위치를 알려주기 위해 간단한 춤을 춘다고 주장했다. 놀라운 점은 춤을 추는 시간이 정찰 지역에서 발견한 먹이의 양뿐 아니라 꿀벌 집단에게 필요한 먹이의 양도 반영한다는 사실이다. 즉, 통신을 위한 꿀벌의 춤은 집단의 기회와 필요를 모두 고려하고 있다. 그 결과, 꿀벌 집단은 통제 수단 없이도 전반적인 자원 배분이 매우 적절하게 이루어진다.[1]

개미도 놀라운 군집행동을 보여준다. 개미 연구를 선도하는 데버러 고든(Deborah Gordon)은 개미들이 묘지를 거주지에서 가장 먼 곳에 둔다는 사실을 밝혀냈다. 더욱 재미있는 사실은 개미집과 묘지 양쪽 모두에서 최대한 먼 곳에 쓰레기를 쌓아둔다는 점이다.[2] 개미들은 의식하지 않고서도 자연스럽게 지적 역량을 보여주며 뛰어난 솜씨로 공간 문제를 해결했다.

벌과 개미 같은 사회성 곤충의 행동은 중앙집권적 통제가 없으며, 어느 누구도 가야 할 길을 지시하지 않는다는 점에서 놀랍다. 단순한 개별 행동의 집합이 복잡하고 적응성이 뛰어나 똑똑한 결과를 만들어 낸다. 이들은 효율적으로 먹이를 찾고 자손을 재생산하며 환경에 따라 행동을 바꿔나간다. 이처럼 분산된 개별 주체가 집단적으로 매우 어려운 문제를 풀어내며, 명령과 통제를 아주 선호하는 인간과는 반대로 해나가고 있다.

군집행동에 의존하는 세 가지 사례, 즉 사회성을 지닌 곤충, 의사결정 시장, 주식시장을 살펴볼 것이다. 아울러 시장이 작동하는 원리를 더 잘 이해하기 위해 이들의 공통점과 차이점도 비교한다. 결론적으로 집단은 환경을 아주 효율적으로 지배하지만, 이들 시스템 사이에는 상당한 차이가 있다.

방문판매원들이여, 개미를 본받으라

토머스 실리는 꿀벌 무리의 행동을 자세히 묘사한 후 이 무리의 주요 조직적 특성을 요약했다. 이 특성을 살펴보면서, 자원배분을 얼마나 최적화하고 있는지 생각해보고 시장과의 유사성도 고민해보자. 꿀벌 무리의 주요 특성은 다음과 같다.[3]

1. 일시적 전문화를 바탕으로 일을 나눈다.
2. 일벌 사이에 물리적 연관성이 없다.
3. 정보 흐름의 경로가 다양하다.
4. 의사소통이 매우 경제적이다.
5. 네거티브 피드백을 한다.
6. 중앙 통제 없이 조정하는 능력이 있다.

꿀벌과 개미의 움직임이 매혹적이다. 우리 인간은 이들에게서 무엇을 배울 수 있을까? 연역적으로 해결하기 어려운 일련의 문제들을 풀어나가는 방법에 대해 유용한 통찰을 얻을 수 있다.

대표적 사례는 유명한 방문판매원 문제인데, 연구자들은 이를 조합 최적화에 대한 대표 사례로 여긴다. 목표는 도시와 도시를 이동하는 세일즈맨을 위해 이동 거리 최단 경로를 산출하는 것이다. 과학자들은 개미의 정찰 방식에 바탕을 둔 알고리즘이 표준적 접근 방식만큼 또는 더 좋은 결과를 낳는다는 사실을 보여주었다.[4]

수수께끼 같은 의사결정 시장

사회성을 지닌 곤충을 통해 배울 수 있는 교훈 하나는 때로는 전체가 부분의 합보다 더 위대하다는 사실이다. 우리 인간은 종종 의약, 정치, 금융, 공공 정책 등 거의 모든 분야에서 전문가들에게 의존한다. 전문가들은 과연 우리에게 최선의 답을 주는가? 그렇지 않다면 많은 개인의 지식을 종합적으로 활용할 방법이 있을까?

최근 의사결정 시장이 부상하고 있다. 각자 관심 있는 문제의 결과에 돈을 걸고, 예측의 옳고 그름에 따라 돈을 따거나 잃는 시장이다. 이런 의사결정 시장은 묘하게도 정확하다고 밝혀졌는데, 사회성을 지닌 곤충 집단처럼 분산 지능이 성패를 좌우된다.

가장 잘 알려진 의사결정 시장은 1988년에 설립된 아이오와 전자 시장(Iowa Electronic Markets, IEM)이다.[5] IEM에서는 선거에 출마한 개별 후보자들의 득표율에 베팅하는 것을 허용한다. 이 시장의 기록은 부러울 정도다. 즉, 네 번의 대통령 선거에서 75% 확률로 IEM 시장가격이

(약 600회의) 선거 여론조사 결과보다 예측력이 더 높았다. IEM은 다른 시장도 주관한다.[6]

의사결정 시장은 정치권을 훨씬 넘어 다양한 분야로 확산되었다. 영화 개봉 첫 주 박스오피스 결과를 알고 싶은가? 할리우드 증권거래소를 확인해보면 이곳 트레이더들이 영화계 권위자보다 늘 더 정확했다. 이 시장은 아카데미상 후보를 예상하는 데도 탁월했으며, 현재는 〈아메리간 아이돌(American Idol)〉 프로그램에 출연한 스타 후보들을 놓고도 내기한다.[7]

유동성이 가장 큰 시장 중 하나는 벳페어(BetFair)인데, 이는 스포츠에서 정치, 주식시장에 이르기까지 모든 것에 내기를 허용한다. 투자자들은 수많은 영역 중 특정 분야의 결과에 대한 구체적인 시장 평가를 보고 돈을 걸 수 있다.[8]

의사결정 시장이 이렇게 호황을 누리는 이유는 무엇일까? 첫째, 이 시장의 참여자들은 자신만의 장점이 있다고 생각하기 때문에 스스로 결정하며 시장에 참가한다. 둘째, 이 시장의 거래자들은 옳은 선택에 대해 보상을 받는다. 통찰력이 떨어지는 거래자들에게서 돈을 따는 것이다. 셋째, 이 시장은 유용한 피드백으로 연속적인 실시간 예측치를 제공한다. 그 결과 의사결정 시장은 여러 거래자들에게서 정보를 수집해 어려운 문제를 개인보다 더 효율적으로 풀 수 있다.

주식시장은 최후의 벌 떼인가?

주식시장은 사회성을 지닌 곤충 집단 및 의사결정 시장과 많은 면에서 비슷하다. 시장은 수많은 개인 투자자의 상호 작용으로 탄생했다. 우리는 곤충 집단과 의사결정 시장 모두 문제를 효율적으로 해결한다는 사실을 파악했다. 이들 시스템의 작동 원리를 더 잘 파악하기 위해서는 유사점만큼이나 차이점도 살펴볼 필요가 있다.

벌 떼와 주식시장의 가장 큰 차이점은 보상 체계와 가격의 역할인 듯하다. 꿀벌 집단에서는 꿀벌이 자신이 아니라 집단 전체의 이익 극대화를 위해 행동한다(진화의 결과라 할 수 있겠다). 시장의 모든 거래자는 자신의 효용 극대화를 추구한다. 이 차이 때문에 시장보다는 꿀벌 집단이 더욱 탄탄한 것인지도 모른다. 꿀벌 집단은 시장을 취약하게 하는 포지티브 피드백에 민감하지 않기 때문이다.

더욱이 벌 떼에는 가격이 존재하지 않는다. 가격은 개인들의 자원배분 결정의 준거를 제공한다는 점에서, 자유 시장경제 시스템에 아주 중요하다. 꿀벌은 춤을 통해 정보를 제공하지만, 가격은 시장에서 투자자들에게 정보 제공 차원을 뛰어넘는 영향을 끼친다. 때때로 투자자들에게 불건전한 모방 행위를 유발하기도 한다.

의사결정 시장은 시간이 한정되고 결과가 명백하다는 점에서 주식시장과 많이 다르다. 이 같은 특수성은 결과의 범위를 한정해서 투기적 모방을 효과적으로 차단한다. 다시 말해, 모멘텀 전략이 작동하지 않는다. 더 나아가 주식시장에서는 주가가 기업의 펀더멘털 전망에 영향을 줄 수 있다.[9] 의사결정 시장에서는 결과와 시장이 서로 독립적이다.

군중의 영리함

투자자들은 앞의 논의에서 몇 가지 교훈을 얻을 수 있다. 첫째, 분권적인 시스템은 한정된 지식을 이용할지라도 복잡한 문제를 해결하는 데 매우 효율적이다. 집합적 지혜를 활용하려는 저렴한 방법들이 개발됨에 따라 분산 지능의 중요성은 더욱 커질 것이다.[10]

나음으로, 우리는 분권적 문제 해결 시스템들을 하나로 뭉뚱그려 말하지만 이들 사이에는 중요한 차이가 존재하며, 그에 따라 시스템의 실적도 크게 달라진다. 예를 들어 주가는 투자자들이 이질적일 때 효율적인 경향이 있다. 그러나 이질성이 폭넓지 않고 투자자들의 실수가 많이 다르지 않을 때는 시장이 과열 국면에 이를 수 있다.[11] 주식시장은 꿀벌 집단과 의사결정 시장보다 더 쉽게 과열된다.

분권화된 시스템은 대체로 탄탄하다. 시장이 가끔은 너무 많이 오르거나 내리지만 변화에 잘 적응한다. 이는 배분의 효율성이 투자자 개개인의 합리적 행위가 아니라 시장 구조 자체에서 나옴을 암시한다. 시장이 아주 똑똑한 것은 부분적 정보들이 모아졌기 때문이다. 효율적으로 작동하는 시장에서 초과수익을 올리기 어려운 이유가 이것이다.

여론

집단의 힘을 문제 해결과 예측에 활용하기

지식이 완전하지 않은 개인들이 상호 작용을 함으로써 해답을 찾는 과정을 밝혀내야 한다. 모든 지식이 한 사람에게 주어졌다고 가정하는 것은, 경제학자들이 그들의 이론에서 문제 될 만한 것은 제외하고 세상에서 중요하고 의미 있는 모든 것들을 무시하는 것과 같다.

– 프리드리히 하이에크(Friedrich Hayek), 《The Use of Knowledge in Society(사회의 지식 활용)》

반드시 전문가가 아니더라도 트레이더들의 집합적 판단이 놀랍도록 정확한 경우가 종종 있다. 다양한 정보가 모일 때 시장이 효율적이 되기 때문이다. 그리고 '예측하기 위해 어떤 시장을 이용할 것인가?'는 큰 문제가 아닌 것 같다.

– 제임스 서로위키(James Surowiecki), 《Damn the Slam PAM Plan!(PAM 계획을 버려라!)》

군중의 정확성

군집행동이 바람직한 결과를 가져온다고 생각하는 투자자는 많지 않다. 찰스 맥케이의 고전《대중의 미망과 광기(Extraordinary Popular Delusions and the Madness of Crowds)》에 대해, 아마존에는 '대중의 광기와 혼란에는 한계가 없고 임계점도 없다'라는 평이 올라와 있다. 중요한 문제에 다양성을 띠는 집단으로서는 만족스러운 해답을 찾아내기 어려워 보인다.

하지만 최근 사회과학자들은 시장의 정보 취합 능력을 인정하기 시작했다. 이 능력에 대한 인식과 인터넷의 연결성이 결합해, 답하기 어려운 질문의 답을 찾고, 복잡한 문제를 해결하고, 예측을 개선하는 길을 열었다.

물론 주식시장이 만병통치약은 아니다. 투자자들의 행동이 연관되면서 시장이 주기적으로 과열되기도 했다는 데는 이의가 없다. 그렇지만 투자자와 경영진 대부분은 시장이 어떻게, 그리고 왜 정확한 답을 찾아내는 데 뛰어난지 알지 못한다.

집합적이라고 해서 모두 뛰어난 것은 아니다. 특정 지식을 보유한 전문가 개인이 더 나은 해답을 찾을 수 있는 문제도 있다. 또 다른 경우에는 집단이 정보를 취합해 집합적으로 판단하면 어떤 개인보다도 훌륭하게 해답을 찾거나 결과를 예측하기도 한다.

투자자들은 두 가지 이유로 군중의 정확성에 주목해야 한다. 첫째, 효율적인 시장은 정보의 취합을 통해 이루어진다는 점이다. 여기서 효율성이란 한 개인이 시장을 체계적으로 활용해 초과수익을 만들어낼 수 없는 상태로 정의된다. 둘째, 집단에 내재된 정보를 이용하는 기업들은 경쟁우위를 점할 수 있다. 집단지성을 활용하려는 일부 기업을 설명하겠다.

건초 더미에서 바늘 찾기

2003년 발간된 〈맥킨지 쿼털리(McKinsey Quarterly)〉는 특정 단백질의 전문가를 찾던 생명공학회사 임원의 경험담으로 시작된다. 몇 주 동안 수소문했지만 사내에서는 그 분야의 전문가를 찾을 수 없었다. 사흘 뒤 동료에게 그 이야기를 하고 있었는데, 엘리베이터에 동승했던 여직원이 말했다. "제가 단백질을 주제로 박사 논문을 썼는데 무엇을 도와드릴까요?"[1]

오늘날 지식 기반 경제에서는 특정 주제의 해답을 찾는 데 들어가는 비용 문제가 점점 더 중요해지고 있다. 일례로 제약 산업에서는 연구개발 투자가 매출에서 차지하는 비중이 지난 20년 동안 거의 두 배로 늘었다. 신약을 개발해 FDA 승인을 거쳐 시장에 내놓기까지 대략 8억 달러가 들어간다.

R&D 비중이 큰 기업에는 난제를 해결할 사내 전문가를 확보할 수 있는지가 관건이다. 제약회사에서 사내뿐 아니라 세계의 모든 과학자들에게 난제에 대한 해답을 공모한다면 비용과 위험 부담을 줄이면서 더 빠르게 문제를 해결할 수 있을까?

2001년 중반, 엘리릴리(Eli Lilly)는 이런 수요에 부응해 이노센티브

(www.innocentive.com)를 출범했다. 2006년 현재 이노센티브에 '난제에 대한 해답을 공모한' 회원사는 거의 40개에 이르고 '응모'한 과학자는 9만 5,000명에 달한다. 회원사는 소정의 회비를 납부하고 난제의 해답을 공모하면서 보상도 제시한다. 응모자 중 절반은 미국 밖에 존재하는 세계 도처에 있는 과학자들이다.

이노센티브를 많이 활용할까? 단언하기는 이르지만 초기 성과로 볼 때 고무적이다. 일례로 프록터 앤드 갬블은 2002년 R&D 비용으로만 17억 달러를 썼고, 박사 1,200명을 포함해 R&D 인력 약 9,500명을 보유하고 있다. R&D 본부장 래리 휴스턴(Larry Huston)에 따르면 "사내에서 풀 수 없는 난제들이 있기" 때문에 이노센티브를 활용한다. 이 회사는 이노센티브에서 초창기 공모했던 연구 과제 중 당초 목표인 3분의 1을 상회하는 약 45%에서 해답을 찾을 수 있었다.

프록터 앤드 갬블의 이러한 성공에 비추어 볼 때, 과제를 해결하는 데 다양한 그룹이 얼마나 중요한지 알 수 있다. 래리 휴스턴은 다음과 같이 덧붙였다. "당사의 첫 번째 문제는 퇴근 후에 화학을 연구하는 노스캐롤라이나 특허변호사가 해결했습니다. 그가 연구하는 동안 아내는 연애소설을 읽는다고 하더군요. 두 번째는 스페인의 대학원생이, 세 번째는 인도 방갈로르 연구원이, 네 번째는 프리랜서 약사가 해결했습니다."[2]

이렇게 문제와 해답을 연결하는 시스템은 다른 분야에도 유용할 것으로 보인다. 지적재산권, 내부 정보 또는 경쟁 정보의 유출과 같은 실질적 제약에도 불구하고, 이노센티브는 다양한 건초 더미에서 아이디어의 바늘을 찾아내는 커다란 발전 모형으로 볼 수 있다.[3]

여론으로 황소의 무게를 재다

집단이 참여하는 시장을 조성하는 것도 정보를 취합하고 문제를 해결하는 또 다른 유력한 방법이다. 문제와 해답을 일대일로 연결하는 것과는 별개로, 개인보다는 집단을 통해 문제를 해결하는 편이 낫다. 개인이 전문가인 경우에도 이 사실은 변함없다.

빅토리아 시대의 박식가인 프랜시스 골턴(Francis Galton)은 집합적 문제 해결 능력에 대해 일찍이 통찰력 있는 논문을 발표했다. 그는 1907년 〈네이처(Nature)〉에 '여론(Vox Populi)'이라는 제목으로 게재한 논문에서, 플리머스의 웨스트 잉글랜드 가축 및 가금류 전시장에서 있었던 황소 무게 알아맞히기 대회를 언급했다. 장난 참가를 방지하려고 참가비를 6페니씩 받으며 787명을 모집했는데, 전문가로 볼 수 있는 도축업자와 농부도 더러 있었다. 그 외 대다수는 '얻어들은 정보'나 '자의적 기준'으로 무게를 짐작할 것 같았다.

골턴은 예상치의 평균은 물론이고 여론에 해당하는 예상치의 중간값을 계산했다. 그는 이 중간값과 실제 값의 차이가 0.8% 이내라는 사실을 발견했고, 평균과의 오차는 0.01% 이내였다. 어떻게 해답이 나왔는지 보여주기 위해 골턴은 참가자들이 내놓은 예상치의 전체 분포도를 공개했다. 간단히 말해, 잘못된 추정치들이 상쇄되면서 정제된 정보가 만들어진 것이다.[4]

이후에도 우리는 여론이 정확한 결과를 도출한 경우를 여러 차례 볼 수 있었다. 복잡한 미로를 탈출하거나, 항아리 속의 젤리 수를 맞히거나, 잃어버린 폭탄을 찾는 것 등이 그 예다.[5] 정보 수집은 모든 경우에 집단적인 메커니즘, 정확하게 답했을 때의 보상, 집단의 이질성 등이 필요했다.

여론으로 프린터 매출액 예상하기

앞 사례는 개인들의 집합으로 황소의 무게, 젤리의 수, 폭탄의 위치와 같은 특정 상태를 알아맞힌 것이지, 미래의 상태를 예측한 것은 아니었다. 현재의 추정치로 미래 수치를 예측할 수 있을까?

결론부터 말하면, 여론은 미래를 예측하는 데도 매우 훌륭하다는 사실을 보여주는 명백한 증거가 있다. 휴렛팩커드(Hewlett-Packard)의 과학자들은 작은 집단이라도 개인보다 결과를 예측하는 능력이 더 뛰어나다는 사실을 보여주었다. 휴렛팩커드가 프린터 매출을 예측하기 위해 구성한 작은 내부 그룹이 회사의 공식 전망보다 더 정확하게 매출액을 예상했다.[6]

실제 세계에서는 어떤가?

이렇게 집단지성은 문제 해답을 원하는 회원사와 해답 응모자를 연결할 뿐 아니라, 현재와 미래의 상태를 예측하는 데도 능란하다는 것이 증명됐다. 이러한 장점들이 주식시장에 어떻게 적용될 수 있을까?

주식시장은 지금까지 내가 설명한 시장들과는 다르다. 그곳에는 정답이 없기 때문이다. 주식에는 특정한 시간 제약이나 가격 제한이 없다. (예외는 기업이 인수되는 것에 동의했을 때인데, 이 경우 주가는 매우 정확하게 절대가치를 반영하는 경향이 있다.) 그 결과 주식 투자자들은 뇌동 매매에 노출되기 쉽다. 투자자들은 더 높은 가격을 지불할 의사가 있는 사람에게 주식을 매각함으로써 초과수익을 얻을 수 있기 때문이다. 다시 말하면, 정보를 취합하는 데 필요한 세 가지 조건 중 하나 또는 그 이상, 즉 집단의 이질성이 침해된다.

그러나 나는 대중의 미망과 광기는 정상적 상태가 아니라 예외적 상태라고 주장하고 싶다. 시장이 효율적인 이유를 아는 투자자들은 시장이 비효율적인 이유도 간파하게 될 것이다. 더욱이 여론, 즉 집단적 지식을 잘 활용해 좋은 기업을 찾아내는 능력이 있는 투자자라면 이미 한발 앞서 나가는 사람이라 하겠다.

두 세계의 꼬리

두꺼운 꼬리와 투자

빅터 니더호퍼는 시장을 카지노라고 생각했다. 시장에서 사람들이 도박꾼처럼 행동하기 때문에, 도박을 연구하면 이들의 행동을 이해할 수 있다고 생각했다. 그는 자신의 이론을 바탕으로 투자해 주기적으로 작은 수입을 챙겼다. 그런데 그의 접근 방식에는 한 가지 문제가 있었다. 거대한 파고가 밀려오면 엄청난 타격을 받을 수 있었다. 적절한 위기 관리 대책이 없기 때문이다.

- 조지 소로스(George Soros), 《소로스가 말하는 소로스(Soros on Soros)》

나는 대략 200만 건을 거래했는데, 계약당 평균 수익은 70달러였다. 이런 수익은 무작위적 수익분포에서 700표준편차쯤 되는 것이다. 이는 자동차 폐차 더미에서 필요한 부품들이 저절로 조립되어 맥도날드 식당으로 변하는 것과 같은 수준의 확률이다.

- 빅터 니더호퍼(Victor Niederhoffer), 《어느 투기꾼의 교훈(The Education of a Speculator)》

수요일, 빅터 니더호퍼는 사흘간의 주가 급락과 연초 태국 증시에서 입은 손실로 인해 펀드 자산 대부분이 지난 월요일에 모두 사라져버렸다고, 자신이 운용하는 세 개의 헤지펀드 투자자들에게 발표했다.

- 데이비드 헨리(David Henry), 〈USA 투데이〉, 1997년 10월 30일

현실 세계에서는 '평균'과 '중간' 못지않게 분포의 '꼬리'에서 결정되는 일이 많다. 평균이 아니라 예외적인 상황에서, 점진적이 아니라 돌발적으로, 중산층이 아니라 엄청난 부자들에 의해 세상은 움직인다. 우리는 '평균적'인 생각에 얽매이지 말아야 한다.

- 필립 앤더슨(Philip Anderson), 노벨 물리학상 수상자, "경제학의 분포에 대한 몇 가지 생각 (Some Thoughts about Distribution in Economics)"

경험과 노출

2001년 주주서한에서 버핏은 경험(experience)과 노출(exposure)의 차이를 설명했다. 버크셔 해서웨이의 보험사업에 대한 내용이지만, 확률 관련 모든 분야에서 되새겨볼 만한 가치가 있다. 경험은 과거를 돌아보고, 과거 사건에 근거해 미래의 발생 확률을 짐작하게 해준다. 반면에 노출은 발생 가능성이 있는 잠재 위험을 대비하게 해준다. 버핏은 2001년 보험업계가 보험료가 아니라 테러라는 거대 위험에 대해서만 고민했다고 주장했다. 이는 위험에 얼마나 노출되었는지가 아니라 경험에만 초점을 맞췄기 때문이었다.

투자자들도 경험과 노출을 분별해야만 한다. 롱텀캐피털 매니지먼트와 빅터 니더호퍼(Victor Niederhoffer)의 참담한 실패 사례를 통해 이 점을 분명하게 알 수 있다. 놀랍게도 표준적 금융 이론은 극단적 사건을 제대로 다루지 못한다. 학자들은 대체로 주가가 무작위로 변동한다고 가정한다. 마치 꽃가루가 물속에서 이리저리 떠다니는 것과 같다.[1]

경험적 결과를 분석하는 것보다 모형으로 만들면 편리하다. 금융 이론에서는 대체로 가격 변동은 균등 분포하는 독립 변수로, 수익률은 정규분포로 가정하는데, 분포의 평균과 분산으로 확률을 구해 가격 변동을 예측하는 데 도움이 된다. 이런 방식이 대개는 잘 들어맞아 다행이지만, 물리학자 필립 앤더슨(Philip Anderson)의 지적처럼 분포의 꼬리 부분에서 세상을 뒤흔드는 격변이 일어나곤 한다.

꼬리 이야기

　정규분포는 금융 이론의 핵심 개념이다. 무작위적 가격 변동, 자본 자산 가격 결정, 최대예상손실액(Value at Risk, VaR) 산출, 블랙-숄즈 모형 모두 정규분포를 기본적으로 가정한다. 일례로 VaR 모형에서는 주어진 확률에서 포트폴리오가 입을 수 있는 손실 최대치를 계산하는데, 표준편차로 위험을 측정한다. 주어진 정규분포에서 표준편차를 구하는 방법은 간단하지만, 가격 변동이 정규분포를 따르지 않을 때는 위험을 나타내는 지표로 표준편차가 매우 부적절할 수 있다.[2]

　1960년대 초반에도 주가 변동이 정규분포를 따르지 않는다는 연구 결과가 존재한다. 그림 31.1은 1978년 1월 1일~2007년 3월 30일 S&P500 지수의 수익률(일) 분포이며, 점선은 정규분포다. 그림 31.2는 수익률(일) 분포와 정규분포의 차이다. 다른 자산, 다른 시계열로 분석해도 결과는 비슷하다.[3] 이 그림들은 다음 내용을 보여준다.

- 정규분포보다 작은 가격 변동이 더 자주 나타난다.
- 대략 0.5~2표준편차의 중간 크기 가격 변동은 정규분포보다 훨씬 빈도가 적다.
- 분포곡선의 꼬리 부분이 정규분포보다 두껍다. 예상치 못한 대형 가격 변동이 생각보다 자주 발생한다는 뜻이다.

　특히 두꺼운 꼬리 부분에 주목하면, 극단적인 가격 변동이 정규분포보다 훨씬 자주 발생하기 때문에 실질 수익률, 특히 레버리지를 이용

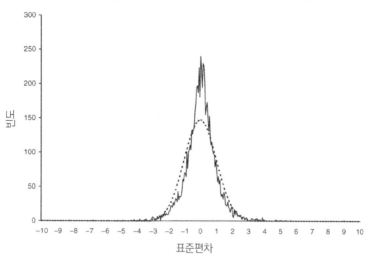

그림 31.1 S&P500 지수 수익률(일) 분포(1978년 1월~2007년 3월)

자료: FactSet, 저자의 분석

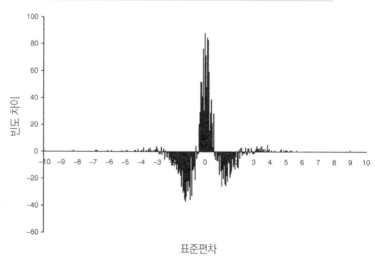

그림 31.2 정규분포와 실제 수익률의 빈도 차이(1978년 1월~2007년 3월)

자료: FactSet, 저자의 분석

한 포트폴리오의 수익률에 큰 영향을 미친다. 예컨대 1987년 10월 주가 대폭락 당시 S&P500 지수가 20% 이상 급락했는데, 이런 일은 20 표준편차 밖에서나 벌어지는 매우 희귀한 사건이었다. 로저 로웬스타인(Roger Lowenstein)은 다음과 같이 설명했다.

경제학자들은 우주 탄생 시점으로 거슬러 올라가 시장의 과거 변동성을 계산해도 하루에 그처럼 하락할 확률은 매우 낮다고 보았지요. 실제로 우주 탄생이 '10억 번' 반복되어도 그와 같은 대폭락은 이론상 '일어나기 힘든' 사건입니다.[4]

수많은 자잘한 사건과 드물지만 엄청난 사건이라는 패턴이 자산 가격에서만 발생하는 것은 아니다. 이를 '자기 조직 임계 현상(self-organized criticality)'이라 한다. 자기 조직에서는 리더십 없이 개별 행위주체(일례로 투자자)가 상호 작용을 통해 결과를 만들어낸다. 임계 상황이란 작은 변동이 다양한 유형의 사건으로 발전할 수 있는 상태다. 자기 조직 임계 현상은 지진, 멸종, 교통 체증 등에서 볼 수 있다.[5]

이런 돌발 사건을 메커니즘으로 설명해보자. 앞서 말했듯이 시장은 충분히 다양한 투자자들이 상호 작용할 때 제대로 기능하는 경향이 있다.[6] 반대로 다양성이 깨지면 시장은 취약해지고 투자자들은 비슷하게 행동하게 된다. 이런 결과는 몇몇 투자자가 시장을 떠나면서 나타나기도 한다. 일례로 군집행동은 많은 투자자가 자신의 지식과는 무관하게 남의 행동을 보고 똑같은 결정을 내리는 것이다. 정보의 홍수도 자기 조직 임계 현상의 좋은 사례로, 군집행동과 밀접한 관련이 있다.[7]

두꺼운 꼬리가 투자자들에게 의미하는 것

가격 급변이 예상보다 더 자주 발생한다는 사실은 현실적으로 투자자들에게 몇 가지 중요한 의미가 있다.

- **원인과 결과에 대한 사고:** 자기 조직 임계 현상에서는 결과의 크기가 변동의 크기에 선형으로 비례하지 않는다. 때로는 작은 자극으로 엄청나게 큰 결과를 만들어내기도 한다. 그러면 결과에 합당한 그럴듯한 이유를 찾기 어려워진다.
- **위험과 보상:** 자본자산 가격결정 모형은 위험과 보상 사이에 선형 관계가 있다고 가정한다. 그러나 주식시장과 같은 자기 조직 임계 시스템에서는 보상이 위험에 선형으로 비례하지 않는다. 금융 이론은 실제 시장 데이터를 표준화한 것에 불과하다는 사실을 투자자는 명심해야 한다. 5표준편차 이상인 사건을 학계와 업계에서 그리 자주 언급하는 것만 보더라도 통계적 방법으로 시장을 적절하게 설명하지 못한다는 사실을 알 수 있다.
- **포트폴리오 구성:** 통계 기법으로 포트폴리오를 구성하면 위험(경험과 노출의 차이)을 과소평가하기 쉽다. 수익을 증폭할 목적으로 레버리지를 이용하는 포트폴리오라면 특히 그렇다. 헤지펀드업계의 참담한 실패는 대부분 두꺼운 꼬리에서 발생했다. 포트폴리오를 구성할 때 이런 사건들을 감안해야 한다.

두꺼운 꼬리의 세계를 효과적으로 항해하려면 우선 기초자산의 현재가치를 측정해야 한다. 그런 다음 시나리오별로 발생 확률과 가치의 변동 폭을 예상한다. 이 과정을 통해 잠재적 돌발 사건, 즉 두꺼운 꼬리에서 벌어질 사건에 어느 정도 가중치를 줄 수 있다.[8]

표준화된 금융 이론은 시장을 이해하는 데 도움이 되지만, 비현실적인 가정도 더러 있다. 그래서 이론과 실제의 차이를 감안해 포트폴리오를 구성해야 한다.

두꺼운 꼬리의 비밀

상트페테르부르크의 역설에서 얻을 수 있는 두 가지 교훈

포트폴리오를 구성하면 위험이 축소된다는 이론에는 이해하기 어렵고 근거도 부족한 많은 가정이 존재한다. 첫째로 종목별 가격 변동이 서로 독립적으로 발생한다는 것이다. 둘째는 수익률은 정규분포라는 것이다. 실제로 시장이 그럴까? 물론 아니다.

– 브누아 망델브로(Benoit B. Mandelbrot),

"월가의 멀티 프랙털 현상(A Multifractal Walk down Wall Street)"

전 세계의 위대한 지성인들이 페테르부르크 문제를 풀려고 200년 이상 도전했는데도 통일된 보편적인 해답을 찾지 못했다. 그러므로 성장주에 대해서도 만족스러운 해답을 찾을 것이라 기대하기 어렵다.

– 데이비드 듀런드(David Durand),

"성장주와 페테르부르크의 역설(Growth Stocks and the Petersburg Paradox)"

베르누이의 도전

어떤 재무적 권리의 가치를 평가하는 능력이야말로 투자의 핵심이라고 할 수 있다. 미래 현금흐름의 현재가치가 시장에서 거래되기 때문이다.

일례로 현금흐름에 대한 가치평가를 생각해보자. 여러분은 동전 던지기 게임을 하고 있다. 앞면이 나오면 2달러를 받고 게임이 끝난다. 뒷면이 나오면 동전을 한 번 더 던질 수 있다. 두 번째 던진 동전이 앞면이면 4달러를 받고 게임이 끝나고, 뒷면이면 게임은 계속된다. 앞면이 나올 때 받는 상금은 게임이 진행될수록 2달러, 4달러, 8달러, 16달러로 두 배씩 늘어난다. 언젠가 앞면이 나오면 게임이 끝난다. 당신은 게임 참가비로 얼마를 걸겠는가?

위 사례는 유명 수학자 가문의 니콜라스 베르누이(Nicolaus Bernoulli) I세가 1713년 상트페테르부르크에서 제기하고, 사촌 형제인 다니엘 베르누이가 1738년에 러시아 왕립과학아카데미(Russian Imperial Academy of Sciences)에서 해답을 시도한 문제다.[1] 이 문제는 기존 확률 이론에 도전장을 냈기 때문에 '상트페테르부르크의 역설'이라고 불린다. 게임 참가자가 기댓값에 상응하는 비용을 지불한다는 것이 기존의 확률 이론이다. 이 게임에서는 앞면이 나올 $1/2^n$의 확률에 2^n을 곱해서 보상을 받게 된다. 즉 $1/2 \times 2$달러, $1/4 \times 4$달러, $1/8 \times 8$달러로 계속 이어지기 때문에, 게임마다 상금의 기댓값은 1달러가 된다. 따라서 이 게임의 전체 기댓값은 $1+1+1+1+\cdots$ = 무한대가 된다.

하지만 게임 참가비가 20달러라고 해도, 일찍 끝나면 손해를 보기 때문에 이 게임을 하려는 사람은 거의 없을 것이다. 다니엘 베르누이는 이 문제를 돈의 한계효용으로 설명하려 했다. 즉, 재력이 클수록 참가비에 부담을 느끼지 않을 것이라고 주장했다. 하지만 만족스러운 해답은 아니다. 수많은 철학자, 수학자, 경제학자 들이 상트페테르부르크 역설을 풀려고 노력했지만, 지난 250년 동안 명쾌한 답은 나오지 않고 있다.[2]

철학적 논란은 논외로 하고, 상트페테르부르크의 역설을 통해 투자자들은 구체적인 아이디어 두 가지를 재조명할 수 있다. 첫째, 주식시장의 실제 수익률 분포는 표준화된 금융 이론의 가정과 일치하지 않는다. 이러한 차이는 위험관리, 시장 효율성, 종목 선정 등의 작업을 할 때 중요한 영향을 미친다.

둘째, 성장주의 가치를 평가할 때 유용한 아이디어를 제공한다. 대박이 날 가능성이 있지만 확률이 낮은 종목에는 얼마를 지불해야 할까? 전례 없이 기업의 흥망성쇠가 빠른 요즘, 이 문제는 점점 더 중요해지고 있다.

무엇이 정상인가?

펀드매니저에게 수익률의 분포는 실무적으로 매우 중요하다. 표준 재무 이론에서는 수익률이 정규분포를 따른다고 가정한다. 세상에는 정규분포에 부합하는 경우가 많아서 확률통계를 활용할 수 있다. 이때는 평균과 분산을 간단히 구할 수 있다.

하지만 인간이 만든 주식시장을 포함해 자연계의 많은 현상은 정규 분포를 따르지 않는다.[3] 수많은 자연계 시스템에는 두 가지 특징이 있다. 더 작은 조각들이 수없이 존재하고, 크기가 다른 조각들의 모양이 닮았다. 일례로 나무는 커다란 줄기 하나와 작은 가지 다수로 구성되고, 작은 가지는 더 작은 가지들로 이루어지며, 이 작은 가지들은 큰 가지와 비슷하게 생겼다. 이렇게 반복되는 시스템을 프랙털(fractal)이라 부른다. 정규분포와 달리 프랙털 시스템에는 평균이라는 통계 수치가 존재하지 않는다. 그림 32.1은 정규분포와 프랙털 시스템을 비교한 것으로, 확률함수도 보여준다. 프랙털 시스템은 파워 법칙을 따른다.[4]

그림 32.1 정규분포와 프랙털 시스템의 확률 밀도 함수

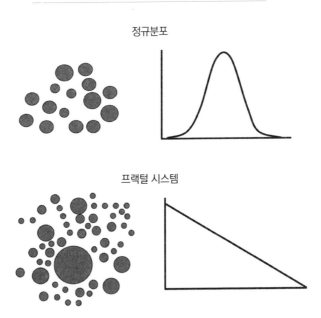

정규분포

프랙털 시스템

자료: Liebovitch and Scheurle, "Two Lessons from Fractals and Chaos."

금융시장 같은 프랙털 시스템에 정규분포 통계 기법을 적용하면 매우 위험하다. 그런데도 이론가와 실무자는 매일 이런 짓을 하고 있다[5]. 정규분포와 프랙털 시스템은 확률과 보상 면에서 전혀 다르다. 프랙털 시스템에는 정규분포의 외곽, 즉 두꺼운 꼬리에서 발생하는 초대형 희귀 사건들이 존재한다. 1987년에 일어난 주가 대폭락 사건이 대표적인 사례다. 당시 주가는 하루에 20% 이상 급락했는데, 이런 일이 일어날 확률은 너무나도 희박해서 사실상 0으로 볼 수 있다. 하지만 당시 손실액은 자그마치 2조 달러가 넘었다.

상트페테르부르크 게임과 일반적인 동전 던지기 게임을 비교하면 두 시스템의 차이를 분명하게 알 수 있다. 일반적인 동전 던지기 게임은 동전을 던져 앞면이 나오면 2달러를 받고, 뒷면이 나오면 상금이 없다. 이 게임의 기댓값은 1달러다. 이 금액이 기꺼이 지불할 수 있는 게임 참가비 수준이라고 볼 수 있다. 그림 32.2는 동전 100개를 동시에 던지는 방식으로 100만 번 게임하는 시뮬레이션에서 받을 수 있는 상금의 분포를 나타낸 것이다. 예상한 대로 정확한 정규분포 곡선을 얻었다[6].

그림 32.3은 상트페테르부르크 게임을 100만 번 할 때 받는 상금의 분포를 나타낸 것이다. 확률변수에 근거해 계산하면 결과는 파워 법칙을 따른다. 참가자 절반 정도는 상금 2달러를 받는다. 4분의 3은 4달러 이하를 받는다. 동전을 30번 던졌을 때 받을 수 있는 상금은 무려 11억 달러나 된다! 하지만 그 확률은 11억분의 1에 불과하다. 소형 사건 다수와 초대형 사건 소수의 조합이 프랙털 시스템의 특징이다. 이 게임을 장기적으로 하더라도 평균 상금을 정확하게 계산할 수 없다.

그림 32.2. 표준 동전 던지기 게임

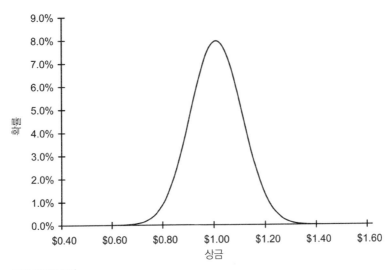

자료: 저자의 분석

그림 32.3. 프랙털 동전 던지기 게임

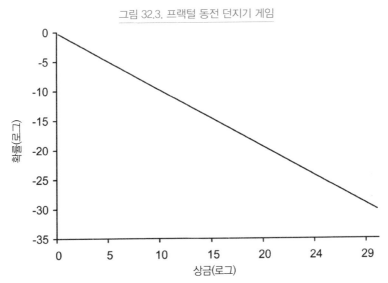

자료: 저자의 분석

통섭과 투자

주식시장의 수익률은 프랙털이 맞을까? 브누아 망델브로(Benoit B. Mandelbrot)는 시간 축을 확대하거나 축소하면, 즉 시간 눈금을 늘리거나 줄이면 수익률이 전형적인 프랙털이 된다는 사실을 보여주었다. 수익률은 작은 변동 다수와 함께 커다란 변동이 더러 나타났을 뿐 아니라, 시간 축의 눈금을 일간, 주간, 월간으로 늘리거나 줄여도 수익률 변동이 비슷하게 나타났다. 그는 금융시장의 시계열을 멀티 프랙털이라 불렀다. 시간 단위 조정 부분을 반영해 '멀티'를 덧붙인 것이다.

물리학자인 디디에 소네트(Didier Sornette)는 《Why Stock Markets Crash(주식시장이 붕괴하는 이유)》라는 중요하고 흥미로운 책에서 다음과 같이 주장했다. 주식시장의 수익률 분포는 상이한 두 부분으로 구성되어 있다. 표준 이론을 따르는 몸통과, 전혀 다른 메커니즘을 따르는 꼬리가 그것이다. 그는 시장 하락을 분석함으로써, 수익률이 독립적이라는 기존 금융 이론의 핵심 가정을 일축했다. 그는 새로운 관점으로 금융 이론의 단점을 분명하게 보여주었다.[7]

상트페테르부르크의 역설과 성장주 투자

상트페테르부르크의 역설은 성장주의 가치평가에도 중요한 통찰을 준다.[8] 어떤 기업이 대박 가능성은 있지만 확률이 낮은 사업을 하고 있다면 이 기업의 가치를 어떻게 평가하겠는가?[9]

데이비드 듀런드(David Durand)는 1957년 "성장주와 페테르부르크의 역설(Growth Stocks and the Petersburg Paradox)"이라는 논문에서 이 질문을

던졌다.[10] 그는 평균회귀적인 발상으로 모형을 만들 때 매우 주의해야 한다고 강조했다. 그가 50년 전에 다루었던, 대박 가능성은 있지만 확률이 낮은 기업의 가치를 평가하는 문제가 오늘날 매우 중요한 과제로 떠오르고 있다.

1980~2006년 동안 기술주 2,000종목이 신규 상장되었지만 2조 달러 이상의 부를 창출한 기업은 5%에 불과하다는 사실을 생각해보라.[11] 소규모 이익을 낸 기업은 많았지만, 대박을 터뜨린 기업은 매우 드물었다. 급성장 시장에는 이러한 승자독식 경향이 뚜렷하므로, 부의 창출이 앞으로도 정규분포를 따르리라 기대하기는 어렵다.

아울러 여러 데이터를 분석해보면, 미국 주식시장에서 수익률의 분포는 과거보다 범위가 더 넓어졌다.[12] 부를 창출하는 과정에서 벌어질 수 있는 예상치 않은 사건 사고, 즉 두꺼운 꼬리 부분에서 벌어질 대형 사고의 성과가 이전보다 더 커졌다는 것이다. 상트페테르부르크 게임에서 얻을 수 있는 상금은 대개 얼마 되지 않지만 가끔은 엄청난 금액이 될 수도 있다. 그렇다면 이 게임의 기댓값은 얼마일까? 게임 참가자는 얼마를 내려고 할까?

두꺼운 꼬리의 비밀

상트페테르부르크의 역설은 수백 년이나 지난 문제지만 교훈은 여전히 생생하다. 희귀한 대박을 어떻게 챙기느냐가 투자의 최대 과제다. 불행하게도 기존 금융 이론에서는 아무런 답도 찾을 수 없다.

도어맨의 망상

남의 말에 의존하면 투자 위험이 커지는 이유

지난 100년간 과학계에서는 근본을 찾으려면 최대한 분해해서 자세하게 분석하라고 강조해왔다. 하지만 부분이 전체를 구성하면서 어떻게 작동하는지는 뻔히 보면서도 풀지 못하는 수수께끼로 남아 있다.

— 스티븐 울프램(Stephen Wolfram), 《A New Kind of Science(새로운 종류의 과학)》

뉴턴을 넘어서

의식은 도대체 어디서 오는 것일까? 철학자와 과학자 들이 수백 년 간 풀려고 애쓴 문제다. 우리는 질병을 치료하고, 인간을 달에 보내고, 물질계의 비밀을 세세하게 밝혀냈다. 그런데도 최고 석학들마저 의식을 설명은커녕 정의하기도 어려워한다. 특정 분야에서는 대성공을 거두면서도 의식과 같은 신비한 분야의 베일을 벗기지 못하는 이유가 무엇일까?

모든 시스템은 똑같지 않고, 작동 원리를 동일한 차원에서 이해할 수도 없다. 우리가 이해할 만한 시스템에서 시작해보자. 지난 수백 년 간 많은 과학 업적이 아이작 뉴턴(Isaac Newton)의 법칙에 기반해 달성되었다. 뉴턴의 세계는 기계적이다. 즉, 인과관계가 분명하며 보편적인 법칙을 따른다. 구성 요소를 충분하게 이해할 수 있다면 시스템이 어떻게 작동할지 정확하게 예측할 수 있다.

뉴턴의 세계에서 기본 원리는 환원주의다. 이 원리를 바탕으로 17~19세기에 놀라울 정도로 과학이 발전했다. 과학자 존 홀랜드(John Holland)는 "모든 자연과 세계는 분해해서 자세하게 분석하면 얼마든지 이해할 수 있으므로, 작은 부분을 합치면 우리가 알고 싶은 전체를 볼 수 있다"라고 설명했다.[1] 환원주의는 대체로 잘 들어맞는 편이다.

그러나 환원주의는 한계가 있다. 구성 요소들이 복잡하게 상호 작용하면 구성 요소를 합쳐도 전체가 되지 않는 경우가 종종 발생한다. 상호 작용을 통해 전체 시스템이 움직이기 때문에, 구성 요소만 단순하게 들여다봐서는 전체를 이해할 수 없다.

의식을 심층 연구하는 뇌과학자 윌리엄 캘빈(William Calvin)은 의식을 이해하는 비결은 뇌과학이나 양자역학과 같은 기초과학에 있지 않다고 말한다. 두뇌에는 상호 작용을 일으키는 층이 너무 많기 때문에 부분으로 전체를 설명할 수 없다는 것이다. 그는 양자역학과 같은 기초 단계의 연구를 통해 단숨에 최상위 단계인 의식을 이해하겠다는 기대는 '도어맨의 망상(회사 빌딩의 도어맨이 자신도 조만간 회장으로 승진할 수 있다는 헛된 꿈을 꾸는 상태를 말한다. -감수자 주)'처럼 비현실적이라고 말했다.[2]

도어맨의 망상이 투자와 무슨 관련이 있을까? 주식시장이 서로 다른 투자자들의 상호 작용으로 작동되는 시스템이라면, 환원주의 논리에 따라 개별 투자자에게서 시장 전체를 파악하기는 어려울 것이다. 투자자와 경영자 들은 개별적인 부분에 너무 많은 주의를 기울이므로 시장을 제대로 이해하지 못한다. 시장 전망에 오류가 발생하면 잘못된 판단으로 이어져 가치를 파괴하게 된다.

분류 시스템

복잡하지 않고 선형적으로 상호 작용을 하는 시스템에서 환원주의는 매우 유용하다. 인간이 제작한 기계들이 바로 그렇다. 뛰어난 기술자라면 손목시계를 분해해서 각 부분을 연구하면 시계가 어떻게 작동하는지 완벽하게 이해할 수 있다. 이런 시스템들은 중앙 집중적 의사 결정 체계를 가지는 경우가 많다. 산업혁명 시기의 기업들이 이런 기계적 시스템의 좋은 예다. 각종 부품이 생산라인으로 이동하면 근로자들이 최종적으로 조립하는 일을 한다. 과학적 정제 과정을 통해 경영자들은 시스템의 효율성을 계속 개선할 수 있다.

반면, 복잡한 시스템에는 중앙 집중적인 통제 방식이 맞지 않는다. 과학자들은 이런 시스템을 '복잡계', 각 구성 요소를 '행위 주체'라 부른다. 복잡계는 몇 가지 핵심적 특성과 메커니즘이 있다.[3]

- **집합(aggregation):** 집합은 복잡성의 발현으로, 복잡성이 덜한 행위 주체의 집단적 상호 작용에서 나오는 큰 규모의 행동을 뜻한다.
- **적응 결정 규칙(adaptive decision rules):** 복잡계 안의 행위 주체들은 주변 환경에서 정보를 얻고, 이를 주변과의 상호 작용을 통해 조합해 자신들만의 의사결정 규칙을 도출해낸다. 다시 말해 결정 규칙들은 최적화의 원칙에 따라 경쟁하다 가장 효율적인 것만 생존한다.
- **비선형성:** 선형 모형에서 전체는 부분의 합과 같다. 비선형 시스템에서는 집합적 행동이 부분의 합에서 예상되는 것보다 더 복잡하다.
- **피드백 과정:** 피드백 시스템은 하나의 순환 과정에서 나온 결과가 다음 순환 과정에 입력되는 것을 말한다. 피드백 과정은 결과를 증폭할 수도, 축소할 수도 있다.[4]

정부 조직, 대기업, 자본시장 등은 복잡계다. 이들 조직에서 상의하달 방식을 고집하면 실패로 이어지게 마련인데 과거 소련이 대표적인 예다. 그림 33.1은 두 가지 형태의 시스템을 대조적으로 보여준다.

시장이 복잡계라는 생각은 뉴턴의 언어로 세계를 묘사하는 전통 경

통섭과 투자

그림 33.1 복잡계와 의사결정

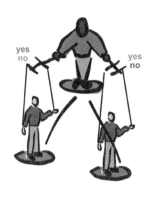

복잡하지 않으면
중앙 집중적인 의사결정에 따른다.

복잡한 상황에서는
분권적인 의사결정에 대한 요구가 높다.

자료: Sente Corporation

제학과 금융 이론에 명백하게 대치된다. 경제학자들은 행위 주체들이 균질하다고 여기고, 수요와 공급, 위험과 보상, 가격과 수량에 관한 선형적 모형을 만들었다. 물론 이들은 모두 비현실적이다.[5]

복잡계처럼 작동하는 주식시장

주식시장은 복잡계의 모든 특성을 지니고 있다. 투자 방식과 투자 기간이 각기 다르고(적응 결정 규칙) 투자자들이 서로 거래한다(집합). 그리고 두꺼운 꼬리에서의 가격 급변(비선형성)과 투자자의 상호 모방(피드백 과정)도 목격할 수 있다. 행위 주체에 기반하면 시장을 폭넓게 이해할 수 있다. 그렇더라도 경제 모형처럼 깔끔한 해법을 제시하지는 못한다.

주식시장을 복잡계로 보는 투자자는 두 가지 인식의 함정에 빠지지 말아야 한다. 첫 번째 함정은 모든 결과에 대해 원인을 계속 탐색하는 행위다. 작은 변화들이 큰 변화를 유발할 수 있다. 이런 임계점이 존재한다는 것이 복잡계의 전형적 특성이다. 따라서 원인과 결과가 언제나 쉽게 연결되는 것은 아니다. 일례로 정부는 1987년의 대폭락 진상조사위원회를 조직했다. 열심히 조사했지만 특별한 원인을 찾을 수 없다고 결론을 내렸다. 여기서 중요한 점은, 원인과 결과가 존재하지 않는 것이 아니라 모든 결과가 그에 비례하는 원인을 가지고 있지는 않다는 사실이다. 인간은 모든 결과에 대해 원인을 찾고자 하기 때문에, 이런 개념을 받아들이기 쉽지 않다.

두 번째 함정은 시장 자체를 이해하려 하기보다 개별 정보에 집착하는 행동이다. 예를 들어 저PCR 장세가 나타나면 경영자들은 투자자들이 재무제표에 관심을 가지기 때문인지 궁금해한다. 하지만 개별 투자자들은 자신만의 의사결정 규칙이 있고, 시장은 그 규칙들의 집합을 보여줄 뿐이다. 더욱이 복잡계에서는 문제를 해결하는 데 전문가보다 다양한 개인의 집합이 더 우수하다는 연구 결과도 있다.[6]

얻은 정보를 활용하기

바쁜 투자자는 경험이나 주먹구구에 의존한다. 최선은 아니지만 시간이 절약된다. 그런데 편향적인 의사결정을 하기 쉽다는 단점이 있다. 이런 편향을 미리 알아두면 투자 결정을 제대로 하게 되어 손실을 최소화할 수 있을 것이다.[7]

주먹구구 방식에 따라 투자자들은 사건의 발생 빈도나 원인을 과거의 비슷한 '경험'에서 가져와 현실에 적용한다. 즉, 투자자와 경영자 들은 문제를 해결하는 데 도움이 되는 정보보다는 공시 자료에 더 많은 관심을 가진다.

이런 편향이 '도어맨의 망상'의 핵심이라 생각한다. 투자자와 경영자 들은 공시 자료에 너무 많은 시간을 낭비하고 있다. 기업의 미래에 대한 시장의 기대치처럼 더 의미 있는 정보 대신 현재의 실적 수치에 초점을 맞춘다. 경영자들은 애널리스트들의 실적 분석 자료만 읽으면서, 시장에는 이런 투자자들만 존재한다고 착각하기 쉽다.

시장을 이해하려면 시장이 복잡계라는 점을 알아야 한다. 시장은 지식, 자원, 동기가 모두 다른 다양한 투자자들의 상호 작용을 반영해 움직인다. 따라서 개별 투자자의 의견에 지나치게 초점을 맞추면 수익을 내기 쉽지 않다.

라플라스의 악마를 찾아서

시장에서 인과관계의 역할

선조들은 원인을 모르는 사건들이 일어나면 이해할 수도, 통제할 수 없어서 짜증이 났을 것입니다. 그것은 오늘날도 마찬가지입니다. 그래서 사람들은 엉터리 지식이라도 만들어내기 시작했습니다. 정확하게 알아내기 위해서가 아니라 불확실한 무력감에서 벗어나기 위해서라도 일단은 판단이라는 행위를 한다고 생각합니다. 우리 삶에 근본적인 의미를 부여하는 이야기를 스스로에게 들려주려고 합니다. 확실하지 않으면 견딜 수 없기 때문입니다.

– 루이스 월퍼트(Lewis Wolpert), 패러데이 강연(Faraday Lecture)

우리는 중앙 집중적으로 생각하는 데 익숙하다. 인과관계가 직접적인 분명한 명령 체계를 바란다. 하지만 구성원들이 영향력을 주고받는 거대한 연결 시스템에서는 표준적 사고방식이 설 자리가 없다. 그림으로 단순하게 표현하거나 구두로 논쟁하는 것은 너무 빈약하고 너무 근시안적이다.

– 스티븐 스트로가츠(Steven Strogatz), 《동시성의 과학 싱크(Sync)》

진화의 산물

인간의 두뇌가 좌우로 나누어져 있다는 사실은 잘 알려져 있다. 우뇌는 시각과 공간 지각을 담당하고, 좌뇌는 언어와 말하기, 문제 해결을 맡는다. 우뇌가 발달한 사람은 창의력이 뛰어나고, 좌뇌를 잘 쓰는 사람은 분석에 능하다고 볼 수 있다.

그러나 좌뇌는 단순한 계산 이상의 일들을 수행한다. 즉, 세상 사건들의 인과관계를 찾으려 한다. 신경과학자인 마이클 가자니가(Michael Gazzaniga)가 '해석기'라 명명한 좌뇌 조직은 일련의 사건을 그럴듯한 스토리로 엮으려 한다.[1]

뇌량(corpus callosum)은 좌우의 뇌를 연결하는 다리 역할을 한다. 가자니가와 동료 조지프 르두(Joseph Ledoux)는 좌우 두뇌의 차이를 밝히기 위해, 뇌량이 손상된 환자들을 연구했다. 이들은 한쪽 뇌로만 정보를 입수하면 다른 쪽 뇌는 그 정보를 사용할 수 없다는 사실을 발견했다.

연구팀은 좌우 뇌 사이의 상호 작용을 테스트하기 위해 재미있는 실험을 고안해냈다. 첫째, 시각적 신호를 통해 우뇌가 어떤 행동을 하도록 훈련했다. 좌뇌는 그 행동을 관찰할 수는 있지만 왜 그런 행동이 일어났는지는 알 수 없다. 이제 환자에게 왜 그런 행동을 했느냐고 물었다. 놀랍게도 좌뇌는 그렇게 행동한 이유를 그럴듯하게 만들어냈다. 예를 들어 과학자들이 우뇌에 웃으라는 신호를 보내면, 좌뇌는 과학자들이 우스운 사람들이라고 보고했다. 르두는 "환자가 실제로는 행동의 원인을 전혀 모르지만, 알고 있는 것처럼 그 상황을 설명하려 했다"라

고 분석했다. 해석기가 작동한 것이다.[2]

생물학자 루이스 월퍼트(Lewis Wolpert)는 인과라는 개념이 인간 진화의 기본적 동력이라고 주장한다. 어떤 원인이 불러올 잠재적 결과와 그 원인을 이해하는 것은 진화적으로 유리하게 작용한다. 그는 원인과 언어, 사회적 상호 작용이 결합하면서 인간의 두뇌가 커지고 복잡해졌다고 주장한다.[3]

그래서 인간은 본능적으로 원인과 결과를 연결하려 한다. 심지어 없는 이유를 만들어내기도 한다. 질병, 번개, 화산 폭발처럼 정확한 이유를 몰라 오랜 시간 인류를 곤혹스럽게 했던 사건들 대부분은 이제 이해할 수 있게 되었다. 선조들이 이런 현상들을 설명하기 위해 초자연적인 것을 숭배했다고 해서 놀랄 일은 아니다.

오늘날 우리는 많은 시스템을 알아냈지만 풀지 못한 문제도 남아 있다. 상호 작용하는 시스템, 즉 복잡계가 대표적이다. 이질적인 개별 요소를 분석하는 것만으로는 복잡계의 전체적인 성질과 특징을 이해할 수 없다. 이런 시스템들은 비선형적이며, 부분의 합이 전체와 같지도 않다. 따라서 원인과 결과를 간단하게 설명할 수 없다. 주식시장은 이런 복잡계의 전형적인 예다.[4]

투자를 하다 보면 내키지 않더라도 인과관계를 밝혀내지 못하는 상황에 맞닥뜨린다. 그러면 자연스럽게 인과관계를 설명하는 이야기를 지어낸다.

투자자들은 왜 그렇게 인과관계를 중시할까? 실수를 예방하려면 설명이 되어야 하기 때문이다. 시장이 왜 이렇게 움직였는지 밝히려고 집착하면 인과관계를 잘못 찾아내거나 엉터리 설명을 만들어낼 위험이 크다. 시장에서 벌어지는 커다란 가격 변동은 설명하기가 대부분 쉽지 않다.

라플라스의 악마

200년 전, 과학계에는 결정주의가 만연했다. 뉴턴의 영향을 받은 과학자들은 시계처럼 예상대로 맞물려 돌아가는 기계적 우주관에 사로잡혀 있었다. 이에 대해 프랑스의 수학자 피에르 시몽 라플라스(Pierre Simon Laplace)는 《A Philosophical Essay on Probabilities(확률에 대한 철학적 고찰)》라는 책에서 다음과 같이 표현했다.

어떤 전지전능한 존재가 있다. 그는 일정 시점에 자연을 움직이는 모든 힘과 사물의 상호 위치를 알고 있다. 그가 이 모든 데이터를 분석할 만큼 막대한 능력이 있다면 거대한 우주의 움직임과 극소의 원자까지도 하나의 공식으로 압축해 표현할 수 있을 것이다. 이런 전지전능한 존재에게 불확실성이란 있을 수가 없다. 그래서 과거와 마찬가지로 그가 예상하는 미래가 그의 눈앞에 펼쳐질 것이다.

오늘날 철학자와 과학자는 이 전지전능한 존재를 '라플라스의 악마'라 부른다. 과거, 현재, 미래를 정밀하게 계산해서 모두 구할 수 있다는 개념은 상당히 매력적으로 보인다. 그만큼 우리가 인과관계에 경도되어 있기 때문이다.

하지만 복잡계에서는 이런 간단한 계산이 허용되지 않는다. 복잡계란 자기 조직 임계 현상 상태에 있는 시스템이라고 표현할 수 있다. '자기 조직'이란 리더가 없다는 의미다. 복잡계는 개별 구성 요소의 상호 작용으로 작동된다. '임계성'은 비선형적이라는 의미. 시스템에서 발생하는 진동(원인)의 크기는 결과와 항상 비례하는 것이 아니다. 작은 진동이 엄청나게 큰 결과를 불러올 수도 있고, 그 반대일 수도 있다.

모래성에 비유하면 잘 알 수 있다. 평평한 바닥에 모래를 붓는다고 상상해보자. 처음에는 모래 입자가 기본적인 물리 법칙에 따라 쌓일 뿐이다. 그러나 어느 정도 높이로 쌓이고 기울기가 생기면 자기 조직 임계 상황에 돌입한다. 모래를 약간만 더해도 크고 작은 무너짐이 발생할 수 있다. 무너짐의 크기는 마지막에 더해진 모래의 양과 비례할 이유가 없다.

투자에 이 비유를 적용하면 모래 입자를 정보로 바꾸면 된다. 작은 정보는 대체로 시장을 전혀 움직이지 못한다. 그러나 어떤 때는 작은 정보로도 시장이 요동친다. 무리 효과(information cascades) 모형은 이런 현상이 일어나는 이유의 실마리를 제공한다.[5]

시장 해석하기

인간은 인과관계에 집착하기 때문에 주식시장의 움직임도 늘 설명하려고 한다. 그래서 사후약방문 식의 엉터리 해석이 등장하기도 한다. 연구자들은 1941~1987년에 S&P500 지수 일일 변동 폭이 가장 컸던 50일을 뽑은 뒤, 당시 신문들이 그 이유를 어떻게 설명했는지 조사했다(표 34.1). 신문이 해석한 가격 변동의 이유 중 절반가량은 펀더멘털과는 상관없는 것이었다. 연구자들의 결론은 이렇다.

가격 변동이 클 때 정보 매체가 시장 움직임의 원인으로 인용한 것은 대부분 특별히 중요한 내용이 아니었다. 신문은 이후에도 가격 변동의 정확한 이유를 대는 데 실패했다. 미래의 이익 또는 할인율이 왜 변하는지도 제대로 밝히지 못했다.[6]

2001년 후반~2007년 3월의 주가 움직임을 대상으로 나도 비슷한 실험을 한 적이 있다(표 34.2 참조). 언론 대부분은 좌우 뇌를 구분해 실험한 환자처럼 결과에 대해 원인을 끼워 맞추는 식으로 떠들어댔고, 이 그럴듯한 설명이 인과관계를 파악하고자 하는 기본적 욕구를 충족하기 때문에 우리는 선뜻 받아들인다.

표 34.1 S&P500 지수 일일 가격 변동 폭 상위 30위(1941~1987)

날짜	변동 폭(%)	설명
1987.10.19.	−20.47	달러 하락과 무역적자, 미국이 달러를 지지하지 않으리라는 우려
1987.10.21.	+9.10	금리의 지속적 인하, 워싱턴의 부채 논의, 저가 매수
1987.10.26.	−8.28	재정적자 우려, 마진 콜, 해외 주가 하락
1946.09.03.	−6.73	"주가가 급락할 특별한 이유가 없음"
1962.05.28.	−6.68	케네디의 철강 가격 인상 철회 지시
1955.09.26.	−6.62	아이젠하워 심장 발작
1950.06.26.	−5.38	한국전쟁 발발
1987.10.20.	+5.33	투자자들의 우량주 선호
1946.09.09.	−5.24	해운 및 트럭 업체의 노사 긴장
1987.10.16.	−5.16	무역적자 우려, 금리 상승 및 이란과의 긴장 고조 우려
1970.05.27.	+5.02	경제 정책 변경 루머, "주가가 상승할 특별한 이유가 없음"
1986.09.11.	−4.81	외국 정부 금리 인하 거절, 트리플위칭데이 단속 강화 발표
1982.08.17.	+4.76	금리 하락
1962.05.29.	+4.65	증권사의 낙관적 시장 전망, 기관과 기업의 매수, 세금 감면 제안
1948.11.03.	−4.61	트루먼 대통령 당선
1974.10.09.	+4.60	포드 대통령의 인플레이션 억제 및 금리 인하
1946.02.25.	−4.57	전 주의 부정적 경제지표
1957.10.23.	+4.49	아이젠하워의 낙관적인 경기 전망
1987.10.29.	+4.46	부채 감축 논의 시작, 내구재 주문 호전, 해외 시장 상승
1948.11.05.	−4.40	트루먼 당선 분위기 지속
1946.11.06.	−4.31	이익 실현, 공화당 승리로 디플레이션 예감
1974.10.07.	+4.19	포드 대통령의 인플레이션 억제 정책 발표 기대
1987.11.30.	−4.18	달러 가치 하락 우려
1974.07.12.	+4.08	신규 대출 수요 감소, 전월 인플레이션 하락
1946.10.15.	+4.01	가격 통제 해제, 다른 규제 해제 기대
1982.10.25.	−4.00	연준(FRB) 금리 인하 기대감 무산
1963.11.26.	+3.98	케네디 저격 이후 존슨 대통령 신뢰
1978.11.01.	+3.97	카터 대통령 강달러 정책 추진
1987.10.22.	−3.92	이란의 쿠웨이트 유전 공격, 해외 주가 하락, 유가 하락 전망
1974.10.29.	+3.91	단기금리 하락, 통화 완화 정책 기대, 유가 하락

자료: Cutler, Poterba, and Summers, "What Moves Stock Prices?" 8.

통섭과 투자

표. 34.2 S&P500 지수 일일 가격 변동 폭 상위 30위(2001년 9월~2007년 3월)

날짜	변동 폭(%)	설명
2002.07.24.	+5.73	시장 전문가들은 적어도 단기 랠리가 거의 끝났다고 판단, 기업 구조조정안 의회 통과
2002.07.29.	+5.41	주가가 단기간 지나치게 급락했다는 인식 확산
2001.09.17.	−4.92	9/11 테러 직후 첫 거래
2002.10.15.	+4.73	기업 실적이 예상보다 좋아 4일 연속 상승
2002.09.03.	−4.15	유럽과 일본 시장 하락, 미국과 유럽 제조업지수 악화, 일본 은행들 위기감 고조
2002.08.14.	+4.00	채권에서 주식으로 자금 이동, 보조금 인정 시한 마감, 쇼트 커버링
2002.10.01.	+4.00	실적 호전 소식, 이라크의 UN 조사관 복귀 약속, 경제지표 호전
2002.10.11.	+3.91	시카고옵션거래소의 변동성 급등, 쇼트 커버링
2001.09.24.	+3.90	일본을 제외한 해외 시장 상승, 보험과 에너지 업종에 대한 낙관론 확산, 테러 위험 감소, 쇼트 커버링
2002.07.19.	−3.83	회계상 이익에 대한 우려 지속
2002.05.08.	+3.75	시스코시스템즈의 작은 실적 개선 전망이 주가 폭등을 유발하기에 충분함
2002.07.05.	+3.67	쇼트 커버링
2003.03.17.	+3.54	백악관이 외교적 노력 포기하고 이라크 전쟁을 준비한다는 소식
2003.03.24.	−3.52	이라크 전쟁이 예상보다 길고 어려우리라는 전망
2002.10.10.	+3.50	쇼트 커버링, 시카고 옵션거래소의 변동성 50 상회, 과도한 투자자 우려를 반영
2007.02.27.	−3.47	중국 증시 과열에 대한 우려, 중국인민은행의 은행 유동성 흡수 결정 우려가 해외로 전이됨
2003.03.13.	+3.45	이라크에 대한 무력 사용 의지 발표를 다음 주로 연기
2002.08.05.	−3.43	미국 고용지표 예상보다 악화
2002.07.10.	−3.40	시장과 기업에 대한 신뢰 약화
2003.01.02.	+3.32	기업의 지출 증가 전망, 다음 주 부시 대통령의 경기 부양책 발표 기대
2002.07.22.	−3.29	월가 비판에도 불구하고 부시 대통령이 폴 오닐 국무장관 신임
2002.08.08.	+3.27	연준 회의, IMF가 브라질에 300억 달러 지원, 씨티그룹 기업 지배구조 개선안 발표
2002.09.27.	−3.23	소비자 신뢰 약화, 실적 악화 소식
2001.09.20.	−3.11	정치·경제적 불확실성
2002.09.19.	−3.01	부정적 기업 뉴스, 주택 건설 3개월 연속 하락
2002.08.06.	+2.99	금리 인하 전망
2002.08.01.	−2.96	제조업 경기 둔화, 고용 악화, 정부의 성장률 전망치 하향
2003.01.24.	−2.92	북한 핵 위기, 중동 불안, 테러와의 전쟁, 유럽 동맹국과의 긴장 고조
2002.06.17.	+2.87	과매도에 따른 기술주 저가 매수
2002.01.29.	−2.86	더 많은 대기업으로 회계 부정 문제 확산

자료: 〈월스트리트 저널〉, 〈뉴욕 타임스〉, 저자의 분석

투자 위험

앞서 지적했듯이 투자자들은 시장이 왜 움직였는지 궁금해한다. 이런 설명에 집착하는 투자자들은 두 가지 함정에 빠질 위험이 있다.

첫 번째 함정은 우연히 발견된 것을 인과관계로 혼동하는 것이다. 시장 움직임과 관련이 있을 수도 있지만, 전혀 무관할 수도 있다. 극단적인 예로, 캘리포니아 공대의 데이비드 라인웨버(David Leinweber) 교수는 버터 생산량이 S&P500 지수의 움직임을 가장 정확하게 예측하는 지표라고 발표하기도 했다.[7] 이처럼 버터 생산량으로 시장을 예측하려는 투자자는 없겠지만, 경제적으로 그럴듯해 보이는 요소들도 잘못된 인과관계로 이어질 수 있다.

두 번째 함정은 정박 효과다. 사람들은 사건을 설명할 때, 처음 들은 숫자나 이유를 강하게 믿는 경향이 있다. 일례로 연구자들은 실험 대상자들에게 UN에서 아프리카 국가의 비율이 얼마나 되는지 물었다. 답을 하기 전에 1부터 100까지 숫자가 쓰인 숫자판을 보여주었다. 숫자판이 10에 멈췄을 때 한 그룹은 25%라는 답을 내놓았다. 숫자판이 65에 멈추자 다른 그룹은 45%라고 답했다.[8] 이 실험은 우스꽝스러워 보이지만, 투자자들도 이처럼 정박 효과의 영향을 받아 중요한 투자 결정을 한다.

인과관계를 밝히려는 인간의 타고난 욕구를 충족하기에 주식시장은 적당한 곳이 아니다. 시장의 움직임에 대해 투자자들이 명백한 이유를 알아내기는 어렵다. 조간신문에 실린 전날의 주식 시황은 그냥 재미로 보라. 결코 공부할 내용은 아니다.

파워 법칙

파워 법칙과 투자

지난 몇 년간 자기 조직 시스템이 점점 더 영향력 있는 개념이 되었다. 자기 조직 시스템이란 무작위적 카오스 상황에서도 전혀 예상치 않던 질서가 자연스럽게 형성되는 복잡계의 개념이다. 복잡계는 인공지능에서 화학, 진화론, 지질학까지 다양한 분야의 연구자들을 하나로 연결하고 있다. 하지만 왜 그런지, 이 같은 움직임이 경제학에서는 나타나지 않고 있다. 경제도 복잡계이자 자기 조직 시스템이라는 데 논쟁의 여지가 없다. 이제는 새로운 개념을 유용하게 적용해야 할 때다.

– 폴 크루그먼(Paul Krugman), 《자기 조직의 경제(The Self-Organizing Economy)》

지프의 법칙

비 내리는 오후의 지루함을 날려버릴 소일거리를 소개하겠다. 제임스 조이스(James Joyce)의 《율리시스(Ulysses)》 같은 소설을 하나 고른 다음, 책에 나오는 단어를 모두 조사해 가장 많이 사용된 단어부터 차례로 순위를 매기는 것이다.[1] 단어의 분포를 로그 스케일로 표시하면 우하향하는 직선이 도출된다.[2]

하버드 대학 언어학자인 조지 지프(George K. Zipf)는 1930년대 몇몇 시스템에서 이런 관계를 찾아냈고, 그 결과를 명저 《Human Behavior and the Principle of Least Effort(인간 행동과 최소 노력의 원리)》에 정리했다. 과학자들이 지프의 법칙(Zipf's law)이라 부르는 이 원리는 파워 법칙의 한 예라 할 수 있다. 언어의 파워 법칙은 매우 자주 등장하는 단어 몇 개와, 상대적으로 드물게 나타나는 단어 다수가 혼재되어 있음을 시사한다.

그는 이 법칙이 자연과학에는 나타나지 않고 사회과학에만 나타난다고 잘못된 주장을 폈다. 이후 과학자들은 물리와 생물 등 여러 분야에서 파워 법칙을 찾아냈다. 예컨대 동물의 질량과 대사율, 지진의 진동수와 파장(구텐베르크-리히터 법칙), 산사태의 빈도수와 규모를 파워 법칙으로 설명한다. 파워 법칙은 소득 분배(파레토 법칙), 도시의 크기, 인터넷 트래픽, 기업의 크기, 주가 변동 등 사회 시스템에서도 나타나는 매우 중요한 법칙이다. 흔히 회자되는 '20 대 80의 법칙'에서도 파워 법칙을 이해할 수 있다.[3]

파워 법칙을 알면 왜 투자에 도움이 될까? 첫째, 위험에 대해 다시 생각해볼 수 있다. 금융 이론은 대체로 수익률이 정규분포를 따른다고 가정한다. 파워 법칙에서는 이론보다 드물지만 큰 규모의 변동이 발생한다. 이 같은 두꺼운 꼬리 현상은 포트폴리오를 구축하는 데 아주 중요하다.

둘째, 자기 조직 시스템에 어떤 규칙이 내재되어 있다는 것을 보여준다. 과학자들은 사회 시스템에서 파워 법칙이 작동하는 원리를 완전히 설명하지는 못하지만, 파워 법칙으로 미래를 구조적으로 예측할 수는 있다.

마지막으로, 표준 경제 이론으로는 이 같은 파워 법칙을 간단하게 설명할 수 없다. 예를 들어 신고전주의 경제학은 균형 상태에 초점을 맞추면서, 개별 주체들은 완벽한 정보를 가지고 있고, 합리적이며, 시장을 통해 간접적으로 상호 작용한다고 가정한다. 그러나 서로 눈치를 보고, 불완전한 정보에 근거하며, 직접 거래하는 것이 현실이다. 따라서 실제 행위에 걸맞고 경험하면서 발견된 사실들을 설명할 수 있는 이론이 바람직하다.[4]

더욱 많은 것들이 변한다

조지 지프는 자신의 법칙을 간단한 공식으로 표현했다.

순위×규모 = 상수

이 공식은 연구 대상이 되는 규모는 순위에 반비례한다는 의미다. 지프의 공식에 따라 일정한 상수에 1, 1/2, 1/3, 1/4 등을 곱하는 수열을 구할 수 있다. 스페인에서 도시 크기의 분포를 연구한 사례를 보자. 최대 도시인 마드리드는 300만 명이 살고 있고, 두 번째로 큰 바르셀로나의 인구는 마드리드의 2분의 1이고, 세 번째로 큰 발렌시아의 인구는 마드리드의 3분의 1이다. 지프의 법칙이 잘 맞는 면도 일부 있지만, 파워 법칙을 다양하게 보여주기에는 너무 지엽적이다.

뛰어난 수학자인 브누아 망델브로는 지프의 법칙을 변형해서 일반적인 파워 법칙을 얻을 수 있음을 보여주었다.[5]

첫째는 순위에 상수 a를 더하는 것이다. 그러면 수열은 1/(1+a), 1/(2+a), 1/(3+a) 등으로 바뀐다.

둘째는 각 수열의 분모를 상수 b를 활용해 (1+b)번 거듭제곱하는 것이다. 수열은 $1/(1+a)^{(1+b)}$, $1/(2+a)^{(1+b)}$ 등과 같이 변한다. 변형된 거듭제곱 식에서 상수 b에는 모든 유리수가 허용된다(즉 $1/(1+a)^{3/4}$도 가능하다). 지프의 법칙은 a, b 두 상수가 모두 0인 특수한 경우에 해당한다.

지프의 법칙을 변형해서 다양한 파워 법칙을 쉽게 유도할 수 있었다. 이처럼 간단한 공식으로 복잡하고 다양한 현상을 설명할 수 있다는 것은 분명 의심스럽다. 특히 파워 법칙이 발생하는 이유에 대해 보편화된 설명이 없기 때문에 더욱 그렇다.

사회 시스템에서는 파워 법칙이 매우 강력하게 작동하고 있다. 예컨대 그림 35.1은 1790~1990년 미국 도시의 순위와 규모를 나타낸 것이다. 인구가 증가하고 지역별로 상당한 변화가 있었는데도, 도시의 순위와 규모의 관계는 지난 200년 동안 놀라울 정도로 일정하게 유지

통섭과 투자

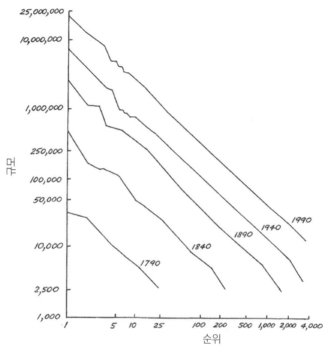

그림 35.1 미국 도시의 순위와 규모(1790~1990)

25,000,000

10,000,000

1,000,000

250,000

인구

100,000

50,000

10,000

1840   1890   1940   1990

2,500

1790

1,000

1   5   10   25   100 200 500 1,000 2,000 4,000

순위

자료: Batten, 《Discovering Artificial Economics》, 165.

되었다.

기업 규모에 대한 사례는 투자자에게 직접적으로 유용할 것이다. 그
림 35.2는 1997년 미국 기업의 매출과 빈도수의 상관관계인데 이것도
지프의 법칙을 따르고 있다. 경제학자 롭 액스텔(Rob Axtell)은 2001년
초반 이후 사용 가능해진 미국인구조사국의 통계를 바탕으로 이 그림
을 작성했다. 표본이 된 기업은 550만 개, 고용 인원은 1억 명 이상이
었다.

그는 기업 규모의 분포가 정치와 규제 환경의 변화, 합병의 물결, 신

그림 35.2 미국 기업의 매출과 누적 확률(1997)

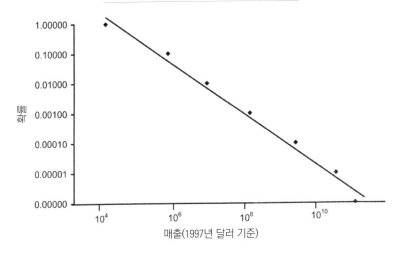

자료: Axtell, "Zipf Distribution of U.S. Firm Sizes", 1,819.

생 기업의 등장과 파산, 여성의 근로 참여 등 근로 가능 인구 구성의 대규모 변화 등과 별로 관계가 없다는 사실에 주목했다.[6] 이는 순위와 크기의 상관관계를 만들어내는 중요한 내재적 메커니즘이 따로 있음을 뜻한다.

파워 법칙이 발생하는 메커니즘을 완벽하게 이해하는 사람은 아직 없지만, 발생이나 진행 과정을 설명하려는 모형은 제법 있다.[7] 가장 잘 알려진 모형인 '자기 조직 임계 현상'은 이론물리학자인 퍼 백(Per Bak)에 의해 유명해진 이론이다. 퍼 백은 해변에서 모래를 쌓아 올리고 있는 아이를 상상해보라고 말한다. 처음에는 모래 더미가 대체로 평평해서 모래 알갱이는 떨어진 곳에서 거의 움직이지 않는다. 점점 쌓여 경사가 가팔라지면, 모래가 추가되면서 주기적으로 붕괴한다. 조금 더 지나면 어느 순간 모래 더미 전체와 맞먹는 규모로 무너진다. 시스템이 임계 상황에 도달한 것이다. 즉, 안정적 상황과 무작위적 무너짐 사이의 '임계점'이다. 일단 모래 더미가 임계점에 도달하면 추가되는 모래 알갱이는 크고 작은 무너짐을 유발하고, 이 무너짐의 크기는 파워 법칙을 따른다.[8]

모래 더미의 비유는 사회 시스템에도 유용한 시사점을 준다. 먼저, 경제 시스템은 분명 자기 조직적이다. 기업과 도시, 국가 대부분은 중앙 집중적 계획이 아니라 개별적인 상호 작용에 따라 움직인다. 동시에 임계 상황도 존재한다. 물리 시스템의 경우, 임계점에서는 작은 변화라도 물체의 상태를 바꿀 수 있다. 예를 들어 섭씨 0도 이하에서는 액체인 물이 고체인 얼음으로 변한다. 경제학자들도 경제 구조의 임계점을 명확하게 정의하지는 못했지만, 직장인이 한 회사에 영원히 머물러 있거나(정상 상태), 여러 기업을 제멋대로 전전하지(무작위 상태) 않는다는 점은 알 수 있다. 액스텔은 기업과 도시의 규모를 설명하기 위해 행위 주체 기반 모형을 사용해서 이런 현상들을 찾아냈다. 그의 모형은 실증 데이터와도 일치했다.[9]

파워를 잡아라

파워 법칙은 여러 면에서 투자자들에게 도움을 준다. 첫 번째는 액스텔이 발견한 기업 규모에 대한 것이다. 기업의 규모가 장기적으로 파워 법칙을 따른다면, 개별 기업이 어디에 속할지 정확하게 알 수 없더라도, 기업들이 미래에 어떻게 분포할지는 예측할 수 있다.[10] 경제 성장과 인플레이션에 대한 적절한 가정을 더하면 어떤 기업이 특정 규모에 속할 확률도 추정할 수 있다.

미래에 가보지 않아도, 예를 들어 매출 2,000억 달러 이상의 초대형으로 성장하는 기업은 극소수일 것임을 안다. 현재 대기업들의 매출 성장률을 알고 있다면, 예상 성장률에 근거해 이들 중 몇 개가 초대형 기업으로 발전할지 알 수 있다. 만약 이 같은 대기업군이 확률적으로 계산된 미래의 매출 규모를 월등히 뛰어넘는 예상 성장률을 제시한다면, 기대치를 상당 부분 하향 조정해야 한다.

인터넷을 이해할 때도 파워 법칙이 유용하다. 인터넷은 자기 조직 시스템의 대표적인 사례다. 사이트당 링크 수, 사이트당 페이지 수, 사이트의 인기도 등이 파워 법칙을 따른다. 웹 이용도가 아주 높은 기업은 파워 법칙에 따라 예상치 못한 대박이 터질 가능성이 크다.[11] 웹의 발달은 미래 네트워크를 조직하는 데 유익할 수 있다.

파워 법칙은 여러 종류의 사회적, 생물학적, 물리학적 시스템을 설명하는 데 놀라운 정확성을 보여준다. 나아가 파워 법칙이 적용되는 많은 분야는 투자자들의 이해관계와 직접 맞닿아 있다. 예리한 투자자라면 파워 법칙에 대한 남다른 직관으로 투자에 도움을 얻을 수 있다.

숫자의 피라미드

기업 크기, 성장률, 그리고 가치

성장은 중요하다. 기업은 이익 증대를 통해 주주 가치를 창조하기 때문이다. 그러나 일단 기업의 핵심 사업이 성숙 단계에 도달하면 성장을 위한 새로운 플랫폼 개발은 만만치 않은 위험이 따른다는 명백한 증거가 있다. 여러 해에 걸쳐 평균 이상의 주주수익률 증가를 유지할 수 있을 만큼의 성장을 이룰 수 있는 기업은 대략 10개 중 하나에 불과하다. 결과적으로 대부분의 경영진은 이기기 힘든 싸움을 해야 한다. 주식시장에서는 기업이 계속 성장하기 바라지만 추가 성장 전략을 세우기는 어렵다.

- 클레이턴 크리스텐스, 마이클 레이너(Michael E. Raynor),
《성장과 혁신(The Innovator's Solution)》

애널리스트와 투자자 들은 기업들이 수년간 계속 높은 이익성장세를 유지할 수 있다고 믿는 듯하다. 하지만 실제 그런 일이 일어날 확률은 극히 희박하다.

- 루이스 챈(Louis K. C. Chan), 제이슨 카세스키(Jason Karceski), 조셉 래코니쇼크,
"성장률의 수준과 지속성(The Level and Persistence of Growth Rates)"

왜 커다란 동물은 많지 않은가

걸으로는 생물의 종(species), 도시, 기업의 크기와 빈도 분포에 공통점이 없는 듯 보인다. 하지만 이들 모두 파워 법칙을 따르고 있기 때문에 로그 스케일로 그림을 그려보면 일직선을 이룬다. 파워 법칙을 따르는 시스템은 빈도수가 높은 작은 사건들과 빈도수가 낮은 큰 사건들로 구성된다.[1] 자연계에는 개미가 수없이 많이 존재하지만(개미의 무게를 모두 더하면 인간의 무게를 모두 더한 것보다 크다) 코끼리는 상대적으로 매우 적다. 마찬가지로 소기업은 매우 많고 대기업은 몇 개뿐이다. 그림 36.1은 이런 분포를 나란히 나타낸 것이다.

먼저 생물 종을 보자. 왜 호랑이같이 큰 육식동물은 상대적으로 드물고, 흰개미같이 작은 동물은 넘쳐날까? 생태학자들은 모든 동물이 자기만의 생태적 지위(niche)를 갖기 때문이라고 설명한다. 여기서 생태적 지위는 물리적 위치가 아니라 거대한 생태지도 안의 실질적 위치를 의미한다. 종은 자신의 근거지에서 생존할 뿐 아니라, 근거지를 공유하는 다른 동식물과도 상호 작용을 잘해야 한다.

하지만 생태적 지위의 개념으로는 종이 현재와 같이 분포된 이유를 설명하지 못한다. 옥스퍼드 대학의 찰스 엘튼(Charles Elton) 교수는 큰 동물들이 살아남는 데 작은 동물들을 필요로 한다는 통찰력 있는 이론을 제시했다. 자신보다 더 큰 동물을 먹잇감으로 삼는 경우는 극히 드물다. 그래서 동물은 몸집이 커질수록 그에 맞춰 개체 수가 줄어들 수밖에 없다고 추정했다. 그는 이 현상을 '숫자의 피라미드(Pyramid of Numbers)'라 불렀다. 몸집이 커다란 동물은 작은 동물보다 에너지의

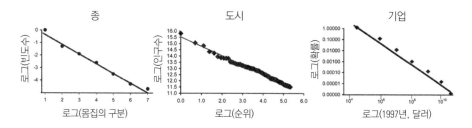

그림 36.1 종, 도시, 기업 크기의 분포

종 / 도시 / 기업

자료: Marquet et al., "Lifespan, Reproduction, and Ecology"; van Marrewijk, "International Trade and the World Economy," http://www.few.eur.nl/few/people/vanmarrewijk/international/zipf.htm; Axtell, "Zipf Distribution", 1,819.

원천이 더 희소하기 때문에 개체 수가 적다.[2] 종의 분포가 파워 법칙을 따르는 것은 물리 법칙에 제약받는 동물들이 상호 작용한 자연스러운 결과다.[3]

이 원리는 주식시장에 어떻게 적용할 수 있을까? 투자자들은 세 가지 이유로 파워 법칙의 분포에 주의를 기울여야 한다. 첫째, 기업은 생물 종과 마찬가지로 각각의 생태적 지위가 있다. 현재의 지위를 고려하면 기업의 성장 잠재력에 대한 통찰을 갖게 될 것이다.

둘째, 소기업보다 대기업의 성장률 변동이 더 적다는 강력한 증거들이 있다. 성장률의 중간값은 전 영역에 걸쳐 꽤 안정적이지만 말이다. 대기업은 종종 성장률이 정체되므로, 투자자들의 기대 수준이 하향 조정되고 주가는 부진한 모습을 보인다.

마지막으로, 투자자들은 종종 과거의 성장을 보고 미래의 성장을 짐작하는데, 기대에 부응하지 못하면 실망한다. 성장의 패턴을 이해하는 투자자라면 지나친 기대감이 초래하는 손실을 피할 수 있을 것이다.

생태적 지위를 찾아라

기업들이 생태적 지위를 찾는 일은 전혀 새로운 과제가 아니다. 경쟁 전략 강좌와 특히 게임 이론에서는 기업들이 이익을 낼 수 있는 생태적 지위를 왜, 그리고 어떻게 찾아야 하는지 설명한다. 여기서 중요한 점은 기술의 발달, 규제의 변화, 산업의 진출과 퇴장에 따라 기업을 둘러싼 환경, 즉 생태적 지위도 시간에 따라 변한다는 사실이다.

소형 제철소와 종합 제철소, 또는 인터넷 쇼핑몰과 오프라인 경쟁자를 생각해보라. 새로운 생태적 지위가 열리고 새로운 회사들이 이를 차지한다. 변화하는 환경에 적응하는 능력이 기업에는 필수적이다. 그런데 이런 능력을 지닌 기업은 많지 않다.

결국 특정 산업에 최적화된 회사 규모는 정해져 있지 않다. 그리고 비즈니스 모델이 다른 기업들의 가치를 동일한 잣대로 비교하는 것도 이치에 맞지 않는다.

대표님, 우리 회사가 포춘 50에 진입했습니다! 그러니 당신은 해고입니다

기업 규모와 성장률 분포를 연구함으로써 다음 네 가지 특징이 밝혀졌다.

1. 기업 규모 분포는 파워 법칙의 특별한 예인 지프의 법칙을 따른다[4]: 경제

환경이 크게 달라져도 이 같은 분포 양상은 달라지지 않는다는 사실을 명심해야 한다. 다시 말해 초대형 기업에 대한 소기업의 비율은 미래에도 큰 차이를 보이지 않을 것이다.

2. **기업 규모가 커질수록 성장률의 분산은 줄어든다**[5]: 매출액 1억 달러 이상인 미국 상장사들을 표본으로 조사한 바에 따르면, 성장률의 중간값은 매우 안정적이지만 성장률의 분산은 의미 있게 좁혀지고 있다(그림 36.2 참조). 어떤 면에서 이는 당연한 결과이기도 하다. GDP의 상당 부분을 차지하는 대기업은 GDP 성장률을 월등히 능가하기가 쉽지 않다. 포춘 50대 기업은 GDP의 35%를 차지한다. 한때 엄청난 성장을 실현했던 50대 기업이 계속 성장하길 기대하지만 이 기대에 부응하지 못하는 경우가 많다. 이와 같은 실증적 발견은 지브라의 법칙(Gibrat's law) 같은 확률 모형과 일치한다. 비례 효과의 법칙으로도 알려진 이 법칙은 기업의 성장률이 규모와 무관하다는 것이다. 지브라의 법칙을 약간 변형하면 지프의 분포를 유도할 수 있다. 기존 미시경제학에서는 이 같은 결과를 충족할 모형을 제시하지 못하고 있다.[6]

3. **대기업은 성장률이 종종 정체된다**: 이것이 기업전략위원회가 실시한 심층 연구의 결론이다.[7] 일단 기업이 충분한 수준의 매출 규모에 도달하면 성장률이 정체된다는 사실이 드러났다. 정체가 나타나는 매출 규모는 세월이 지나면서 상승했지만 1990년대 후반에는 200~300억 달러 수준이었다. 그림 36.3은 매출액 기준으로 포춘 50대 기업에 진입한 기업들의 연평균 성장률이다. 이 기업들은 50대 기업에 진입하기 전에는 상당히 높은 성장

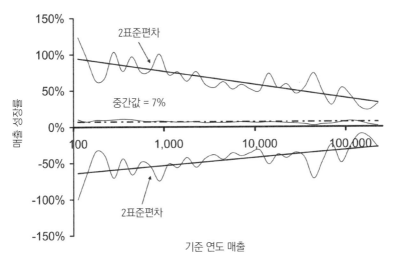

그림 36.2 매출 성장률 분산의 하락

자료: FactSet, 저자의 분석

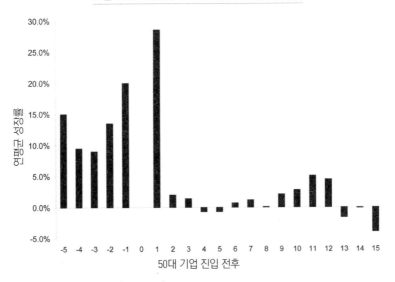

그림 36.3 포춘 50대 진입 기업의 연평균 성장률

자료: Corporate Strategy Board, "Stall Points," 15.

통섭과 투자

률을 기록했으나, 50대 기업에 진입한 후 성장률이 낮아지는 경향을 보였다. 50대 기업이 된 첫해에 성장률이 가장 높은 것은 많은 기업이 인수합병을 통해 50대 기업에 진입하기 때문이다.

4. **산업 대부분은 동일한 라이프사이클을 따른다[8]:** 어떤 산업이든 초창기에는 빠르게 성장하면서 신규 기업도 많이 등장한다. 다음 단계에서는 퇴출되는 기업이 많아지는 반면 살아남은 기업은 높은 경제적 이익을 얻는다. 그다음 단계에서는 산업의 성장률이 점진적으로 둔화된다. 성숙 단계로 접어들면 기업들은 성장을 멈추고 경제적인 이익은 균형 상태에 가까워진다. 대기업들은 성숙 단계인 경우가 많다.

성장 둔화에 직면한 기업이 무엇을 해야 하는지 조언하려면 그 기업이 속한 산업과 회사 자체의 상황을 살펴야 한다. 대기업은 여러 이유로 작은 기업에 비해 성공적으로 혁신하기가 어렵다. 나는 클레이턴 크리스텐슨과 마이클 레이너(Michael Raynor)의 책 《성장과 혁신(The Investor's Solution)》을 적극 추천한다. 이 책은 경영자들에게 혁신에 대한 통찰을 일깨워준다. 하지만 진실은 모든 기업이 언제까지나 고속 성장할 수는 없다는 점이다.

과거에서 도출한 전망

기업 규모와 성장률에 대한 실증 분석은 기업 규모가 커질수록 성장 전망을 낮춰야 한다는 점을 시사한다. 그러나 과거와 비슷한 수준으로 미래를 추정하기 때문에 성장 기대치를 좀처럼 낮추지 못한다. 루이스 챈(Louis K. C. Chan), 제이슨 카세스키(Jason Karceski), 조셉 래코니쇼크는 이렇게 주장한다.

시장에서 형성되는 주가배수로는 미래의 성장률을 추정할 수 없다. 투자자들은 같은 추세가 지속될 것으로 가정해 과거 성장 데이터에만 초점을 맞춘다. 고성장을 기록한 기업은 높은 주가배수가 형성되고, 실적이 부진했던 기업은 낮은 주가배수가 형성된다.[9]

기업전략위원회도 같은 결론을 내렸다. 수십 년간의 데이터를 분석한 결과, 정체에 도달한 기업의 3분의 2는 10년 내에 시가총액이 50% 이상 줄어들었다. 95%는 수익률이 다우지수 대비 25% 이상 밑돌았다.

간단한 질문을 해보자. 시가총액 상위 50개 기업으로 동일비중 포트폴리오를 구성해 1년, 3년, 5년 실적을 S&P500 지수와 비교하면 어떤 결과가 나올까? 1980~2006년 모든 포트폴리오가 S&P500 지수를 능가하지 못했다(그림 36.4 참조). 다시 말하지만, 대형주들은 시장에서 차지하는 비중이 너무 크기 때문에 시장 수익률을 의미 있는 수준으로 능가할 수 없다.[10]

기업 가치는 자산가치와 미래 현금흐름의 현재가치로 구할 수 있다. 2007년 초, 미국 20대 기업은 미래 현금흐름의 현재가치가 전체 기업 가치의 30% 이상이라고 추정되었다(표 36.1 참조).[11]

경제와 시장이 변화하는 것은 분명하지만, 성장과 기업 규모의 분포

그림 36.4 포트폴리오 수익률: 시가총액 상위 50대 기업 vs S&P500

포트폴리오 수익률(1년)　　　포트폴리오 수익률(3년)　　　포트폴리오 수익률(5년)

시가총액 상위
50대 기업　　13.8%　　12.3%　　12.1%

S&P500　　14.4%　　13.6%　　13.3%

비고: 2007년 3월 30일까지 데이터. 자료: FactSet, Ibbotson, 저자의 분석

표 36.1 미국 대기업: 자산가치 vs 미래 현금흐름의 현재가치

종목코드	기업명	시가총액 (백만 달러)	자산가치	미래 현금흐름의 현재가치
XOM	엑슨모빌	429,567	92	8
GE	제너럴 일렉트릭	363,611	67	33
MSFT	마이크로소프트	272,912	47	53
C	씨티그룹	254,030	75	25
T	AT&T	246,207	98	2
BAC	뱅크 오브 아메리카	227,499	64	36
PG	프록터 앤드 갬블	199,294	51	49
WMT	월마트	193,642	69	31
MO	알트리아	184,396	57	43
PFE	화이자	178,761	80	20
AIG	AIG	174,878	54	26
JNJ	존슨앤존슨	174,451	49	51
BRK.A	버크셔 해서웨이	168,151	68	32
JPM	JP모간	168,041	68	32
CVX	쉐브론	159,408	91	9
CSCO	시스코	154,202	96	4
GOOG	구글	142,468	48	52
IBM	IBM	141,911	80	20
WFC	웰스 파고	116,026	62	38
COP	코노코 필립스	112,374	86	14
	평균	293,091	70%	30%

기준일: 2007년 4월. 자료: FactSet, HOLT

는 일정한 패턴을 보인다. 사려 깊은 투자자라면 이 같은 특성을 감안해 기업의 성장을 추정해야 한다. 대기업이라면 더욱 그렇다.

투자 심리가 뒤바뀐 이야기

시장 등락 탐색하기

기술주가 하늘 높은 줄 모르고 오른 까닭 중 하나는 파티가 끝나려면 아직 멀었다는 맹신이다. 이발사 앨런(Allen) 씨가 자신 있게 말했다. "현 시장에 대한 내 믿음이 흔들릴 이유가 전혀 없습니다." 오키프(O'Keefe) 씨도 거들었다. "30% 떨어져도 바로 반등할 겁니다."

그는 덧붙였다. "얼마 전 주가가 내렸을 때 친구들이 전화해 물었습니다. '어떻게 해야 하지?' 그래서 이렇게 답했습니다. '추가 매수해.'"

– "기술주로 수다를 떨었더니 시골뜨기도 부자가 된다네",
〈월스트리트 저널〉, 2000년 3월 13일

63세의 이발사가 투덜거렸다. "주가가 100달러에서 곤두박질쳐 부도날 때까지 그들이 하는 말이라고는 '매수, 매수, 매수'가 전부였습니다. 이제는 그들이 아무리 권해도 주식에 손 댈 생각이 없습니다. 지금은 서로 아무도 믿지 않죠."

더 이상 주식 투자를 하지 않기로 작정한 플린(Flynn) 씨는 월요일마다 코네티컷 근처 카지노로 차를 몰고 가 블랙잭과 포커 게임을 했다. 그는 이렇게 털어놓았다. "카지노에서 게임 하는 것이 주식 투자보다 더 나아요."

– "주가 폭락이 시골 이발소에서조차 화젯거리로 떠오르다",
〈월스트리트 저널〉, 2002년 7월 8일

허시퍼피와 다우의 개

허시퍼피(Hush Puppies)는 따분해 보이고 크레이프(crepe) 깔창을 댄 스웨이드 신발인데, 1994년에는 3만 켤레 정도 팔렸다. 한때 인기를 누렸지만 생산 중단을 검토하고 있었다. 그러나 놀라운 일이 벌어졌다. 맨해튼 시내에서 갑자기 유행을 타기 시작한 것이다. 인기 모델은 1995년에 43만 켤레 팔렸고, 1996년에는 170만 켤레로 늘었다. 불과 몇 년 사이, 허시퍼피는 그저 그런 신발에서 멋쟁이라면 꼭 신어야 하는 신발로 변신했다.[1]

허시퍼피 이야기는 주식시장에 어떤 도움이 될까? 둘 다 '감성 (sentiment)'이 성과의 결정적 요인이라는 점이다. 허시퍼피의 인기를 만들어낸 메커니즘은, 투자자들로 하여금 극단적 낙관론과 극단적 비관론 사이를 왕복하게 하는 바로 이 감성이다.

〈월스트리트 저널〉에 실린 시골 이발사에 대한 기사 두 건은 2년 반 정도의 간격을 두고 쓰인 것이다. 첫 번째 기사에서는 이발사의 믿음이 전혀 흔들림이 없었다. 투자액은 일곱 자릿수에 이르렀고, 다른 사람들에게 투자 조언을 하고, 조기 은퇴도 생각하고 있었다. 두 번째 기사에서 이발사는 주식시장과 투자 전문가들에 대한 믿음을 모두 잃고, 주식 투자보다 카지노 게임을 선호했다. 이발사가 낙관론자에서 비관론자로 변한 것은, 더 많이 안다고 간주되는 투자 전문가들의 감성이 바로 그렇게 변했기 때문이다.

에취!

감성이 어떻게 정반대로 바뀌는지 이해하려면 독감, 정확하게 말해 독감의 전염 과정을 생각해보자. 직관적인 핵심 국면은 두 가지다. 첫째는 '생각이 얼마나 쉽게 전파되는가?' 하는 전염의 정도다. 둘째는 '얼마나 많은 사람이 마주치는가?' 하는 상호 작용의 정도다. 독감의 전염성이 매우 강하더라도, 감염자들 사이에 상호 작용이 많지 않다면 대규모 전염 사태는 없을 것이다. 상호 작용이 많더라도 전염성이 없으면 마찬가지다. 그러나 전염성이 높고 감염자들이 상호 작용을 많이 한다면 독감은 급속하게 확산된다.[2]

생각과 질병의 확산을 그림으로 나타내면 예상대로 같은 모양이다. 둘 모두 S 자 형태를 띤다(그림 37.1 참조). 예상할 수 있듯이, 생물학적 비유가 기업의 세계에도 그대로 적용된다. 여기서 민감성이나 전염성은 허용 임계점이라 할 수 있다. 그리고 상호 작용의 정도는 '작은 세상'의 틀로 모델링할 수도 있다.

벤저민 그레이엄(Benjamin Graham)은 이렇게 말한 적이 있다. "시장에서는 가치 기준에 맞춰 주가가 변동되는 것이 아니라, 주가에 맞춰 가치 기준을 수정한다."[3] 사람들은 원칙에 근거하지 않고 남의 행동에 영향을 받아 가치 기준을 정한다. 주가는 타인들과의 집단적 상호 작용을 반영한다. 그러나 영향을 받는 정도는 제각각이다. 우리 모두 허용 임계점을 가지고 있는데, 이는 얼마나 많은 사람이 같은 행동을 보여야 우리가 참여하고 싶은지를 결정하는 기준이다. 시장이 극단적이면 거의 모든 투자자가 허용 임계점을 넘는다. 정의상 이러한 극단이

그림 37.1 질병의 확산

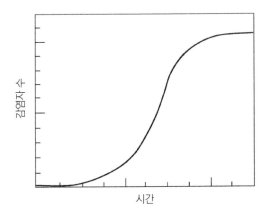

자료: Mark E. Newman and Duncan J. Watts, 《Scaling and Percolation in Small World Network》

감성 반전을 위한 조건을 형성한다.

더욱이 우리는 과거 어느 때보다 상호 작용을 활발히 한다. 최근 들어 과학자들은 작은 세상 효과를 이해하는 데 상당한 진보를 이루었다. 이는 분리의 여섯 단계로 더 잘 알려져 있다.[4] 작은 세상 모형의 근간을 이루는 한 가지는 무리 짓기, 즉 하나의 교점에서 다른 교점으로 연결되는 정도다. 예컨대 이렇게 무리가 지어지면 친구들이 서로 알게 될 가능성이 커진다.

이 네트워크들을 모델링하는 과정에서 연구자들은 지역적인 네트워크 집단을 무작위로 몇 개만 연결해도 분리 정도가 크게 줄어든다는 사실을 발견했다. 현대의 저렴한 통신 수단 덕분에 사회적 집단의 생각은 어느 때보다 빠르게 무리 사이를 관통한다. 게다가 대중매체가 이와 같은 연결성을 더욱 강화한다.

이와 유사한 생물학적 분석으로, 거의 모든 투자자들이 시기를 막론하고 강한 낙관론이나 비관론에 굴복한다는 사실이 드러났다. 더 나아가 우리의 통신 능력 때문에 상호 작용이 더욱 활발해진다는 사실도 거의 확실하다. 감정에 휘둘리는 일은 오래전부터 있었고, 현대라고 해서 예방할 수도 없다.

경제학자들이여, 미스터 마켓을 만나라

경제학자들은 오래전부터 기대가 어떻게 투자수익률과 자본적 지출 활성화 같은 경제적 결과를 도출하는지 잘 알고 있었다. 하지만 경제 모형 대부분은 주체들이 합리적으로 행위한다고 가정한다. 비현실적이지만 편의상 하는 가정이다. 행위자에 바탕을 두는 시장 모형은 경험적 사실과 일치하는 결과를 보여줄 뿐 아니라 가격과 가치 사이의 주기적 이탈도 수용한다.[5]

수 세기에 걸쳐 시장 전문가들은 투자와 투기에 미치는 감정의 역할을 기록해왔다.[6] 그레이엄이 비유한 미스터 마켓(Mr. Market, 주식시장)을 보면 감성에 대해 정말 쉽게 알 수 있다. 그는 미스터 마켓이라는 이름을 가진 친절한 친구가 가격을 제시한다고 상상하자고 했다. 이 친구는 우리를 늘 따라다니면서 관련 사업이 무엇이든 사거나 팔려는 가격을 제시한다.

워런 버핏은 미스터 마켓의 가장 중요한 특징에 대해 다음과 같이 설명한다.

당신들이 보유한 사업이 경제적으로 안정된 특성을 지니고 있더라도, 미스터 마켓이 제시하는 가격은 안정적이지 않을 것이다. 이 불운한 친구는 슬프게도 정서적 불치병에 걸려 있다. 어떤 때는 행복에 도취되어 사업의 좋은 점만 본다. 이때는 당신이 빼앗아 당장 큰 이득을 취할까 두려워하며 아주 높은 가격을 부른다. 기분이 매우 침체되었을 때는 사업이든 세상이든 모두 문제투성이라 생각해 매우 낮은 가격을 부른다. 당신이 문젯거리를 자신에게 떠맡길까 두려워하기 때문이다.[7]

미스터 마켓은 당신이 무시해도 아랑곳하지 않고 계속 달라붙기 때문에, 버핏은 그의 말을 들으면 절대 안 된다고 강조한다. 이 비유는 가격과 가치가 일치하지 않을 수 있다는 점을 시사한다. 가격을 지나치게 중시하는 투자자는 두 가지를 분별하는 데 감정적으로 어려운 시간을 보낼 것이다.

인간의 본성은 진보하지 않는다

벤저민 그레이엄은 1940년대 중반에 했던 강의에서, 이제까지 증권 분석 기법은 많이 발전했지만 한 가지 중요한 부분에서 사실상 진척이 전혀 없다고 강조했다. 그것은 바로 인간의 본성이다. 요즘처럼 수익률이 형편없는 시장에서, 감정의 기복과 불안은 전혀 새로운 것이 아니다. 시골 이발사의 두려움과 욕심은 과거에도 존재했고 미래에도 존재할 투자자의 전형이다. 감정의 중심적 역할은 70년 전에 쓰인 그레이엄과 도드(David Dodd)의 《증권분석(Security Analysis)》 초판에 명백히 나온다. 아래는 1920년대 후반 지배했던 투자 심리에 대해 쓴 글이다.

가격을 불문하고 우량 기업(블루칩)을 사는 것이야말로 건전한 투자라는 '새 시대'의 교리가 등장했다. 도박 열풍에 굴복하는 것을 '투자'라는 이름으로 사실상 합리화하는 데 지나지 않는다. 이런 현상은 영업권, 경영, 기대수익 창출 능력 등 가치를 이루는 무형 요소들이 최근 더 중요해진 점과 밀접하게 연관되어 있다고 생각한다. 이러한 가치 요소들이 존재하는 것은 분명하지만, 수학적으로 계산하기는 어렵다. 따라서 상당히 임의적이고 지배적 심리에 따라 가치 요소를 평가하는 기준이 큰 편차를 보인다는 약점이 있다.[8]

그레이엄과 도드가 다음과 같이 지적했듯, 투자자들은 극단적 정서는 결국 지나간다는 사실도 명심해야 한다.

과거의 경험을 참고하면 오늘날 투자자들이 보이는 극단적 태도는 지속되지 않을 것이다. 또한 번영과 자금 과잉의 시기가 다시 찾아오면 과거에 저질렀던 잘못을 스스로 용서하는, 즉 망각하는 경향을 보일 것이다.

자신의 견해를 유지하라

채권시장과 마찬가지로 주식시장도 할인해서 생각해야 한다. 이는 정상적인 상황이라면 한 자릿수 중후반대의 명목 수익률을 기대해야 한다는 의미다. 극단적 낙관론이나 비관론이 나타나면 이 기대수익은 왜곡되는 경향이 있다. 투자자들은 수익률이 가장 낮을 때 가장 높은 수익률을 기대하고, 가장 높을 때는 가장 낮은 수익률을 기대한다.

2000년 초반과 같이 시장이 어려울 때, 집단적 사고를 피하고 자신의 견해를 유지한 투자자들은 좋은 결과를 얻었다.[9] 특히 역사를 되돌아보고 여러 시나리오를 조심스레 고려하면 참고할 만한 기대수익률을 얻을 수 있다. 워런 버핏은 투자자들이 감정에 휩싸이고 계량적 분석을 무시하기 쉽다는 사실을 강조하면서 다음과 같이 말했다.

투자자는 좋은 투자 대상인지 판별하는 능력이 필요하다. 여기에 시장에 팽배한 극단적 감정으로부터 자신의 생각과 행동을 단절하는 능력을 덧붙인다면 성공을 거둘 수 있다.

성공적인 주주가 되는 길

투자수익에서 자기친화성 찾기

자연은 가장 긴 실을 엮어서 만든 직물 패턴이라고 할 수 있다. 그래서 각각의 작은 천 조각을 들여다보면 직물 전체의 구조를 밝혀낼 수 있다.

– 리처드 파인만(Richard P. Feynman)

나는 할 수 있다

1940년대 후반, 〈라이프(Life)〉지는 잭슨 폴락(Jackson Pollock, 1912~1956)이 '미국 제일의 현존 화가인지' 공개적으로 질문함으로써 큰 파장을 일으켰다. 폴락은 표준적인 그림을 그리는 화가가 아니라, 거대한 캔버스에 물감을 뿌려 만드는 추상화를 창시한 사람이다. 그의 작품이 수백만 달러에 팔리기도 했지만, "헝클어진 머리와 같아 빗어 내리고 싶은 충동을 참기 힘들다"라고 비판한 회의론자도 있었다.[1] 어떤 비평가는 표면에 아무렇게나 물감을 뿌리면 폴락의 작품을 복제할 수 있다고 비웃듯 말했다.[2] 그림 38.1은 1940년대 후반에 폴락이 그린 그림이다.

폴락의 그림에 대한 논란은 아직도 이어진다. 물리학자인 리처드 테일러(Richard Taylor)는 폴락의 그림에 담긴 미학적 매력을 이해하기 위해 수학의 세계에 의존했다. 그는 폴락의 그림이 무질서해 보이지만 기분 좋게도 프랙털 패턴을 보인다는 사실을 발견했다. 프랙털이란 '각 부분으로 나누어진 것이 전체의 축소된 모양을 보여주는 기하학적 패턴'을 말한다.[3] 회의주의자들의 비웃음에도 불구하고, 테일러는 프랙털 패턴이 물감을 떨어뜨린 불가피한 결과는 결코 아니라는 점을 보여주었다.

프랙털은 자연계 도처에 있고, 나무와 구름, 해안선은 일부 사례일 뿐이다. 그래서 인간에게 시각적으로 친근하다.[4] 프랙털 패턴의 중요한 특징은 프랙털 차원 혹은 복합성의 정도다. 선은 프랙털 차원 1.0, 가득 찬 평면은 프랙털 차원 2.0이다. 테일러와 동료들은 프랙털이 자

그림 38.1 잭슨 폴락. Number 9, 1949.

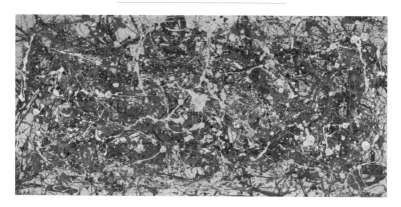

자료: Collection Neuberger Museum of Art, Purchase College, State University of New York, gift of Roy R. Neuberger. Photo by Jim Frank.

연적인 것이든 인공적인 것이든, 사람들은 프랙털 차원 1.3~1.5를 선호한다는 사실을 밝혀냈다. 폴락의 그림 대부분이 여기 속하거나 근접했다. 결과적으로 과학자들은 폴락의 작품인지 아닌지 아주 빨리 분간해냈다.[5]

프랙털이 자연에 흔하기 때문에 과학자들은 종종 자기 조직 시스템과 결부한다. 경제학은 대부분 자기 조직 시스템을 다루기 때문에, 경제 시스템 안에서도 프랙털을 볼 수 있을 것으로 기대했고, 실제로 볼 수 있었다.[6]

성공적인 주주가 되는 길

자기친화성, 혹은 부분이 전체와 닮은 성질은 프랙털의 중요한 특성이다. 콜리플라워를 생각해보라. 전체 콜리플라워는 커다란 덩어리이고, 작은 덩어리들은 모두 비슷하게 생겼다. 주가의 변화도 프랙털이다. 데이터들은 월간이든, 주간이든, 일간이든 모두 똑같다.[7]

분석에 따르면, 투자수익과 자본비용 사이의 스프레드 분포는 국가, 산업, 그룹 회사, 개별 회사, 부서 등 다섯 가지 레벨에서 자기친화적인 모습을 보였다. 시각적 조사 방법으로 가장 쉽게 접근할 수 있다(그림 38.2 참조). 모든 레벨에서 가치가 창조되고 중립화되었다가 파괴되는 똑같은 양상을 띠었다. 더욱 정확하게는 분포도 몇 개는 가치 창조에 기울어 있고, 다른 것들은 가치 파괴에 기울어 있지만, 스펙트럼 양쪽에서는 일관성을 보였다.

화학 업종에서만 살펴보았는데, 다른 산업을 살펴보더라도 비슷한 결과를 얻을 수 있다. 개별 회사도 마찬가지다. 따라서 데이터 수집 문제는 논외로 하고, 국가, 산업, 그룹 회사, 부서, 사업 분야를 막론하고 다르지 않았다.

예술을 덜 추상적으로 만들다

피상적으로 관찰하면 폴락의 그림처럼 추상적으로 보일 수 있다. 하지만 이들의 분포는 투자자들에게 적어도 다음 다섯 가지 의미를 준다고 본다.

1. **수익성이 나쁜 이유를 고민하라:** 수익성 저조가 바람직하지 않다는 것은

통섭과 투자

그림 38.2 다양한 레벨에서 투자수익률의 자기친화성

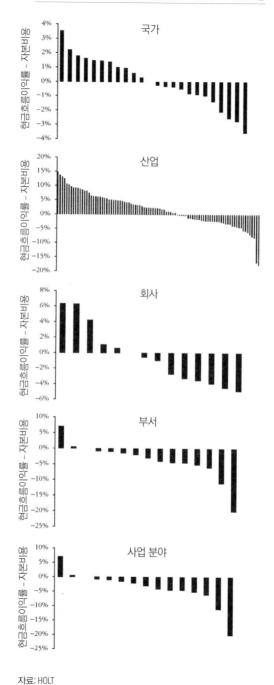

자료: HOLT

확실하다. 하지만 수익이 왜 나쁜지 이해하는 것이 중요하다. 예를 들어, 라이프사이클상 초창기 기업은 투자가 활발하기 때문에 수익성이 나쁠지 모르지만 경제적 미래는 밝을 수 있다. 현재 수익이 저조하다는 이유로 전망이 밝지 않다고 착각할 수 있다.

반대로 성숙한 기업의 수익이 형편없다면 경쟁력이 소진되고, 산업은 공급 초과로 몸살을 앓기 때문이라고 볼 수 있다.

회사들은 경쟁적 우위를 갖기 힘든 신산업에 투자하기도 한다. 따라서 수익성이 나쁜 이유를 자세히 살펴보는 것이 매우 유용하다.

2. **예상치 못한 실적 변화를 찾아라:** 경험에 따르면, 주가는 어느 방향이든 실적 변화와 깊은 관련이 있다. 실적이 크게 개선된 기업이 평균 이하로 실적이 부진해진 기업보다 높은 투자수익률을 보였다. 이는 투자자들이 실적 변화를 충분히 예상하지 못한다는 것을 암시한다.[8]

   투자자들은 시장의 기대치를 측정할 때. 주의를 기울여야 하며, 그 기대치가 변할 것인지 아닌지 결정해야 한다. 시장의 기대치를 고려하지 않거나 제대로 측정하지 못하는 투자자들이 많다.[9]

3. **수익성이 얼마나 지속될지 판단하라:** 수익성은 평균으로 회귀하려는 힘이 강하게 작용한다. 고수익 산업은 경쟁이 치열해져 수익성이 악화되고, 저수익 산업에 자본이 유입되면 수익성이 개선되기도 한다. 경쟁 과정에서 초과수익이 사라지기까지 얼마나 걸리는지 알아보는 것은 필수다.[10]

   주식시장에서는 위험 차이를 감안한 가치평가를 통해 주주의 투자수익을 평준화하는 경향이 있다. 고수익 기업에는 고PBR이, 저수익 기업에는 저

PBR이 형성된다. 그래서 우량 기업의 주식이 반드시 좋은 것은 아니다.

4. **전략이 중요하다:** 기업 관점에서 전략이란 자본비용을 능가하는 수익을 창출하는 일련의 행동을 추구하는 것을 말한다. 성공적인 전략은 일반적으로 제품 차별화나 생산비 절감을 통해 회사를 특별한 위치에 세우는 것이다. 전략이란 무엇을 하고 무엇을 하지 않을지 선택하는 과정이다.

   가장 형편없는 산업에도 가치를 만들어내는 회사가 존재하고, 가장 잘나가는 산업에도 가치를 파괴하는 회사가 있다는 점에 주목해야 한다. 이런 점에서 경쟁 전략이 중요하다. 장기적으로 투자하려면 전략을 꼼꼼하게 평가하는 것이 필수다.[11]

5. **임원이 어디서 근무하는가?:** 남다르게 재능이 뛰어난 임원은 매우 드물다. 따라서 임원이 어떻게 배치되는지 알아야 한다. 훌륭한 임원을 가치가 창출되는 주력 부서에 배치하지 않고 순환 근무를 시키거나 한직으로 보내는 회사도 더러 있다. 그러므로 매출이나 영업이익 등 가치를 파괴하는 인사가 있는지, 임원을 현명하게 배치하는지 판단해야 한다.

질서와 무질서

예전에는 무질서하고 무작위적인 듯 보였지만, 더 좋은 데이터와 컴퓨터 기술을 통하면 나름 질서를 찾아낼 수 있다. 수익률 스프레드 분석을 해보면 자기친화성이 명백히 보이는데, 글로벌 비즈니스에서도 그렇지 않을까 생각한다. 굳이 폴락의 팬이 되지는 않더라도, 이런 식의 관찰은 지적으로 흥미로울뿐더러 실용적인 면에서는 투자와도 관련이 있다.

미래의 투자는 통섭이 중요하다

1993년부터 나는 컬럼비아 경영대학원에서 증권 분석을 강의하고 있다. 짐작하듯 이 강의는 가치평가, 재무제표 분석, 경쟁 전략 등 기초적인 투자 이론을 다룬다. 나는 매 학기 첫 시간에, 해답을 주기보다는 굉장히 많은 질문을 던지는 수업이 될 것이라고 예고한다.

예컨대 시장에서 정보를 어떻게 취합할 수 있는가? 그런 정보가 주가의 효율성에 어떤 영향을 주는가? 기존 학계가 위험을 잘못 측정했다는 것을 깨달았다면, 위험을 대체 어떻게 측정해야 하는가? 다양한 환경 아래서 어떤 경쟁 전략이 성공 또는 실패할 것인가? 우리의 뇌는 어떻게 작동하는가? 알아야 할 것이 여전히 많다는 것은 분명하다.

이처럼 답을 찾기 어려운 문제들이 투자자를 흥미롭게도 하고 좌절하게도 한다. 앞으로 배워나가며 지식을 늘리고 이해력을 증진할 수 있다는 점은 흥미롭다. 아직 이해하는 부분이 너무 적다는 것, 그리고 시장은 언제나 가장 영리한 투자자조차 당혹스럽게 만든다는 점은 좌절스럽다.

나는 여러 학문을 통섭하는 능력이 투자 지식을 향상시킨다고 확신한다. 금융경제학자들은 종종 물리학자, 심리학자, 사회학자 들의 투자 관련 작업을 회의적으로 받아들인다. 경제학 지식이 적은 학자들에게 부족한 점이 있는 것은 당연하다. 하지만 궁극적으로 여러 학문 분야에 걸친 공동 연구에서 얻어진 통섭 능력은 가장 심오하기 때문에 기업과 시장의 작동 원리에 대한 해답을 제시할 수도 있다.

여러 학문 분야에 걸쳐 접근하면 투자 지식을 함양하는 데 어떻게 유용한지 간단히 정리하면 다음과 같다.

- **의사결정과 신경과학:** 지금까지 카너먼과 트버스키의 전망 이론을 수차례 언급했다. 이 이론은 사람들이 이상치와 동떨어진 결정을 내리는 이유를 설명한다. 전망 이론은 사업과 투자를 결정할 때 나타나는 인지 오류와 의사결정 편향성을 연구하는 행동재무 이론을 명백하게 정립했다.

  전망 이론은 크게 진보했지만, 인간들이 의사결정을 하는 메커니즘을 밝혀내지는 못했다. 근래 들어 신경과학이 발전하면서 연구 대상의 뇌를 들여다보는 것이 가능해져, 사람들이 결정을 내리는 짧은 순간의 뇌 반응도 엿볼 수 있다. 경제학자 콜린 캐머러(Colin Camerer)는 신경과학자들을 1950년대 동네에서 처음으로 텔레비전을 구입한 가정에 비유했다. 당시 텔레비전 방송은 화면이 흐릿하고 소리도 귀를 기울여야만 겨우 알아들을 수 있는 수준이었지만 새로운 영상과 통찰력은 모두를 자극하고도 남았을 것이다. 마찬가지로, 신경과학이 보여줄 미래는 갈수록 선명해질 것이다.

- **시장의 통계적 특성—설명에서 예측까지?:** 시장을 설명할 때, 금융경제학자들은 일반적으로 위험과 보상 사이에 분명한 상충 관계가 있음을 가정한다. 하지만 불행하게도 실제 경험 수치들은 단순한 위험과 보상의 관계로 규정되지 않는다. 브누아 망델브로가 주장한 것처럼, 규명하지 못하는 것은 제대로 설명하지 못했기 때문이다.

  1960년대 초 망델브로가 금융을 진지하게 연구한 이후, 수익률 변동이 정규분포가 아니라 파워 법칙을 따른다는 사실이 통계 분석을 통해 밝혀졌다.[1] 이를 오래전부터 알고 있던 업계 전문가들은 직관에 근거했지만 모형을 변형해가며 실전에 적용해왔다. 그러나 시장의 통계적 특성을 묘사하고 범주화하더라도 원인과 결과까지 밝힐 수 있는 것은 아니다.

- **행위 주체 기반 모형:** 경제 모형 대부분은 개인의 차별성을 얼버무리고, 단순하게 평균적인 개인을 가정한다. 행위 주체 기반 모형은 개별 행위 주체에게 제한적이지만 다양한 능력을 부여하고, 가상의 환경에 슬쩍 집어넣었다. 이 모형은 각 개인의 차이점이 시장의 결과를 만들어내는 데 중요하며, 피드백 메커니즘이 매우 활발하다는 사실을 보여주었다. 예를 들어 사람들은 종종 다른 사람들의 결정에 근거해 의사를 결정하곤 한다. 이런 간단한 모형을 통해 시장에서 행위 주체의 행동에 대한 직관력을 극적으로 개선하고 결과적으로 유용한 예측으로 연결할 수 있었다.

- **네트워크 이론과 정보의 흐름:** 스탠리 밀그램은 1960년대에 '6단계

분리'라는 개념을 창시한 사람으로 잘 알려져 있다. 중개자를 다섯 번 거치면 세상 누구와도 연결된다는 것이다. 문제는 이 개념이 정교하지 않았다는 점이다. 수십 년 동안 6단계 분리 개념은 꽤 인기를 얻었으나 증명되지는 않았다.

1990년대 후반, 신세대 과학자는 컴퓨터를 비롯한 정교한 분석 틀을 이용해 이 문제를 다루었다. 그들은 6단계 분리 개념의 타당성을 정밀하게 보여주었을 뿐 아니라, 네트워크 구조에 대한 중요한 특성들까지 밝혀냈다.[2]

네트워크에 대한 이해 증진은 자연과학, 생물학, 사회과학 사이의 자유로운 의견 교환, 즉 여러 학문 분야에 걸친 노력의 결과임이 분명하다. 네트워크 연구는 유행병리학, 심리학, 사회학, 확산 이론, 경쟁 전략 등을 포함한 많은 분야에서 진행되고 있다. 네트워크 이론은 생산시장과 자본시장이 발전하고 변화하는 양상을 이해하는 데 결정적인 도움을 줄 것이다.

• **성장과 크기의 분포:** 산업화된 국가에서 기업 크기의 분포는 매우 심하게 왜곡되어 있다. 즉, 초대형 기업 소수와 소기업 다수가 공존한다. 과학자들은 이 같은 패턴이 거의 100년 동안 유지되고 있음을 발견했다. 하지만 누구도 이러한 분포를 이끌어내는 메커니즘을 설명할 수 없었다.

동물의 크기 분포와 대사율도 왜곡되어 있기는 마찬가지다. 이는 기업의 크기와 매우 유사한 패턴을 보인다. 과학자들은 크기와 대사율 사이의 물리적 조건을 훌륭하게 설명하고 있다.[3] 생물학적, 물리학

통섭과 투자

적 원리를 사회과학으로 확장하면 상당히 유용한 결과를 도출할 수 있을 것이다.

- **투자자를 위한 모의 비행 프로그램?:** 나는 언제나 조종사 훈련용으로 만들어진 모의 비행 프로그램에 강한 인상을 받는다. 이 정교한 기계는 수만 가지 상황을 재현할 수 있고, 조종사들이 현실감을 가지면서 안전하게 중요한 경험과 피드백을 할 수 있게 해준다.
같은 목적으로 투자자를 위한 모의 훈련 프로그램을 만드는 것이 가능할까? 투자에서 도전적인 과제들 중 하나는, 특히 장기 투자자의 경우는 바로 피드백이다. 연구에 따르면, 분명하고 지속적인 피드백은 확률이 지배하는 분야에서 전문가들에게 도움을 준다. 기상예보관과 경마꾼이 정확하고 시의적절한 피드백을 받는 반면 장기 투자자는 그렇지 못하다. 아마도 언젠가는 투자자들이 더 좋은 결정을 내리는 데 필요한 모의 훈련 프로그램도 만들어질 것이다. 물론 그렇게 된다면 초과수익을 내는 것도 더 어려워질 것이다.

전 세계 금융시장에서는 매일 수조 달러가 거래되고 있다. 시장을 연구하는 자료는 상당히 많지만 이해할 수 없는 부분도 여전히 많다. 나는 이 책을 통해, 이러한 많은 질문들에 대한 해답은 여러 학문에 걸친 통섭으로만 얻을 수 있다는 점을 강조한다.

부록

신진오 · 서태준 정리

찰리 멍거처럼 정신적 격자 모형 구축하기

일반적인 사고 개념 11개

수리 능력 14개

시스템 22가지

물리의 세계 9가지

생물학의 세계 15가지

인간의 본성 & 판단 23가지

미시경제학 & 전략 14가지

군사 & 전쟁 5가지

찰리 멍거처럼 정신적 격자 모형을 구축해보자

버크셔 해서웨이의 부회장 찰리 멍거는 1990년대에 행한 연설에서, 지적 결정을 내리는 실용적인 방법으로 정신적 격자 모형을 소개했다. 정신적 격자 모형이란 방대한 지식을 차곡차곡 정리해 현실 세계에서 맞닥뜨리는 수많은 시나리오를 판단하는 방법이다. 학교에서 개별적인 지식을 단순하게 잘 암기하던 우등생도 현실에서는 생활 바보에 불과한 경우를 자주 경험한다. 지식을 제대로 활용하려면 격자 형태로 이론적 모형을 연결하고, 구축된 모형들에 경험을 입혀주어야 한다. 여기서 중요한 것은 다양한 학문 분야를 참고해야 한다는 점이다.

최근 들어 유난히 분야를 넘나드는 통섭적 사고법이 강조되는 이유는 무엇일까? 학문은 편의상 분야별로 전문화되어 발전되었다. 하지만 개별 학문으로는 세상을 이해하는 데 한계가 있다. 거꾸로 말하면 세상을 제대로 이해하려면 여러 학문의 관점을 통섭적으로 연결하고 융합해야 한다는 것이다. 그런 수요에 힘입어 융합대학원과 산타페 연구소와 같은 다학제적 연구소 등이 등장하고 있다. 최근의 특별한 추세라기보다는 편의상 분화된 개별 학문이 본래의 목적을 위해 통합되는 과정이라고 보면 된다.

역사적으로 참신하고 획기적인 아이디어는 해당 분야가 아니라 전혀 다른 분야를 참고하면서 많이 등장했다. 기업 매출 경쟁을 전쟁에 비유하면서 병법에서 해법을 찾기도 한다. 동물이나 자연의 형태에서 가구나 자동차의 디자인을 찾아내기도 한다. 사회성 곤충의 생태에서 인간 사회의 문제점에 대한 해결책을 찾기도 한다. 이렇게 다른 분야의

통섭과 투자

이론적 모형을 참고하거나 응용하는 사고방식을 찰리 멍거는 정신적 격자 모형이라고 불렀다고 보면 된다. "보다 객관적이고 통섭적으로 공부하면 아무리 똑똑한 사람도 이길 수 있다. 게다가 나 자신의 경험에 비추어 볼 때 돈도 많이 벌 수 있다"라고 찰리 멍거는 말하고 있다.

투자와 관련해 살펴보면, 교량을 무너뜨리지 않고 안전하게 지나갈 수 있는 중량을 표현하는 개념인 '안전 계수'에서, 내재가치에 비해 지나치게 높은 가격에 매입해 투자에 실패하는 위험을 예방하는 '안전 마진'의 개념이 도출되었다고 보인다. 또 물리학의 '균형'이라는 개념으로부터 정치학에서는 '세력 균형의 원리'가, 경제학에서는 '균형 가격'이, 투자론에서는 포트폴리오의 종목별 비중을 조절하는 '리밸런싱'의 개념이 도출되었다고 보인다.

정신적 격자 모형을 진행하는 순서는 다음과 같다. 첫째, 가급적 다양한 학문의 이론적 모형을 이해한다. 둘째, 각 분야의 이론적 모형을 격자 형태에 차곡차곡 정리한다. 셋째, 주어진 문제를 풀기 위해 다른 분야의 이론적 모형을 참고하거나 응용한다.

다양한 학문의 이론적 모형을 이해하려면 분야를 가리지 않는 광범위한 독서가 필수적이다. 제한된 시간에 모든 분야의 깊은 지식을 갖추는 것은 어렵지만, 최소한 개론 수준의 공부라도 하면 도움이 된다. 여기서 모형이란 시공을 막론하고 보편타당하다고 인정받는 일반 원리들을 말한다. 예를 들어 수학의 공리와 정리, 생물학의 진화론, 물리학의 상대성 원리, 경제학의 수요 공급의 원리 등이 그런 것이다.

원시 공동체에서는 한 사람이 다양한 일을 동시에 수행했을 것이다. 그런데 현대 사회에서는 다양한 직업과 전문 분야가 존재한다. "망치를 든 사람에게는 모든 게 못으로 보이기 마련이다"라는 말처럼 인간은 자신의 관점으로 보는 경향이 있다. 그래서 한 분야의 전문가라도 자신의 세계에 갇혀서 실수할 가능성이 있다. 다양한 분야의 모형에 비추어 보면 실수를 방지할 수 있고, 의외로 해법을 찾을 수도 있다.

여러분의 생각이 복잡하다면 모형 간에 통섭적 융합이 일어나고 있다고 보면 된다. 즉, "모형 1은 X를 하라고 하고, 모형 2는 Y를 하라고 한다"의 상황에 놓인 것이다. 다소 머리가 아플지라도 바람직한 방향으로 가고 있다는 증거다. 모형들끼리 경쟁하고 융합하는 과정을 거치는 것이 본래의 목적에 부합하는 좋은 사고법이다.

해마다 쏟아져 나오는 새로운 개념들을 살펴보면 본질적으로 이미 알고 있는 개념인 경우가 많다. 근원적인 생각들이 이미 있기 마련이다. 온고이지신(溫故而知新), 즉 옛것을 익혀 새것을 알 수 있다. 새로운 발상이란 오래된 발상을 새롭게 포장한 것에 불과하다. 그럼에도 불구하고 우리는 옛것을 익히는 것이 아니라 새것을 좇는 데 대부분의 시간을 할애하고 있다!

뿌리가 깊고 튼튼하고, 몸통이 우람하며, 가지가 단단한 생각의 나무를 만드는 일이 중요하다. 이 나무에다 우리가 살아가면서 직간접적으로 얻는 경험의 잎사귀, 즉 누구나 겪게 되는 각종 시나리오와 결정들, 문제와 해결 방법 등을 달아주면 된다. 자신만의 정신적 격자 모형을 만들어가는 일은 평생에 걸친 작업이다. 중단 없이 계속하다 보면 현실을 이해하는 능력과 지속적으로 올바른 판단을 내리는 능력, 사랑하는 이들을 돕는 능력 등이 계속해서 향상됨을 알게 될 것이다. 이제부터 개별 학문의 근간을 이루는 이론 모형들을 살펴보겠다. 여기서는 하나의 사례로 제시할 뿐, 전부는 아니다. 여러분 각자가 채워나가기 바란다. 개별 학문의 개론서를 참고하면 이론 모형을 수집하는 데 도움이 된다.

찰리 멍거처럼 투자하는 방법을 연구하는 래티스워크 인베스팅(Latticework Investing)에서는 정신적 격자 모형의 절차를 다음 페이지에 나오는 그림과 같이 소개한다.

의사결정을 돕는 활동을 하는 파남 스트릿(Farnam Street)에서는 정신적 격자 모형을 구축하는 개념들을 사례로 소개하고 있다. 자신만의 정신적 격자 모형을 구축하는 데 참고하기 바란다.

일반적인 사고 개념 11개

1. 배제의 법칙

선택보다 회피를 고려함으로써 더 나은 해결책을 찾는 수가 종종 있다. 배제의 법칙은 인생사 전반에서 그 효력을 발휘한다. "내가 죽을 곳이 어딘지를 알려주면 그곳만은 절대로 가지 않겠소."

2. 확증 편향과 반증

뭔가를 원하면 그것을 믿거나 선택했기 때문이다. 이를 흔히 확증 편향이라고 한다. 확인을 통해 안도감을 얻으려 한다. 그런데 과학적 절차들은 이와 정반대로 블라인드 테스트를 하거나 반증 가능성을 탐색하는 엄격함을 거친다.

정신적 격자 모형

찰리 멍거

통섭적으로 접근하라
"학문 영역을 무시하라"

가장 중요한 모형에 집중하라
80~90개 모형을 정리하라

사회적 검증	복리
역발상	규모의 경제
임계량	안전 마진
파레토 법칙	포아송 분포
생태계	롤라팔루자 효과

모델을 융합하라
모든 현실은 다른 현실과 관련이 있다.
모순이 발견되면 해법이 존재한다.

충분하게 익혀라
언제나 자연스럽게 생각날 정도가 되어야 한다.

'어쩌다'가 아니라 '언제나' 반복적으로 활용하라
"망치를 든 사람은 모든 게 못으로 보인다"라는 신드롬을 피해야 한다.

객관적으로 생각하라
체크 리스트를 활용하라

3. 능력범위

워런 버핏은 자신이 진정으로 제대로 이해하는 분야를 능력범위라 부른다. 이를 벗어나는 것은 무지할 뿐 아니라 자신이 무지하다는 사실조차 모르기 때문에 문제가 될 수 있다. 따라서 결정을 내릴 때는 자신의 능력범위 내에서 행동하는 게 중요하다.

4. 단순할수록 좋다(오컴의 면도날)

가장 단순하고 변수가 적을수록 좋다. 반증하거나 이해하기 쉬울 뿐만 아니라 맞을 가능성이 크기 때문이다. 가장 단순한 해법으로도 충분하다는 뜻이다. 하지만 알베르트 아인슈타인의 경고는 염두에 둘 필요가 있다. "모든 이론은 가능한 한 단순하게 만들어야 한다. 그러나 (합리성을 상실할 만큼) 지나치게 단순화해서는 안 된다."

5. 자신의 어리석음을 남의 탓으로 돌리지 말라(핸런의 면도날)

세상의 나쁜 사건은 나쁜 사람의 나쁜 행동 때문이라고 결론 내리기 쉽다. 사실일 수도 있다. 하지만 남의 탓이라기보다는 자신이 어리석어서 생긴 결과인 경우가 많다. 내 탓이라고 생각하면 극단적인 피해망상과 이념에서 벗어나게 된다.

6. 2차 효과

2차 효과의 영향력이 압도적인 데도 불구하고 간과되는 경우가 종종 있다. 어떤 효과가 또 다른 효과를 낳는 사실을 생각해야 한다. 가두행진을 까치발로 구경하는 경우가 2차 효과의 좋은 사례다. 한 사람이 까치발을 하면 모두가 덩달아 까치발을 해서 처음에 까치발을 한 효과가 없어진다. 그러나 발바닥으로 서서 편안하게 구경하는 대신 이제는 모두가 까치발로 서서 구경해야 하는 불편을 감수해야 한다.

7. 모형은 불완전할 수밖에 없다

아무리 정교하게 지도를 제작해도 실제 지형과는 차이가 있다. 실제와 비교할 때 모형은 불완전할 수밖에 없다. 단순화를 위해서는 어쩔 수 없다는 것을 인정해야 한다.

8. 사고 실험

사고 실험이란 실제로 불가능한 것을 머릿속에서 논리적으로 수행하는 실험이다. 아인슈타인이 상대성 원리를 밝히기 위해 자신이 빛에 올라타 여행하는 상상을 했던 것처럼, 직관과 논리를 이용해 보이지 않는 문제의 해답을 찾을 수 있다.

9. 미스터 마켓

벤저민 그레이엄은 주식시장을 어느 날은 유쾌했다가 다른 날엔 우울해하는 조울증에 걸린 친구로 비유했다. 투자자는 그가 우울할 때 싸게 매수하고, 그가 유쾌할 때 비싸게 매도하면 된다. 이는 미스터 마켓이 늘 평정심을 가진다고 믿는 효율적 시장 가설과 대비되는 태도다.

10. 확률론적 사고방식

인간의 세계는 예측 불가능하기 때문에 결정론적이기보다는 확률론적인 결과가 지배하는 곳이다. 정확하게 미래를 예측할 수는 없지만 어떤 사건이 발생할 가능성이 있다는 정도는 알 수 있다. 횡단보도를 건너면서 교통사고의 가능성을 무의식적으로 계산하는 게 좋은 예다.

11. 기본 상태

캘리포니아 대학교 개럿 하딘(Garrett Hardin)은 "과학하는 마음은 닫혀 있지 않다. 다만 양심적인 불침번이 잘 지키고 있을 뿐이다"라고 말했다. 입증의 부담은 반박하는 쪽에 있다는 뜻이다. 기회비용 및 시간과 노력의 제약을 감안하면 기본 상태를 설정할 필요가 있다. 열역학 법칙과 자연선택의 법칙, 보상에 따른 편향 등이 예라고 할 수 있다.

수리 능력 14개

1. 순열과 조합

수학의 순열과 조합을 통해 우리는 세상사의 실용적인 확률, 이를테면 일이나 사물을 어떻게 정리하고 어떻게 생각할지와 같은 것들을 이해할 수 있다.

2. 대수학의 등식

대수학이 등장하면서, 서로 달라 보이는 것들이 실은 같을 수 있음을 수학적으로 또한 추상적으로 입증할 수 있게 되었다. 수학 기호를 조작함으로써 양쪽이 일치하거나 불일치함을 보일 수 있는데, 이로 말미암아 인류는 실로 엄청난 공학적, 기술적 능력을 획득하게 되었다. 대수학의 기초만 알아도 여러 가지 중요한 결과들을 이해할 수 있다.

3. 무작위성

비록 인간의 뇌가 이해하느라 애를 먹지만 세상의 대부분은 무작위 적이며 비연속적이고 비순서적인 일들로 가득하다. 우리는 무작위성 에 '속아서', 우연히 일어난 일과 우리의 통제 밖의 일 사이에 인과관 계를 부여한다. 이런 식으로 행운에 속는 효과, 즉 잘못된 패턴을 찾아 내는 실수를 수정하지 않으면 우리는 사건들이 실제보다 더 예측 가능 하다고 믿으며 그에 따라 행동하는 우를 범하게 될 것이다.

4. 확률 과정

독립변수의 움직임을 정확하게 예측하기란 불가능하지만 확률 과정 을 통해 시스템을 이해할 수 있다. 이를테면 매일의 주가를 맞힐 수는 없지만 장기간의 주가 분포를 통해 확률을 추산할 수는 있다. 주식시 장이 하루에 10% 등락할 가능성보다 1% 등락할 가능성이 큰 것은 분 명하다.

5. 복리

복리란 원금에 이자가 붙으면서 그 이자에 이자가 붙는 방식을 말 한다. 이는 선형적이 아니라 기하급수적 과정이다. 생각과 인간관계도 그럴 수 있다. 물질적 세계에서는 제약을 받지만 비물질적인 세계에서 는 더 자유롭게 복리로 불어날 수 있다. 복리는 돈의 시간 가치와 연관되어 있는데 이는 모든 현대 금융의 초석이라고 할 수 있다.

6. 0의 곱셈

어떤 수에 영을 곱하면 아무리 큰 수라도 영이 된다. 이는 수학뿐만 아니라 인간 세계에서도 마찬가지다. 어떤 시스템에서는 한 부분의 실패가 나머지 전부의 공든 탑을 무너뜨릴 수 있다. '0'을 극복하는 것이 다른 부분을 키우려는 노력보다 훨씬 나을 수 있다.

7. 물갈이

회원을 관리하는 서비스회사와 보험회사 들은 물갈이 개념을 잘 이해하고 있다. 매년 일정 수의 고객이 빠져나가고 새로운 고객들로 교체해야 한다. '붉은 여왕 효과'에서 볼 수 있듯이, 제자리에 가만히 서 있으면 뒤처지는 거나 마찬가지다. 물갈이는 많은 사업과 인체에서 쉽게 볼 수 있다. 일정량이 주기적으로 빠져나가고, 새롭게 더하기 전에 교체해야 한다.

8. 대수의 법칙

표본이 많아질수록 실제의 값과 기댓값의 차이가 줄어든다. 예를 들어 무작위로 500명을 뽑아 평균 신장을 구하는 것이, 무작위로 5명을 뽑아 구할 때보다 실제 평균 신장에 가까워질 가능성이 훨씬 크다. 반대로 표본이 적다면 마땅히 의구심을 갖고 살펴봐야 한다는 소수의 법칙도 있다.

9. 정규분포

중앙에 의미 있는 평균이 위치하고, 평균에서 멀어질수록 가능성이 희박해지는 표준편차가 나타나는 종형 분포를 말한다. 그런데 주식시장과 같은 인간 사회에서는 정규분포를 따르지 않는 경우도 있음을 유의해야 한다.

10. 파워 법칙

파워 법칙에서는 하나의 변수가 다른 변수와 선형 관계를 맺지 않고 지수 관계를 맺는다. 리히터 규모에 따르면 강도 8의 지진은 강도 7보다 10배 더 파괴적이고, 강도 9는 8보다 10배 더 파괴적이다. 평균적인 지진이란 있을 수 없다.

11. 두꺼운 꼬리

정규분포에 비해 꼬리가 두꺼운 경우가 있다. 극단적 사건들이 일어날 확률이 실제로 훨씬 높다는 얘기다. 두꺼운 꼬리가 음(-)의 영역에 있다면 훨씬 더 위험할 수 있다. 반대로 양(+)의 영역에 있다면 수익성이 훨씬 더 클 수도 있다. 인간 사회의 많은 부분은 정규분포보다 두꺼운 꼬리를 지녔다고 한다.

12. 베이지안 업데이팅

새로운 정보가 더해지면 이와 관련된 기존 확률 모두에 점증해 반영하는 것을 베이지안 업데이팅이라고 한다. 다시 말해 기존 확률과 새로운 정보를 결합해 최상의 결론에 도달해야 한다. 직관을 따르는 인간의 의사결정 과정과는 사뭇 다르다.

13. 평균회귀

정규분포를 따르는 시스템에서는 평균에서 이탈하는 것이 길어지면 소위 대수의 법칙, 즉 관측 횟수가 늘어남에 따라 평균으로 돌아가는 경향이 있다. 알고 보면 평균으로 회귀하는 것뿐인데도, 아픈 사람이 자연스럽게 회복하는 것이 약초 치료를 시작한 무렵과 겹친다고 해서, 또는 형편없는 운동 팀이 연승 행진을 한다고 해서 속는 경우가 종종 있다. 통계적으로 일어날 가능성이 있는 사건과 인과관계를 헷갈리면 안 된다.

14. 자릿수

대부분의 경우 정량적 표현을 정확하게 하는 것은 불가능하고 불필요하기도 하다. 예를 들어 우리 은하계와 이웃 은하계 사이의 거리가 정확하게 몇 킬로미터인지 따질 필요 없이 몇 자릿수인가가 중요하다. 즉, 100만 킬로미터 떨어져 있는가, 아니면 10억 킬로미터 떨어져 있는가의 문제다. 이 사고방식은 지나치게 정확성을 추구하는 습관을 고쳐줄 수 있다.

시스템 22가지

1. 규모

시스템의 가장 중요한 원리 중 하나는 규모에 민감하다는 것이다. 규모를 늘리거나 줄이면 시스템의 속성이나 행동 양식이 바뀐다. 복잡계를 연구할 때는 대상이 되는 시스템을 관찰하고 분석하고 예측할 때 항상 규모를 대략이라도 계량화해야 한다. 자릿수만이라도 그렇게 해야 한다.

2. 수확 체감의 법칙

현실 세계에서 어떤 결과들은 증가분이 점차 줄어들 수밖에 없는 한계를 갖고 있다. 가난한 가족이 좋은 사례다. 돈을 충분히 주면 가난에서 벗어난다. 하지만 일정량을 넘어서면 형편이 별로 더 나아지지 않는다. 수확 체감의 법칙이 부정적인 영향을 줄 때도 있다. 이를테면 지나치게 많은 돈이 가난한 가족을 망가뜨리는 경우가 그렇다.

3. 파레토 법칙

빌프레도 파레토(Vilfredo Pareto)는 인구의 20%가 이탈리아 땅의 80%를 소유하고 있음을 발견했다. 그의 이름을 딴 파레토 법칙은 어떤 현상의 작은 부분이 불균형하게도 큰 효과를 일으키는 것을 말한다. 이 법칙은 정규분포와 차별되는 파워 법칙을 따르는 통계 분포이며, 부의 쏠림부터 도시의 인구 분포, 인간의 습관까지 다양한 현상에서 찾아볼 수 있다.

4. 피드백 고리와 항상성

모든 복잡계는 양의 피드백 혹은 음의 피드백을 피할 수 없다. A가 B를 야기하면 다시 B가 A나 C에 영향을 미치는 식이다. 이때 고리가 계속해서 역동성을 보이면 보다 높은 차원의 효과를 초래한다. 항상성을 유지하는 시스템에서 A에 변화가 일어나면 이와 반대되는 변화가 B에서 일어나 시스템 전체의 균형을 잡는다. 사람의 체온이나 조직 문화의 행태를 예로 들 수 있다. 자동 피드백 고리는 외부의 힘에 의해 변화가 일어나지 않는 한 정적인 환경을 유지한다. 고삐 풀린 피드백 고리는 어떤 반응의 결과가 자신의 촉매가 되는 경우(자체 촉매 작용)를 일컫는다.

5. 카오스 역학(초기 조건에 대한 민감도)

우리가 살고 있는 세계와 같이 카오스 역학의 지배를 받는 세계에서는 거의 무한에 가까운 피드백 고리가 발생하는 탓에, 초기 조건이 미세하게 달라져도 아래 방향으로 막대한 효과를 낳게 된다. 다른 말로 나비 효과라고 불린다. 이는 (며칠 후의 날씨와 같은) 물리적 시스템과 (장기에 걸친 인간 집단의 행태와 같은) 사회적 시스템의 일부분은 근본적으로 예측 불가능하다는 사실을 의미한다.

6. 선호적 연결(누적 이익)

선호적 연결은 현재 가장 앞선 자가 뒤처진 자들에 비해 더 많은 보상을 받음으로써 선도자로서의 입지가 다져지거나 더 공고해질 때 발생한다. 강력한 네트워크 효과가 선호적 연결의 좋은 예다. 예를 들어

차순위 시장보다 10배 많은 판매자와 구매자를 가진 시장이라면 선호적 연결의 역학을 갖기 쉽다.

7. 부상

높은 차원의 행동 양식은 낮은 차원의 요소들 간 상호 작용 속에서 출현하는 경향이 있다. 그 결과는 종종 단순한 더하기 형태의 선형적이 아니라 비선형적이거나 기하급수적이다. 이렇게 부상하는 행위는 구성 요소들을 연구하는 것으로는 예측할 수 없다는 중요한 속성을 지닌다.

8. 기약성(既約性)

거의 모든 시스템에는 더 이상 줄일 수 없는 정량적 속성들, 즉 복잡성, 최솟값, 시간, 기간 등이 있다. 이 정량적 수준 이하에서는 기대하는 결과가 아예 일어나지 않는다. 아기가 태어나는 시간을 줄이기 위해 여러 여성을 임신시킬 수 없고, 제대로 만들어진 자동차를 단 하나의 부품으로 줄일 수도 없다. 결과물은 특정 값 이하로는 줄일 수 없다.

9. 공유지의 비극

경제학자이자 생태학자인 개럿 하딘이 주장한 '공유지의 비극'은 시스템 안에서 어떤 자원을 보살피는 개인의 책임이 전무한 채 모두가 공유하는 자원은 시간이 지남에 따라 고갈되는 경향이 있음을 일컫는다. 비극의 원천에는 보상의 원리가 자리한다. 사람들이 협력하지 않는 한 각 개인은 자기만 기회를 놓칠세라, 자신이 발생시키는 비용보다 더 많은 효용을 자원으로부터 끌어내고, 결국 자원은 고갈된다.

10. 그레셤의 법칙

영국 왕실의 재정가였던 토머스 그레셤의 이름을 딴 이 법칙은 진짜 화폐는 퇴장해 비축되고 대신 위조화폐가 사용되기 때문에 위조화폐가 진짜 화폐를 밀어내게 된다고 말한다. 유사한 현상을 인간 사회에서 관찰할 수 있는데, 윤리 체계가 무너지면 나쁜 행동이 좋은 행동을 밀어내고, 경제 체계가 무너지면 나쁜 경제 행위가 좋은 경제 행위를 밀어내는 식이다. 일반적으로 그레셤의 법칙에 따른 결과를 막으려면 규제와 관리, 감독이 필요하다.

11. 알고리즘

정확하게 정의하기는 어렵지만, 알고리즘은 원하는 결과물을 낳는 자동화된 규칙들의 모임 또는 일련의 단계나 행동을 유도하는 일종의 청사진이라고 할 수 있으며, 종종 조건문 형태로 서술된다. 알고리즘은 컴퓨터 분야에서 활용되는 것으로 널리 알려져 있지만 생명체의 속성이기도 하다. 인간의 DNA가 사람을 만들기 위한 알고리즘을 갖고 있는 게 좋은 예다.

12. 프래질 – 강건함 – 안티프래질

나심 탈렙의 책《안티프래질(Antifragile)》로 유명해진 이 생각은 점증하는 부정적 변동성에 대한 시스템의 반응을 각각 프래질(fragility, 깨지기 쉬움), 강건함(robustness), 안티프래질(antifragility, 깨지기 쉬운 성질의 반대이자, 오히려 그러한 성질을 이용해 더 강해지는 성질)로 설명한다. 프래질은 부정적 변동성이 늘어날수록 안 좋은 결과가 불균형적으로 더 커지는 시스템이나 대상을 말한다. 커피 잔을 높이 1.8미터에서 떨어뜨리면 산산조각 나지만, 높이 0.3미터에서 떨어뜨리면 피해가 6분의 1로 줄어드는 것이 아니라 아예 깨지지도 않는 경우를 예로 들 수 있다. 강건함은 부정적 변동성 증가에 영향받지 않는, 즉 중립성을 띠는 것을 말하고, 안티프래질은 부정적 변동성이 늘어나면 오히려 혜택을 입는 경우를 말한다. 높이 0.3미터에서 떨어뜨릴 때보다 1.8미터에서 떨어뜨릴 때 오히려 더 강해지는 커피 잔이라면 안티프래질하다고 할 수 있다.

13. 백업 시스템과 중복성

공학에서 매우 중요한 것이 백업, 다시 말해 예비 시스템이다. 유능한 공학자라면 시스템을 이루는 각 부분을 완벽하게 신뢰하지는 않는다. 시스템 전체를 보호하기 위해 공학자는 중복성 혹은 여분을 둔다. 견고한 시스템을 위한 이 원칙이 없다면 물질적이든 비물질적이든 시스템은 언젠가 결함을 드러내기 마련이다.

14. 안전 마진

비슷한 생각으로 공학에서는 모든 계산에 안전 마진, 즉 오류의 여지를 두는 걸 습관처럼 여긴다. 4톤의 무게를 버틸 수 있도록 지어진 다리 위로 4.5톤짜리 버스를 모는 일은 누가 봐도 현명치 못하다. 현대에 지어진 다리들이 웬만해서는 무너지지 않는 것도 이 때문이다. 물리적인 공학의 세계가 아닌 일상적인 세계에서도 다리를 설계할 때처럼 오류의 여지를 둠으로써 혜택을 받을 수 있다.

15. 임계값

어떤 단계에서 다음 단계로 불연속적으로 도약하려고 할 때 시스템이 임계값에 도달했다고 한다. 단계가 바뀌기 직전 마지막 단위의 한계효용은 이전의 모든 단위보다 현격하게 높은 값을 갖는다. 특정 온도에 이르면 액체에서 기체로 바뀌는 물을 예로 들 수 있다. 임계질량이란 그 결정적인 사건이 일어나는 데 필요한 질량을 말하며 핵반응에서 자주 언급된다.

16. 네트워크 효과

네트워크는 마디 혹은 옹이라고 할 수 있는 노드가 더해질수록 가치가 올라간다. 이것이 바로 네트워크 효과다. 전력 시스템과 전화 시스템을 비교하면 이해하기 쉽다. 전기가 딱 한 집에만 들어온다면 그 집에 사는 사람들은 엄청난 가치를 소유하게 된다. 하지만 전화가 딱 한 집에만 있다면 아무짝에도 쓸모가 없다. 전화가 있는 집이 늘어나야 전화 네트워크가 가치를 얻는다. 네트워크 효과는 오늘날 세계에 널리 퍼져 있고, 기업과 소비자 모두에게 엄청난 가치를 만들어낸다.

17. 블랙 스완

나심 탈렙에 의해 유명해진 블랙 스완은 일어나기에 앞서 관찰자가 볼 수 없는, 드물지만 매우 중대한 사건을 말한다. 인식론을 적용한 결과라고 할 수 있는데, 이런 식이다. 하얀 백조만 목격했다고 해서 검은 백조가 없다고 단정할 수는 없다. 하지만 이 명제의 역은 참이 아니다. 검은 백조를 단 한 마리만 보아도 세상에는 검은 백조가 있다고 선언할 수 있다. 블랙 스완 같은 사건은 필연적으로 관찰자가 예측할 수 없다. 탈렙이 즐겨 말하듯이, 추수감사절은 칠면조를 잡는 정육점 주인이 아니라 칠면조에게 블랙 스완 사건이다. 따라서 이런 사건은 예측 방법론이 아니라 프래질 – 강건함 – 안티프래질 틀로 다루어야 한다.

18. 늘릴 수 없다면 줄여라

많은 시스템에서 개선이란 잘해야 좋은 요소를 더하는 게 아니라 나쁜 요소를 덜어내는 일일 때가 왕왕 있다. 이는 오늘날 의료업계에 자리 잡고 있는 신조, 즉 "첫째, 해를 끼치지 말라"와 같다. 비슷하게 아이들 한 무리가 못되게 군다면, 선동하는 아이를 무리에서 떼어놓는 것이 무리 전체를 벌하는 것보다 훨씬 효과적일 때가 많다.

19. 린디 효과

린디 효과(Lindy effect)란 부패하지 않는 대상이나 생각의 기대수명을 현재의 수명과 결부하는 것을 말한다. 어떤 생각이나 대상이 ○○년 지속되었다면 앞으로의 기대수명 역시 (평균적으로) ○○년이라고 기대할 수 있다. 90세 노인이 95세까지 살았다고 해서 기대수명에 5년을 더하지는 않겠지만, 부패하지 않는 대상은 지속적으로 살아남음으로써 기대수명을 늘려간다. 고전이 대표적인 예다. 인류가 셰익스피어의 희극을 500년 동안 읽어왔다면 앞으로 500년 동안도 그러할 것이라고 예상해볼 수 있다.

20. 재규격화 집단

재규격화(renormalization) 또는 환치 계산법으로도 불리는 이 기술은 물리적 시스템과 사회 시스템을 다른 척도에서 생각할 수 있게 해준다. 물리학에서 나온 복잡한 개념인 재규격화 집단을 사회 시스템에 적용하면, 추종자가 점점 더 늘어남에 따라 소수의 고집스러운 사람들이 불균형적으로 커다란 영향을 미치는 이유를 이해할 수 있다.

21. 용수철 부하

좋은 방향이든 나쁜 방향이든 특정 방향으로 쏠려 있다면 그 시스템은 용수철 부하(spring-loading)가 걸려 있다고 한다. 본질적으로 예측 불가능한 세계에서 시스템과 관계에 좋은 방향으로 용수철 부하가 걸려 있으면 나쁜 일에서 보호해줄 수 있으므로 중요하다. 반대의 경우는 매우 파괴적인 결과를 초래할 수 있다.

22. 복잡 적응계

일반적인 복잡계(complex system)과 구분되는 복잡 적응계(complex adaptive systems)는 스스로를 이해하고 그 이해를 바탕으로 변모할 수 있다. 복잡 적응계는 사회적 시스템이다. 복잡계와 복잡 적응계의 차이는 일기예보와 주식시장 전망을 비교해보면 분명해진다. 날씨는 유명한 일기예보관의 의견에 따라 변하지 않지만 주식시장은 그럴 수 있다. 따라서 복잡 적응계는 본질적으로 예측 불가능하다.

물리의 세계 9가지

1. 열역학 법칙

열역학 법칙은 폐쇄된 시스템 내의 에너지를 설명한다. 벗어날 수 없고, 물리적 세계의 근간을 이룬다. 열역학 법칙은 유용한 에너지가 계속해서 줄어들고, 에너지가 만들어지거나 파괴될 수 없는 세계를 다룬다. 열역학 법칙을 인간 사회에 적용하면 유익한 결과를 얻을 수 있다.

2. 상호성

벽에 대고 힘을 가하면 벽이 똑같은 크기의 힘으로 되민다고 물리학은 가르친다. 생물학적 시스템에서는 하나의 개체가 다른 개체에 행위를 가하면 상호 작용이 되는 경향이 있다. 인간 역시 강한 상호성을 가지고 행동한다.

3. 속도

속도는 속력이 아니다. 둘을 혼동하는 경우가 가끔 있다. 속도는 속력에 벡터를 더한 것이다. 무엇이 얼마나 빨리, 어디로 가는지를, 즉 빠르기와 방향을 말해준다. 두 걸음 전진한 후 두 걸음 후진한 물체는 특정 속력으로 움직이긴 했지만 속도는 없다. 벡터라는 중요한 차이점을 일상생활에서 고려해야 한다.

4. 상대성

물리학의 세계에서 상대성이 몇 가지 다른 맥락에서 사용되었지만 우리가 알아야 할 중요한 측면은, 관찰자는 자신이 포함된 시스템을 완벽하게 이해할 수 없다는 점이다. 예를 들어 비행기에 탄 사람은 비행기의 운동을 느낄 수 없지만, 밖에 있는 관찰자는 비행기가 움직이는 것을 볼 수 있다. 이 같은 상대성은 사회 시스템에도 비슷한 방식으로 영향을 미친다.

5. 활성화 에너지

불은 탄소와 산소의 결합에 불과하지만 지구의 숲과 탄광이 아무렇게나 불타지 않는 것은 이런 화학 반응이 일어나려면 임계 수준의 활성화 에너지가 필요하기 때문이다. 불붙기 쉬운 물질 두 개만으로는 충분치 않다.

6. 촉매

촉매는 화학 반응을 촉발하거나 유지하지만, 자신은 반응하지 않는다. 촉매가 없다면 화학 반응은 느려지거나 멈출 것이다. 사회 시스템 역시 유사한 특성들을 보이며, 이를 감안해서 촉매를 바라볼 수 있다.

7. 레버리지(지렛대)

세상의 거의 모든 공학적 경이는 지렛대를 응용함으로써 이룩할 수 있었다. 아르키메데스가 한 유명한 말이 있다. "충분히 긴 막대를 주면 지구를 들어 보이겠다." 지렛대가 있다면 힘을 적게 들이더라도 큰 힘을 낼 수 있다. 이 모형을 인간사에 적용할 방법을 안다면 크게 성공할 수 있을 것이다.

8. 관성

특정한 벡터(크기와 방향)로 움직이는 물체는 외부의 힘이 가해지지 않는 한 계속해서 그 운동을 지속하려고 한다. 이는 물리학의 가장 기초적인 운동 법칙이다. 관성은 개인과 시스템, 조직에도 똑같은 효과가 있다. 이들은 관성을 통해 에너지 소비를 최소화할 수 있지만, 반대로 파괴되거나 잠식될 수도 있다.

9. 합금

여러 성분을 섞으면 새로운 물질을 만들어낼 수 있다. 그리 놀라운 일도 아니다. 정말 놀라운 일은 합금 과정을 거치면 2+2가 4가 아니라 6이 될 수 있다는 사실이다. 합금은 여러 성분을 단순하게 더한 것보다 훨씬 더 강할 수 있다. 합금 과정을 통해 우리는 공학적으로 뛰어난 물질을 만들어낼 수 있을 뿐만 아니라 많은 비물질적인 것들도 이해할 수 있다. 사회 시스템이나 심지어 개인들도 적절한 요소를 조합하면 합금과 유사하게 2+2=6이라는 효과를 만들어낼 수 있다.

생물학의 세계 15가지

1. 보상

모든 생명체는 생명을 유지하기 위해 보상에 반응한다. 생물학의 기본적 통찰이다. 보상이 한결같다면 생명체의 행위는 어느 정도까지 한결같을 것이다. 인간 역시 예외가 아니며, 보상에 이끌린다는 생물학의 성질을 매우 잘 보여주는 특별한 예다. 하지만 인간은 보상이 숨어 있거나 눈에 보이지 않을 수 있어 복잡하다. 생명의 법칙은 효과가 있고 보상받을 수 있는 일을 반복하는 것이다.

2. 협력과 공생

생물학적 체계를 설명할 때 빠짐없이 등장하는 것이 경쟁이지만 다양한 수준에서 일어나는 협력 역시 중요하다. 사실 단순 세포 하나와 박테리아 하나가 만든 협력이 최초의 복합 세포와 모든 생명체의 시발점이었을 것이다. 협력 없이는 집단이 살아남을 수 없으며, 집단들의 협력으로 더욱 복잡한 조직이 생겨난다. 경쟁과 협력은 다양한 수준에서 공존한다.

3. 에너지(물질적 및 정신적) 소비 최소화 경향

열역학이 지배하고 제한된 에너지와 자원을 두고 경쟁하는 물질 세계에서, 에너지를 낭비하는 생물학적 유기체는 생존에 지극히 불리할 것이다. 따라서 대부분의 경우 에너지 소비를 최소화하려는 태도가 관찰된다.

4. 적응

종은 유전과 환경의 숙명적인 조합을 고려해, 살아남기 위해 주변에 적응한다. 하지만 개체의 생애 동안 일어난 적응은 다음 세대에 유전되지 않는다. 얼마 전까지 사실로 받아들여졌던 생각이다. 특정 종의 개체군(사람의 경우라면 인구)은 자연선택에 의한 진화 과정을 통해 적응한다. 종 안에서 최적인 것들이 평균보다 높은 비율로 복제하기 때문이다.

5. 자연선택에 의한 진화

자연선택에 의한 진화는 한때 '인류 역사상 가장 위대한 생각'으로 여겨졌다. 19세기 찰스 다윈과 앨프리드 러셀 월리스(Alfred Russel Wallace)는 같은 시기에 생물의 종이 무작위적인 돌연변이와 생존율 차이를 통해 진화한다는 사실을 발견했다. 동물 사육과 번식에 관여하는 인간의 행위를 '인공선택'이라고 한다면, 특정 돌연변이의 성공과 실패를 결정하는 자연의 행위는 '자연선택'이라고 부를 수 있다. 생존에 가장 적합한 것들이 보존된다. 하지만 조건은 변하기 마련이다.

6. 붉은 여왕 효과(공진화 군비 경쟁)

자연선택에 의한 진화 모형은 제한된 자원을 두고 경쟁하는 종 사이에 일종의 군비 경쟁을 불러온다. 어떤 종이 유리한 적응에 성공하면 경쟁하는 종 역시 이에 반응해야지, 안 그러면 멸종한다. 현상 유지는 낙오를 의미할 수 있다. 이런 군비 경쟁을 붉은 여왕 효과라고 하는데 《이상한 나라의 앨리스》에 등장하는 붉은 여왕은 "자, 여기서는 있는 힘껏 달려야 제자리에 머물 수 있다"라고 했다.

7. 복제

생물학적 다양성의 기초 단위는 충실도 높은 복제다. 복제의 기초 단위는 DNA 분자로 보이는데, 이는 물리적 단위로 후손을 만들어내는 설계도를 제공한다. 복제하는 방법은 다양한데 크게 유성생식과 무성생식으로 나눌 수 있다.

8. 위계질서 또는 다른 조직화 본능

복잡한 생물학적 유기체 대부분은 조직화하는 감각을 타고난다. 모두가 위계질서 있는 구조를 갖지는 않지만 많은 유기체군이 그렇게 하고, 특히 동물계에서 그렇다. 인간은 예외라고 생각하고 싶어 하지만 다른 유기체들과 마찬가지로 인간 역시 위계질서에 강하게 끌린다.

9. 자기 보존 본능

유기체의 DNA에 강력한 자기 보존 본능이 없다면, 시간이 지남에 따라 유기체는 물론 DNA도 사라질 것이다. 협력이 중요한 모형이긴 하지만 자기 보존 본능은 모든 유기체에서 강하게 작용하며, 주변을 향해 폭력적이고 변덕스럽고 파괴적인 행동을 불러올 수 있다.

10. 단순한 생리학적 보상 추구

모든 유기체는 몸속에서 일어나는 단순한 화학 작용으로 쾌락과 고통을 느끼는데, 이런 화학 작용이 외부 세계에 반응하는 방식은 예측 가능하다. 대체로 보상 추구는 생존을 독려하는 효과적인 기술이라고 할 수 있다. 하지만 쾌락을 인지하는 바로 그 수용기가 약물 남용처럼 파괴적인 행동을 일으키는 데 일조할 수도 있다.

11. 선택적 진화

선택적 진화(exaptation)란 생물학자 스티븐 제이 굴드(Steven Jay Gould)가 소개한 개념으로, 나중에 또 다른 목적으로 활용될 의도로 개발된 특징을 말한다. 이는 안구처럼 복잡한 생물학적 특징이 발생하는 것을 설명한다. 안구는 원시적 형태일 때는 다른 용도로 활용될 수 있다. 일단 안구가 생겨난 후 계속해서 발생함으로써 입체적인 시각이 가능해졌다.

12. 멸종

생존할 수 없다면 멸종, 즉 종 전체가 경쟁을 중단하고 효과적인 복제를 그만두는 일이 발생할 수 있다. 개체 수가 위태로운 선까지 줄어들면 충분한 개체 수를 효과적으로 복제하는 능력이 상실되어 멸종이 불가피해진다.

13. 생태계

생태계는 자연과 공존하는 여느 유기체 집단을 말한다. 대다수 생태계는 다양한 형태의 생명과 생존 방식을 갖고 있으며 이는 각양각색의 행동 양식으로 이어진다. 사회 체계는 물리적 생태계로 볼 수 있고, 같은 결론을 도출한다.

14. 생태적 지위(틈새)

많은 유기체들이 생존을 위한 경쟁과 행동의 수단으로 생태적 지위를 찾아낸다. 종은 흔히 자신이 가장 잘 적응한 생태적 지위를 선택한다. 여러 종이 동일한 생태적 지위를 놓고 경쟁할 때는 멸종이 일어날 수 있기 때문에 위험하다. 제한된 자원이 바닥나지 않으려면 똑같은 일을 하는 종의 수가 제한될 수밖에 없다.

15. 던바의 수

영장류 동물학자인 로빈 던바(Robin Dunbar)는 영장류가 알고 지내며 친밀하게 신뢰할 수 있는 개체의 수는 신피질의 크기와 관련 있음을 실험을 통해 밝혀냈다. 그는 영장류 연구를 토대로 사람의 던바의 수가 100~250이라고 추정했는데, 던바의 수로 불리는 이 숫자는 인간 행동과 사회 관계망을 연구한 일련의 연구 결과들에 뒷받침된다.

인간의 본성 & 판단 23가지

1. 신뢰

기본적으로 오늘날 우리가 사는 세계는 신뢰를 바탕으로 한다. 가족 내 신뢰는 당연한 것으로 간주된다. 그렇지 않다면 살아남는 게 보통 일이 아닐 것이다. 하지만 우리는 요리사, 점원, 운전사, 노동자, 회사 임원과 수많은 사람들 역시 신뢰하기로 한다. 신뢰에 기반한 시스템이 가장 효율적인 경우가 많다. 신뢰의 보상은 매우 값지다.

2. 보상 편향

인간은 보상에 극도로 민감해서, 아마 동물계에서 가장 다양하고 이해하기 힘든 보상 체계를 가졌을 것이다. 그렇기 때문에 보상에 이해 관계가 걸리면 생각이 왜곡되기도 한다. 자기가 팔려고 하는 제품이 사용자의 삶을 개선시킬 거라고 진정으로 믿는 판매원이 아주 좋은 예다. 그렇게 생각하면 제품을 팔기도 편리하지만, 제품을 파는 사실 자체가 판매원의 생각에 편향을 일으킨다.

3. 파블로프 연상

이반 파블로프(Ivan Pavlov)는 동물이 직접적 자극뿐만 아니라 연관된 대상에도 반응한다는 것을 아주 효과적으로 입증해 보였다. 종이 울리면 침을 흘리는 파블로프의 개를 떠올려 보라. 사람 역시 마찬가지여서 비물질적인 대상을 두고 긍정적이거나 부정적인 감정을 일으킬 수 있는데, 이때 감정은 직접적인 것보다는 과거와의 연관성에서 비롯된다.

4. 질투와 시기심

인간은 자신보다 더 많이 받는 사람을 시기하고, 적절한 때 '저걸 가져야겠다'는 욕망을 갖기 마련이다. 부러움은 비합리적인 게 뻔한 행위를 불러일으킬 만큼 강력하지만 이는 인간과 역사를 함께할 만큼 오래되었다. 시기심을 간과하는 시스템은 시간이 지나면 스스로 불에 탈 운명을 안고 있다.

5. 사랑과 미움에 따른 왜곡

인간은 자기가 좋아하는 사람이나 사물에 우호적이고, 싫어하는 사람이나 사물에 적대적이 됨으로써 생각이 흐려지는 경향이 있는데, 그런 왜곡은 과거와의 연관성, 고정관념, 사상, 유전적 영향, 직접적 경험 등에 근거한다. 이런 경향 때문에 우리는 좋아하는 것을 과대평가하고, 싫어하는 것을 과소평가하며, 종종 중요한 뉘앙스를 놓친다.

6. 부정

인생을 어느 정도 살았다면 "나일은 아프리카의 강 이름만이 아니다 (Denial is not just a river in Africa)"의 의미를 알 것이다. 누군가 말도 안 되는 부정을 할 때, 영어로 부정을 의미하는 'denial'과 나일 강(the Nile) 의 발음이 비슷한 것을 이용해 비꼬는 속담이다. 전쟁이나 약물 남용은 부정이 관성적인 태도를 용납해 파괴적인 결과를 초래함을 보여주는 강력한 예다. 부정은 어떤 상황에 대처하거나 생존하기 위한 기제, 의도적인 전술일 수 있다.

7. 가용성 휴리스틱

현대 심리학의 가장 쓸모 있는 발견 중 하나는 대니얼 카너먼이 '가용성 휴리스틱'이라고 부른 것으로, 눈에 잘 띄고 중요하고 빈번하고 최근의 것일수록 더 잘 기억해내는 현상을 일컫는다. 인간의 뇌는 자체적으로 에너지를 절약하는 관성적인 경향을 갖고 있는데 이 기능은 마음대로 조절되지 않는다. 가용성 휴리스틱도 잘 조절되지 않기는 마찬가지다. 진정 포괄적으로 기억할 수 있다면 심신이 무척 쇠약해질 것이다. 가용성 휴리스틱에 포함되는 다른 예로는 정박 효과와 매몰 비용 효과 등을 들 수 있다.

8. 대표성 휴리스틱

다음은 대표성에 속하는 심리학의 3가지 주요 발견이다. 이 역시 카너먼이 동료인 에이머스 트버스키와 함께 정의한 것이다.

① 기준율 고려의 실패: 현재 혹은 미래의 행동을 판단할 때 과거의 확률을 고려하지 않는 무의식적인 실수를 가리킨다.

② 편견: 구체적이며 미묘한 차이를 살피기보다는 광범위하게 일반화하거나 분류하는 경향을 말한다. 가용성과 마찬가지로 뇌의 에너지를 절약하기 위한 일반적 속성으로 간주된다.

③ 틀린 결합을 놓치는 오류: 린다 테스트에서 분명하게 드러나듯이, 카너먼과 트버스키는 학생들이 더 생생하게 묘사된 인물이 덜 생생하고 포괄적으로 묘사된 인물보다 미리 정의된 부류에 더 적합하다고 생각함을 입증해 보였다. 생생하게 묘사된 인물도 사실은 좀 더 포괄적인 집단에 속하는 하위 집단일 뿐인데도 그랬다. 폭이 넓지만 모호한 묘사에 그친 예보다 생생하게 묘사된 구체적인 예들이 특정 부류를 더 잘 대표하는 것으로 여겨지는데, 이는 이성과 확률에 기반한 판단에 위배되는 것이다.

9. 사회적 증거(무리 속 안전)

인간 역시 벌과 개미, 침팬지 같은 수많은 사회적 동물 중 하나다. 인간이 무리 속에서 안전을 찾으려 하는 것은 DNA에 각인된 본성이며, 나아가 행동 지침을 무리, 즉 사회에서 찾으려 한다. 이러한 본성이 만들어내는 화합의 필요성이 아니라면 협력과 문화는 불가능할 것이다. 하지만 자신이 속한 집단이 어리석은 행동을 할 때 개인 역시 어리석은 행동을 따라 하게 되는 수가 있다.

10. 이야기 본능

이야기를 지어내고 그 속에서 의미를 찾으려는 본성 때문에 인간은 이름도 적절하게 "이야기의 동물(the storytelling animal)"로 불린다. 인간은 글을 쓰거나 도구를 만들어내기 훨씬 전부터 이야기를 지어내고 이야기로 생각하는 법을 알았을 가능성이 있다. 종교 단체든 기업이나 국가든 거의 모든 사회 조직은 이야기 본능을 바탕으로 한 구조 위에서 돌아간다.

11. 호기심 본능

인간은 다른 종이 호기심을 갖고 있다고 말하기를 좋아하지만 호기심 하면 인간이 최고다. 인간이 사바나에서 벗어나 주변 세계에서 배우고 그렇게 익힌 정보의 토대 위에 집단지성으로 이 세계를 만들어낸 것도 호기심 때문이다. 호기심은 과학적 경영과 같은 인간 특유의 행동과 조직 형태를 낳았다. 혁신을 자극하는 직접적인 보상이 있기 전에도 인간은 호기심에 이끌려 혁신을 이뤘다.

12. 언어 본능

심리학자 스티븐 핑커(Steven Pinker)는 인류의 DNA에 내재된 능력, 즉 문법이 있는 언어를 학습하는 능력을 언어 본능이라고 부른다. 문법이 있는 언어가 단순한 문화적 산물에 불과한 것이 아니라는 생각은 노엄 촘스키(Noam Chomsky)에 의해 널리 알려졌다. 이야기 본능에서 살펴본 대로 인류는 이야기 본능과 언어 본능을 이용해 공유할 수 있는 이야기나 소문을 지어내고 무엇보다 문제와 분쟁을 해결한다. 문법으로 짜인 언어는 이론적으로는 무한한 의미를 전달할 수 있다.

13. 최초 결론 편향

찰리 멍거가 말해서 유명해진 얘기대로, 인간의 마음은 어떤 면에서는 정자와 난자처럼 작동한다. 즉, 최초의 생각이 진입하면 마음의 문을 닫는다. 다른 경향들과 마찬가지로 이것 역시 에너지를 절약하려는 기제일 것이다. 최초의 결론을 고수하려는 인간의 속성은 수많은 잘못된 결과를 수용하게 할 뿐만 아니라 질문을 멈추게 한다. 이는 단순하지만 쓸모 있는 몇 가지 정해진 마음의 절차를 통해 방지할 수 있다.

14. 섣부른 일반화 오류

일반화는 중요하다. 일반적인 법칙을 알기 위해 모든 걸 일일이 볼 필요는 없다. 사실 일반화는 우리에게 유리한 작업이다. 하지만 '대수의 법칙'을 망각하면 일반화에는 오류가 따르기 마련이다. 결론에 이를 만한 통계적 근거도 없이 소수의 몇몇 사건만 가지고 일반화하는 일이 종종 있다.

15. 상대적인 만족/불만족 경향

상대적인 만족감을 가장 잘 보여주는 예로 '부러움 편향'을 들 수 있겠지만, 행복 역시 당사자의 절대적 상태보다는 당사자의 과거나 동료와 비교한 상대적 상태와 관련 있다는 데 거의 모든 행복 관련 연구들의 결론이 모아진다. 이렇듯 상대적인 경향은 매우 다양하며, 객관적으로 차이 나는 상황에서도 사람들은 커다란 행복이나 불행을 느낀다. 또한 자신의 태도와 감정조차 제대로 예측할 수 없게 한다.

16. 일관성/몰입 편향

심리학자들이 수많은 유명 사례들로 보여주었듯이, 인간은 가능한 한 전에 마음먹은 대로 헌신하거나 과거의 자신과 일관성을 유지하려는 경향이 있다. 사회에서 유대 관계를 유지하려면 어쩔 수 없다. 결론과 습성을 자주 바꾸는 사람은 신뢰받지 못한다. 그럼에도 불구하고 일관성을 유지하려는 편향은 누군가의 말처럼 '귀신도 질려버릴 어리석음'이 될 수 있다. 최초 결론 편향과 안 좋게 맞물리면, 틀린 결론에 도달한 후 명백한 증거가 코앞에 있는데도 불구하고 고집을 부리는 꼴이 될 수 있다.

17. 후견지명 편향

결과가 나온 후에는 마음속으로 시간을 되돌리기가 거의 불가능하다. 그게 무엇이든 우리의 이야기 본능은 우리가 처음부터 다 알고 있었다고 믿게끔 만든다. 하지만 사실은 결과가 나오기 전에 알 수 없었던 정보를 가지고 이야기를 짜 맞추는 것일 뿐이다. 후견지명 편향은 중요한 결정은 변경 불가능한 기록을 남겨야 하며, 처음부터 다 알고 있었다고 믿고 싶어질 때 자신을 돌아보는 게 중요한 이유를 깨우쳐준다.

18. 공정에 민감함

공정함에 대한 갈망은 뼛속 깊이 박혀 있다. 인간이 공정함에 민감한 중재자라는 사실은 무엇이 복지이고 안녕인지 생각할 때 상대성을 갖는다는 것을 보여주는 또 다른 예다. 불공정함은 보복적 행동의 근거, 아니면 최소한 불신의 근거가 될 수 있다. 하지만 공정함 자체는 고정불변이 아니다. 공정함은 때와 장소에 따라 달라질 수 있다. 노예제도가 인류의 역사에서 한때는 완벽하게 자연스러운 제도였지만 다른 때는 그렇지 않았음을 떠올려보라.

19. 행동의 일관성을 과대평가하는 경향(기본적 귀인 오류)

우리는 다른 사람의 행동을 상황적 요인보다 태생적 속성 탓으로 지나치게 돌리는 경향이 있는데, 그 결과 그런 행동이 미래에도 지속될 것이라고 과장하게 된다. 이런 상황에서는 행동을 예측하기가 별로 어려워 보이지 않는다. 하지만 실제로는 이런 가정이 수시로 틀렸다고 판명 나고, 우리는 다른 사람들이 태생적 속성대로 행동하지 않는다고 계속해서 놀란다.

20. 권위에 대한 복종 편향

유명한 스탠퍼드 감옥 실험과 밀그램 실험은 이전부터 알고 있었던 사실, 즉 사람들이 권위에 영향을 받는다는 사실을 입증해 보였다. 인간 사회처럼 위계질서가 있는 곳에서는 행동 지침을 얻기 위해 우두머리를 쳐다보는 경향이 있고, 스트레스나 불확실한 상황에서 더욱 그렇다. 따라서 권위가 있는 우두머리는 잘 처신해야 할 책임이 있다. 본인이 싫어하든 좋아하든 간에.

21. 스트레스의 영향(한계점 포함)

스트레스는 정신적 · 생리적 반응을 일으키고 다른 편향을 증폭하는 효과가 있다. 스트레스를 받으면 인간의 몸은 투쟁-도피 반응을 하기 때문에 거의 모든 편향이 더 나빠지는 경향이 있으며, 이때는 대니얼 카너먼이 '시스템 2'라고 명명한 이성적 작용의 브레이크 기능 없이 순전히 본능에만 의존하게 된다. 스트레스를 받으면 성급한 결론에 도달하기 쉽고, 즉각적이고 습관적인 행동이 드러나는 경향이 있다. 정예 군사 훈련소의 "치열한 전투에서 드러나는 건 제군 스스로 어떤 모습을 기대하는지가 아니라 얼마나 제대로 훈련받았는지다"라는 구호와 같다.

22. 생존 편향

역사 편찬, 즉 과거에 대한 해석이 갖는 중대한 문제는 승자에 의해 쓰인다는 사실이다. 우리 눈에는 나심 탈렙이 '고요한 무덤'이라고 부르는, 당첨되지 않은 로또 복권 소유자들이 보이지 않는다. 그 결과, 우연이나 행운 탓인 것도 과도하게 승자의 능력으로 돌리고 오직 승자만 연구함으로써 틀린 교훈을 얻기 일쑤다. 수많은 패자도 승자와 똑같이 행동했지만 그저 운이 나빴을 뿐이라는 사실을 보지 못하는 것이다.

23. 뭔가 해야만 하는 조바심(투쟁-도피 반응, 개입, 가치 증명 등)

다른 말로 '지루함 증후군'이라고 부를 수 있다. 사람들 대부분은 행동이 필요하지 않을 때도 왠지 행동해야만 할 것 같은 충동을 느낀다. 또한 문제를 해결할 만큼 충분히 알지도 못하면서 해결책을 제시하는 경향이 있다.

미시경제학 & 전략 14가지

1. 기회비용

하나를 하면 다른 하나는 할 수 없는 법이다. 우리는 하나를 얻으면 하나를 내줘야 하는 트레이드 오프(trade-off) 세상에 살고 있으며, 기회비용 개념은 모든 걸 지배한다. 한마디로 압축하면 "세상에 공짜 점심은 없다"라는 격언이 된다.

2. 창조적 파괴

경제학자 조셉 슘페터(Joseph Schumpeter)가 처음 사용한 용어인 '창조적 파괴'는 제대로 작동 중인 자유 시장 시스템에서 행해지는 자본주의적 과정을 묘사한 말이다. 제각각의 개인별 보상(꼭 금전적 보상만은 아니다)에 자극받은 기업가들은 끊임없이 이어지는, 남보다 한발 앞서려는 게임에서 각자의 최선을 끌어내도록 서로를 압박하며, 이 과정에서 묵은 생각이 파괴되고 새로운 기술이 대체한다. 낙오를 두려워해야 한다.

3. 비교 우위

영국의 경제학자인 데이비드 리카도는 특이하면서도 직관에 역행하는 통찰을 갖고 있었다. 개인이든 기업이든, 심지어 국가든, 한쪽이 모든 면에서 상대방보다 우월한 경우에도 양쪽이 교환(거래)을 함으로써 이득을 볼 수 있다는 생각이었다. 비교 우위를 기회비용의 응용으로 생각하면 이해하기 쉽다. 교환(거래)할 수 있는 기회가 있다면 교환(거래)함으로써, 자신이 더 잘할 수 있어 생산성이 더 높은 일에 사용할 생산 능력을 확보하는 것이다.

4. 특화

또 한 명의 영국 경제학자인 애덤 스미스는 특화를 통해 자유 경쟁 시장에서 얻을 수 있는 이점을 강조했다. 노동자들이 한 제품을 처음부터 끝까지 혼자서 만드는 것보다, 각자 생산 공정 하나씩에 특화하는 것이 훨씬 생산적이라는 것이 스미스의 설명이다. 스미스는 개별 노동자가 이런 근무 형태를 좋아하지 않을 수도 있다는 경고도 빠뜨리지 않았다. 특화 모형의 트레이드 오프라고 해야겠다.

5. 중앙 장악하기

가장 흔한 체스 게임의 승리 전략은 중앙을 장악해 최대한 많은 말이 최대한 멀리까지 움직일 수 있게 하는 것이다. 똑같은 전략이 기업의 세계에서도 빛을 발하는데, 석유가 거래되던 초창기에 정유 시설에 대한 강력한 지배권을 가졌던 존 록펠러와, 소프트웨어 시장 태동기 때 운영체제 시장을 지배한 마이크로소프트가 좋은 예다.

6. 상표와 특허, 저작권

위 세 가지 개념은 다른 유사한 것들과 함께 기업 활동을 하는 개인의 창조물을 보호함으로써 창조적 활동에 추가 보상을 제공하고 자본주의의 창조적 파괴 모형을 고취한다. 이들 보호 장치가 없다면 정보를 다루고 새로운 것을 창조하는 노동자들은 자신들의 작업이 무료로 배포되는 것을 막을 수 없다.

7. 복식 부기

현대 자본주의의 경이 중 하나는 14세기 제노바에서 발명된 회계장부 기입법이다. 복식 부기에서 수입과 같은 모든 항목은 이에 상응하는 다른 계정에도 기장하게 되어 있다. 정확한 복식 부기 장부는 혹시 있을지 모르는 실수를 잡아내 정확한 기록을 가능케 함으로써 기업의 주인이 더 정확하게 일할 수 있게 해준다.

8. 효용(한계 효용, 한계 효용 체감, 한계 효용 체증)

모든 상품의 추가 효용은 양에 따라 변한다. 한계 효용을 통해 추가되는 한 단위의 가치와 더불어, 실생활 거의 모든 분야에서 효용은 언젠가 줄기 마련이라는 것을 이해할 수 있다. 반면 효용 함수가 불연속적으로 위나 아래로 도약할 때는 추가 단위가 '임계량'의 영향을 받는다. 예를 들어 목마른 사람에게 주는 물은 단위가 추가될 때마다 한계 효용이 체감하고, 단위가 늘어나다 보면 언젠가는 사람을 죽일 수도 있다.

9. 병목

병목이란 물질적이든 비물질적이든 어떤 흐름이 막혀 더 이상의 움직임이 불가능해지는 지점을 말한다. 막힌 혈관이나 하수관처럼, 상품이나 서비스를 생산하는 과정의 병목은 비록 작더라도 중요한 위치에서 발생한다면 불균형적으로 큰 영향을 미칠 수 있다.

10. 죄수의 딜레마

죄수의 딜레마는 게임 이론의 적용으로 매우 유명한데, 두 죄수가 협력하는 것이 모두에게 유리하지만 한 명이 배신하면 다른 한 명도 배신하는 게 유리한 상황을 말한다. 그래서 딜레마에 빠진 것이다. 이 모형은 경제활동과 전쟁뿐 아니라 일상생활의 수많은 상황에서 발생한다. 이론적으로 죄수의 딜레마는 안 좋은 결과를 초래하지만, 현실 세계에서 협력은 거의 언제나 가능하며 반드시 협력 가능성을 타진해 봐야 한다.

11. 뇌물

주류 경제학에서는 무시되기 일쑤지만 뇌물은 인간 사회에서 빼놓을 수 없는 문제다. 기회가 있을 때 법대로 하는 것보다 눈감아 달라고 대리인에게 돈을 쥐여주는 게 더 쉬울 때가 종종 있다. 그러면 대리인인 법 집행자는 무력화된다. 이와 같은 주인-대리인 문제는 일종의 차익거래로 볼 수도 있다.

12. 차익거래

동일한 상품을 사고파는 두 시장이 있다고 할 때, 한 시장에서 상품을 사서 다른 시장에 팔아 수익을 남길 수 있다면 차익거래가 존재하는 것이다. 표면적으로는 단순해 보이지만 차익거래는 다른 모습으로 존재할 수 있다. 반경 80킬로미터 안에 있는 유일한 주유소가 휘발유를 사서 원하는 만큼의 이윤을 붙여 (일시적으로나마) 방해받지 않고 팔수 있다면 역시 차익거래다. 차익거래는 발견되어 이용되다 보면 결국 대부분 사라지기 마련이다.

13. 수요와 공급

삶의 생물학적 및 경제학적 측면을 나타내는 기본 방정식은 필요한 재화는 한정되어 있고 이들 필수재를 얻기 위한 경쟁이 존재한다는 내용을 담고 있다. 생명체가 한정된 가용 에너지를 두고 경쟁하듯, 경제 주체 역시 소비자의 한정된 부와 한정된 수요를 두고 경쟁한다. 특정 상품의 수요와 공급이 동일한 수준을 균형이라고 하는데, 실생활에서의 균형은 역동적이고 늘 변하기 마련이고, 고정되어 있지 않다.

14. 희소성

게임 이론은 갈등과 한정된 자원, 경쟁 등의 상황을 묘사한다. 특정한 상황 아래 한정된 자원과 시간이 주어질 때, 경쟁하는 주체들은 어떤 결정을 하기 쉬운가? 어떤 결정을 해야 하는가? 여기서 지적하고 싶은 중요한 점 하나는, 전통적인 게임 이론에서는 인간이 실제보다 더 합리적이라고 간주한다는 사실이다. 게임 이론은 이론일 뿐이다.

군사 & 전쟁 5가지

1. 전방 시찰

최고의 군사 전술 중 하나는 결단을 내리기 전에 '직접 전방을 보는 것'이다. 참모나 지도, 보고서는 틀리거나 편향될 수 있기 때문에 전적으로 매달리지 않겠다는 것이다. '지도는 지도일 뿐이다' 모형은 보상 모형처럼 전방을 직접 보지 않을 경우 발생할 수 있는 문제를 드러낸다. 어떤 조직의 수장이든 전방 혹은 현장을 시찰함으로써 이득을 볼 수 있다. 직접적인 정보 수집이 가능할 뿐만 아니라 간접적으로 얻는 정보의 질도 향상시킬 수 있기 때문이다.

2. 비대칭 전쟁

전쟁에서 비대칭적이라 함은 처한 상황이 달라서 한쪽이 다른 쪽에 비해 '차원이 다른 방식'으로 전쟁을 수행함을 의미한다. 이 모형은 일반적으로 자원이 제한된 반란 세력에게 적용된다. 이들은 상대를 힘으로 이길 수 없는 상황에서 다른 전술을 사용하게 되는데, 실제 파괴력보다 더 큰 공포를 유발하는 테러리즘이 하나의 예다.

3. 전선이 둘 있는 이면 전쟁

제2차 세계대전이 이면 전쟁의 좋은 예다. 러시아와 독일이 적이 됨으로써 독일은 군대를 양분해 전선 두 곳에 투입해야 했는데 양쪽 모두에서 위력이 약화되었다. 실생활에서 이면 전쟁을 개시하거나 해결하는 것은 이면 전쟁을 피하는 것만큼이나 쓸모 있는 전술이 될 수 있다. 외부 경쟁자에 집중하기 위해 내부의 불화를 잠재우는 조직이 그 사례다.

4. 반란 진압

비대칭 전쟁이 매우 효과적일 수 있지만, 시간이 흐르면 상대방도 이에 대처하는 대반란 전략 혹은 진압 작전을 개발한다. 몇 년 전, 미국의 데이비드 퍼트레이어스(David Petraeus) 장군은 추가 파병 없이도 상당한 성과를 보인 대반란 계획의 개발을 진두지휘했다. 앙갚음 식의 전쟁이나 경쟁은 흔히 반란과 대반란이 반복되는 피드백 고리에 빠지기 십상이다.

5. 상호확증파괴

역설적으로 들릴 수 있지만, 맞선 상대들이 모두 강해질수록 서로 파괴할 가능성은 낮아진다. 상호확증파괴는 전 세계적인 핵탄두 개발뿐 아니라 기업 활동에서도 볼 수 있는데, 경쟁 기업들이 상호 파괴적인 가격 낮추기 경쟁을 피하는 것이 좋은 예다. 하지만 두꺼운 꼬리의 세계에서는 실수에 의해 (파괴가 분포의 꼬리 부분에서 발생하면) 상호확증파괴가 피해를 더 가중하는 결과를 낳을 수 있다.

감수의 말

우리는 성공적인 투자를 하기 위해 교과서적인 투자 이론을 공부하고, 투자 대가들의 투자법이 무엇인지 탐구하고, 기업의 실적 동향과 시장 흐름을 파악하기 위해 보고서나 최신 뉴스를 놓치지 않으려고 전력투구하지요. 그럼에도 불구하고 우리는 주가나 시장의 움직임에 항상 흔들리고, 그 결과 기대와는 달리 투자 성과에 만족하지 못하곤 합니다. 그래서 자신만 모르는 무언가 있지 않을까 해서 투자에 도움이 될 만한 각종 정보와 비법을 찾아다니느라 분주합니다. 이 책은 우리의 시각을 좀 더 높고 넓게 교정해 통섭적 관점을 유지하면 투자에 훨씬 유용하다고 주장합니다.

우리가 의상 디자이너라고 가정해보지요. 그러면 이제까지 등장한 각종 의상이 어떤 디자인이었는지 연구하는 것은 당연합니다. 하지만 더 창의적이고 뛰어난 의상 디자이너가 되려면 의상이라는 분야에 국한하지 않고, 건축, 자연, 생물학, 물리학, 공학, 미술 등 다양한 분야에서 통찰을 얻어야 합니다. 실례로 한국의 의상 디자이너였던 앙드레김은 꽃무늬를 응용한 의상 디자인으로 유명했는데요, 전혀 다른 분야인 꽃을 의상에 적용한 것입니다. 게다가 그의 꽃무늬 디자인은 분야를 넓혀 냉장고, 신용카드 등에 적용되기까지 했지요. 또 주부들이 소장하기를 소망하는 유명 도자기 로얄 알버트도 꽃무늬입니다. 즉, 모든 분야의 디자인은 통하기 마련입니다. 이렇게 분야를 막론하고 통하는 시각이 통섭적 관점입니다.

투자의 대상은 기업이고, 투자를 하려면 시장을 거쳐야 하고, 기업과 시장은 경제 시스템에 속하기 때문에 우리는 경제학, 경영학 또는 투자론 범주에 국한해서 분석하고 고민하는 것을 당연하게 생각합니다. 하지만 생각의 범주를 약간 확장해서 특히 문과 출신에게 생소한 수학, 물리학, 생물학, 공학, 지질학, IT 등을 공부하면 의외로 투자에 도움이 되는 통찰을 얻을 수 있습니다. 알베르트 아인슈타인의 상대성이론과 쌍벽을 이루는 초끈 이론을 발표한 세계적인 물리학자 짐 사이먼스가 있습니다. 그가 투자업계로 외도해 크게 성공한 헤지펀드 르네상스 테크놀로지에서는 음파 전문가, 지질학자 등이 맹활약하고 있습니다.

워런 버핏의 파트너인 찰리 멍거도 다독가이자 공붓벌레로 유명하지요. 찰리 멍거는 모든 분야를 아우르는, 즉 통섭적인 '정신적 격자모형'을 가져야 한다고 주장합니다. 물리학 개념인 격자 모형을 언급하는 자체가 통섭적이라고 할 수 있습니다. 산타페 연구소는 여러 분야를 통섭적으로 연구해 유용한 아이디어를 찾기 위해 설립된 조직입니다. 여기서 복잡계를 연구하던 과학자들은 산타페 프리딕션 컴퍼니를 설립해 금융시장을 예측하기도 했습니다. 해리 마코위츠도 공분산이라는 수학 개념을 투자 포트폴리오에 적용함으로써 학계와 업계에 신선한 충격을 주어 노벨경제학상을 받고 현대 투자론의 아버지라는 칭호를 얻게 되었습니다.

　감수자도 다른 분야의 개념을 투자에 적용한 경우가 더러 있습니다. 일례로 경제학에서 소득의 불평등 정도를 나타내는 로렌츠 지수, 다른 말로 지니 계수라고 하는 개념이 있는데, 이를 차용해 포트폴리오의 집중도를 측정했습니다. 제 글을 읽고 공감했는지 아니면 우연히 같은 생각을 했는지 모르겠지만, 동일한 개념을 적용해 출간된 증권사의 보고서를 본 적이 있습니다. 또 장기성장률을 추정할 때는 자연로그의 밑수인 오일러수를 활용하기도 했습니다. 이렇게 이미 다른 분야에서 잘 정리된 개념을 차용하는 것은 편리하면서도 명확해서 정말 유용합니다.

　통섭적 관점이 논의되는 원인으로 문과와 이과로 나뉜 교육 제도를 들 수 있습니다. 문과를 선택한 사람은 어쩔 수 없이 평생을 이과 분야의 문외한이 되어 부분적인 지적 장애인이 됩니다. 최근 들어 투자 분야에서도 수학자, 물리학자 등의 활약이 커지면서 이과 분야의 이해도가 요구되는 점은 문과 출신에게 다소 부담이 되고 있습니다. 반대로 사회 전체적으로 이과 출신이 훨씬 많아지면서 인간의 기본적 소양을 보완하려는 인문학 붐이 일어나기도 했습니다. 이런 현상이 중요한 사회문제로 대두되는 분위기가 나타나고 있습니다. 또 모든 분야를 문과와 이과로 확연하게 구분할 수 없다는 한계가 있습니다. 앞으로는 문과와 이과를 아우르는 통섭적 관점을 가진 인재가 요구됩니다. 최근 들어 여러 대학교에 설립되고 있는 융합대학원의 출범이 그런 사례지요. 그래서인지 앞으로는 교육 제도상 문과와 이과를 구분하지 않는다고 합니다. 다행스러운 조짐입니다.

투자를 제대로 하려면 투자 원칙을 확고하게 세워야 합니다. 또 소음에 흔들리지 않고 원칙을 지키는 자세가 요구됩니다. 한편으로는 경쟁우위와 성장성을 겸비한 우량 기업을 찾아야 합니다. 마지막으로 불가피하게 마주치게 되는 위험을 극복해야 합니다. 이러한 과정을 이 책에서는 투자철학, 투자 심리, 혁신과 경쟁 전략, 과학과 복잡계 이론으로 나누어 접근하고 있습니다. 이 책이 일반적인 투자서와 다른 점은 이러한 투자 과정에 통섭적으로 접근한다는 것입니다. 다독가인 저자가 여러 분야에서 찾아낸 지혜를 투자에 도움이 되도록 잘 정리해서 엮어놓은 책입니다.

이 책을 읽고 독자로서 해볼 만한 일은 세 가지입니다. 첫째, 저자가 제시한 통섭적 관점을 제대로 이해해 자신의 투자 과정에 녹여 넣어야 합니다. 둘째, 저자가 인용한 다른 분야의 참고 서적들을 찾아서 생각의 뿌리를 잘근잘근 씹고 소화해 통섭적 관점을 공고히 하면 더욱 좋습니다. 셋째, 저자와 찰리 멍거처럼 다른 분야, 특히 이과 분야의 도서를 폭넓게 다독해서 자신만의 '정신적 격자 모형'을 갖추어 통섭적 관점을 확장하는 것입니다.

감수자는 책값이야말로 세상에서 가장 저렴하다고 생각합니다. 단돈 몇만 원에 저자의 인생과 통찰이 담겨 있는 엄청난 지혜를 차지할 수 있기 때문입니다. 가격 대비 효과, 즉 가성비가 최고입니다. 자신의 정신적 격자 모형을 크게 그린 다음, 책을 한 권씩 읽으면서 격자를 채워나가길 바랍니다. 격자가 채워질수록 여러분의 계좌와 지갑도 채워지는 것을 깨닫게 될 것입니다. 또한 이런 노력은 지혜를 얻고자 하는 갈구가 있지 않고서는 어렵습니다. 무언가를 갈구한다는 것은 사랑하는 마음이지요. 지혜를 사랑하면 돈은 따라오기 마련입니다. 제가 존경하는 시인 이기홍의 〈사랑은 눈송이처럼〉 첫 소절을 공유하며 감수 후기를 마칩니다. 여러분 사랑합니다.

하얀 눈송이 하늘에서 내려와
살며시 그대 머리 위에 앉으니
아름답고 꽃다운 당신은
더 한층 예뻐 보이는구려.

신진오 밸류리더스 회장

주석

1 | 카지노 주인이 되라

1. J. Edward Russo and Paul J. H. Schoemaker, 《이기는 결정(Winning Decisions: Getting It Right the First Time)》(New York: Doubleday, 2002).

2. Alfred Rappaport and Michael J. Mauboussin, 《기대투자(Expectations Investing)》(Boston, Mass.: Harvard Business School Press, 2001), 106 – 8. 여기서는 분산 포트폴리오를 운용하는 투자자들이 위험 중립적이라고 가정한다. 위험 회피 기법에 대해서는 다음 책을 참조하라. Ron S. Dembo and Andrew Freeman, 《Seeing Tomorrow: Rewriting the Rules of Risk》(New York: John Wiley & Sons, 1998).

3. Michael Steinhardt, 《No Bull: My Life In and Out of Markets》(New York: John Wiley & Sons, 2001).

4. Steven Crist, "Crist on Value," in Andrew Beyer et al., 《Bet with the Best: All New Strategies From America's Leading Handicappers》(New York: Daily Racing Form Press, 2001), 64. 내가 읽어본 총명한 투자에 관한 설명 중 크리스트가 쓴 챕터가 최고였다. 다음 책도 강력하게 추천한다. Steven Crist, 《Betting on Myself: Adventures of a Horseplayer and Publisher》(New York: Daily Racing Form Press, 2003).

5. From Robert Rubin's commencement address, University of Pennsylvania, 1999, http://www.upenn.edu/almanac/v45/n33/speeches99.html.

6. 5장 참조.

7. Sarah Lichenstein, Baruch Fischhoff, and Lawrence D. Phillips, "Calibration of Probabilities," in 《불확실한 상황에서의 판단(Judgment Under Uncertainty: Heuristics and Biases)》, ed. Daniel Kahneman, Paul Slovic, and Amos Tversky (Cambridge: Cambridge University Press, 1982).

8. Peter Schwartz, 《이미 시작된 20년 후(Inevitable Surprises: Thinking Ahead in a Time of Turbulence)》(New York: Gotham Books, 2003).

9. Roger Lowenstein, 《천재들의 머니게임(When Genius Failed: The Rise and Fall of Long-Term Capital Management)》(New York: Random House, 2000); Nassim Nicholas Taleb, 《블랙스완(The Black Swan: The Impact of the Highly Improbable)》(New York: Random House, 2007).

10. Daniel Kahneman and Amos Tversky, "Prospect Theory: An Analysis of Decision Under Risk," *Econometrica* 47 (1979): 263 – 91.

11. Nassim Nicholas Taleb, 《행운에 속지 마라(Fooled By Randomness: The Hidden Role of Chance in Markets and in Life)》(New York: Texere, 2001). 탈렙은 손실 빈도를 근거로 옵션에 투자하면 안 된다고 주장하는 짐 로저스를 비난하면서 다음과 같이 말했다. "짐 로저스는 확

률과 기댓값도 구분하지 못하는 사람치고는 매우 크게 성공한 사람으로 보인다."

12. 3장 참조.

13. Russo and Schoemaker, 《Winning Decisions》.

14. Rubin, commencement address, University of Pennsylvania, 1999.

2 | 투자 전문가로서의 사명감과 자산운용사의 이익

1. Burton G. Malkiel, "The Efficient Market Hypothesis and Its Critics," *Journal of Economic Perspectives* 17, no. 1 (Winter 2003): 78. 이는 새로 발견한 내용이 아니다. 다음도 참조하라. Burton G. Malkiel, "Returns from Investing in Equity Mutual Funds, 1971 – 1991," *Journal of Finance* 50, no. 2 (June 1995): 549 – 72; Michael C. Jensen, "The Performance of Mutual Funds in the Period 1945 – 1964," *Journal of Finance* 23 (1968): 389 – 416.

2. 초기 목록을 작성하고 이 질문을 유도해준 게리 미슈리스(Gary Mishuris)에게 감사드린다.

3. 존 보글은 케인스의 용어를 사용해서 투기(시장 심리 예측)와 사업(자산의 수익률 예측)을 구분한다. 회전율로 보면 투자자 대부분이 투기자라고 그는 주장한다. 다음을 참조하라. John C. Bogle, "Mutual Fund Industry in 2003: Back to the Future," 14 January 2003, http://www.vanguard.com/bogle_site/sp20030114.html.

4. 다음을 참조하라. Charles D. Ellis, "Will Business Success Spoil the Investment Management Profession?" *The Journal of Portfolio Management* (Spring 2001): 11 – 15.

5. Bogle, "Mutual Fund Industry in 2003." 다음도 참조하라. "Other People's Money: A Survey of Asset Management," *The Economist*, July 5, 2003; John C. Bogle, "The Emperor's New Mutual Funds," *The Wall Street Journal*, July 8, 2003; John C. Bogle, "The Mutual Fund Industry Sixty Years Later: For Better or Worse?" *Financial Analysts Journal* 61, no. 1 (January – February 2005): 15 – 24. 260

6. Ellis, "Will Business Success Spoil the Investment Management Profession?" 14.

3 | 베이브 루스 효과

1. 투자와 도박이 똑같다는 말은 아니다. 사실 장기 투자는 도박과 정반대다. 도박은 하면 할수록 손실 확률이 높아진다. 그러나 투자는 투자 기간이 길어질수록 이익 확률이 높아진다.

2. Daniel Kahneman and Amos Tversky, "Prospect Theory: An Analysis of Decision Under Risk," *Econometrica* 47 (1979): 263 – 91.

3. Taleb, 《Fooled By Randomness》.

4. 탈렙은 로저스가 확률과 기댓값을 혼동한다고 지적했다.

5. Brent Schlender, "The Bill and Warren Show," *Fortune*, July 20, 1998.

6. Charlie Munger, "A Lesson on Elementary, Worldly Wisdom As It Relates to Investment Management and Business" *Outstanding Investor Digest*, May 5, 1995, 50.

7. Warren Buffett, speech given at the Berkshire Hathaway Annual Meeting, 1989.

8. Alfred Rappaport and Michael J. Mauboussin, 《Expectations Investing》 (Boston, Mass.: Harvard Business School Press, 2001).

9. Steven Crist, "Crist on Value," in Andrew Beyer et al., 《Bet with the Best》.

10. Edward O. Thorp, 《딜러를 이겨라(Beat the Dealer)》 (New York: Vintage Books, 1966).

4 | 확고한 이론이 되려면

1. 다음을 참조하라. Mitchel Resnick, 《Turtles, Termites, and Traffic Jams》 (Cambridge, Mass.: MIT Press, 1994). 다음도 참조하라. Steven Johnson, 《이머전스(Emergence: The Connected Lives of Ants, Brains, Cities, and Software)》 (New York: Scribner, 2001).

2. 버튼 말키엘(Burton Malkiel) 교수: "이를테면 산타클로스가 존재하지 않는다는 사실을 알면서도 산타클로스에 집착하는 식이다. 펀드매니저들이 사기 친다는 뜻은 아니다. 이들도 대부분 그렇게 믿는다. 그러나 증거에 의하면, 이들은 초과수익을 달성하지 못한다." 20/20, ABC News, November 27, 1992. http://www.ifa.tv/Library/Support/Articles/Popular/NewsShowTranscript.htm.

3. Clayton M. Christensen, Paul Carlile, and David Sundahl, "The Process of Theory-Building," Working Paper, 02 - 016, 4. 개정판은 다음을 참조하라. http://www.innosight.com/documents/Theory%20Building.pdf.

4. Phil Rosenzweig, 《The Halo Effect: ... and Eight Other Business Delusions That Deceive Managers》 (New York: Free Press, 2006).

5. Peter L. Bernstein, 《투자 아이디어 에볼루션(Capital Ideas: The Improbable Origins of Modern Wall Street)》 (New York: The Free Press, 1992).

6. Richard Roll, "A Critique of the Asset Pricing Theory's Tests: Part 1: On Past and Potential Testability of the Theory," *Journal of Financial Economics* 4 (1977): 129 - 76.

7. Clayton M. Christensen, "The Past and Future of Competitive Advantage," *MIT Sloan Management Review* (Winter 2001): 105 - 9.

8. Kenneth L. Fisher and Meir Statman, "Cognitive Biases in Market Forecasts," *Journal of Portfolio Management* 27, no. 1 (Fall 2000): 72 - 81.

9. Mercer Bullard, "Despite SEC Efforts, Accuracy in Fund Names Still Elusive," *The Street.com*, January 30, 2001. 다음을 참조하라. http://www.thestreet.com/funds/mercerbullard/1282823.html.

5 | 위험을 다루는 사업

1. Gerd Gigerenzer, 《숫자에 속아 위험한 선택을 하는 사람들(Calculated Risks)》 (New York: Simon & Schuster, 2002).

2. John Rennie, "Editor's Commentary: The Cold Odds Against Columbia," *Scientific American*, February 7, 2003.

3. Gigerenzer, 《Calculated Risks》.

4. Jeremy J. Siegel, 《주식에 장기투자하라(Stocks for the Long Run)》, 3rd ed. (New York: McGraw Hill, 2002).

5. Michael J. Mauboussin and Kristen Bartholdson, "Long Strange Trip: Thoughts on Stock Market Returns," *Credit Suisse First Boston Equity Research*, January 9, 2003.

6. 3장 참조.

6 | 전문가는 다를까?

1. J. Scott Armstrong, "The Seer-Sucker Theory: The Value of Experts in Forecasting," *Technology Review* 83 (June – July 1980): 16 – 24.

2. Atul Gawande, 《나는 고백한다 현대의학을(Complications: A Surgeon's Notes on an Imperfect Science)》 (New York: Picador, 2002).

3. Paul J. Feltovich, Rand J. Spiro, and Richard L. Coulsen, "Issues of Expert Flexibility in Contexts Characterized by Complexity and Change," in 《Expertise in Context: Human and Machine》, ed. Paul J. Feltovich, Kenneth M. Ford, and Robert R. Hoffman (Menlo Park, Cal.: AAAI Press and Cambridge, Mass.: MIT Press, 1997).

4. R.J. Spiro, W. Vispoel, J. Schmitz, A. Samarapungavan, and A. Boerger, "Knowledge Acquisition for Application: Cognitive Flexibility and Transfer in Complex Content Domains," in 《Executive Control Processes》, ed. B.C. Britton (Hillsdale, N.J.: Lawrence Erlbaum Associates, 1987).

5. Robyn M. Dawes, David Faust, and Paul E. Meehl, "Clinical Versus Actuarial Judgment," in 《Heuristics and Biases: The Psychology of Intuitive Judgment》.

6. Gawande, 《Complications》.

7. Katie Haffner, "In an Ancient Game, Computing's Future," *The New York Times*, August 1, 2002.

8. James Surowiecki, 《대중의 지혜(The Wisdom of Crowds: Why the Many Are Smarter Than the Few and How Collective Wisdom Shapes Business, Economies, Societies and Nations)》 (New York: Doubleday, 2004).

9. Joe Nocera, "On Oil Supply, Opinions Aren't Scarce," *The New York Times*, September 10, 2005.

10. Philip E. Tetlock, 《Expert Political Judgment: How Good Is It? How Can We Know?》 (Princeton, N.J.: Princeton University Press, 2005).

11. 같은 책.

7 | 연속 성공 현상

1. Thomas Gilovich, Robert Valone, and Amos Tversky, "The Hot Hand in Basketball: On the Misperception of Random Sequences," *Cognitive Psychology* 17 (1985): 295 – 314.

2. Amos Tversky and Daniel Kahneman, "Belief in the Law of Small Numbers," *Psychological Bulletin* 76 (1971): 105 – 10. 다음을 참조하라. Chris Wetzel, Randomness Web site, http://www.rhodes.edu/psych/faculty/wetzel/courses/wetzelsyllabus223.htm.

3. 다음 자료를 각색했음. Stephen Jay Gould, "The Streak of Streaks," *New York Review of Books*, August 18, 1988, http://www.nybooks.com/articles/4337, accessed 25 May 2005.

4. Stephen Jay Gould, Triumph and Tragedy in Mudville (New York: W. W. Norton & Company, 2003), 151 – 72. http://mlb.mlb.com/mlb/history/rare_feats/index.jsp?feature=hitting_streaks.

5. Gould, "The Streak of Streaks."

6. 계산 방식은 다음과 같다. 디마지오는 1,736경기에 출장하여 7,671타석에 올랐으므로, 경기당 4.42타석에 오른 셈이다. 그가 평생 기록한 안타는 2,214개이므로, 타석당 0.289개였다. 따라서 경기당 안타 확률은 77.8%$[1-(1-0.289)^{4.42}]$이다. 그러므로 56경기 연속 안타 확률은 $(0.778)^{56}$으로서 127만 9,000분의 1이다. 다음을 참조하라. Rob Neyer, ESPN Baseball Archives, January 2002, http://espn.go.com/mlb/s/2002/0107/1307254.html. 디마지오가 평생 기록한 통계는 다음을 참조하라. Major League Baseball Historical Player Stats, http://mlb.mlb.com/NASApp/mlb/stats/historical/individual_stats_player.jsp?c_idmlb&playerID113376.

7. 놀랍게도 디마지오의 최고 기록은 56경기 연속 안타가 아니었다. 그는 10대 시절 퍼시픽 코스트 리그(Pacific Coast League)에서 61경기 연속 안타를 기록했다. 놀라운 사실은 또 있다. 그는 56경기 연속 안타 행진이 끝난 직후, 16경기 연속 안타 기록을 세웠다. 즉, 1941년 시즌 73경기 중 72경기에서 안타를 기록했다는 말이다.

8. 예컨대 다음을 참조하라(참고 자료는 수없이 많다). Burton G. Malkiel, 《시장 변화를 이기는 투자(A Random Walk Down Wall Street)》 (New York: W. W. Norton & Company, 2003); Taleb, 《Fooled By Randomness》; Gregory Baer and Gary Gensler, 《The Great Mutual Fund Trap》 (New York: Broadway Books, 2002); Bernstein, 《Capital Ideas》.

9. Gregory Baer and Gary Gensler, 《The Great Mutual Fund Trap》. 두 사람은 10년 연속 초과 수익률만 분석했다. 그러나 10년 연속 실적과 15년 연속 실적은 차이가 크다.

10. 밀러는 포트폴리오 구성이 다른 두 번째 펀드(Opportunity Trust)도 운용했는데, 2005년까지 6년 연속 초과수익률을 기록했다. 1년 초과수익 달성 확률이 44%라고 가정하면, 21년 연속 초과수익 달성 확률은 약 3,100만분의 1이다.

11. 밀러는 밸류 트러스트(Value Trust) 펀드로 최장 연속 초과수익 기록을 달성했지만, 다른 펀드로도 연속 초과수익을 달성했다. 그가 운용한 스페셜 인베스트먼트 트러스트(Special Investment Trust)는 1993년까지 6년 연속 초과수익을 달성했다.

8 | 시간은 우리 편

1. Paul A. Samuelson, "Risk and Uncertainty: A Fallacy of Large Numbers," *Scientia* 98 (1963): 108 – 13; reprinted at www.casact.org/pubs/forum/94sforum/94sf049.pdf. Shlomo Benartzi and Richard H. Thaler, "Myopic Loss Aversion and the Equity Premium Puzzle," *The Quarterly Journal of Economics* 110, no. 1 (February 1995): 73 – 92, available from http://gsbwww.uchicago.edu/fac/richard.thaler/research/myopic.pdf, "정리에 의하면, 어떤 내기 한 판에는 응하지 않겠다면서 똑같은 내기 여러 판에는 응하겠다는 것은 기대 효용 이론상 모순되는 행동이다."

2. Daniel Kahneman and Amos Tversky, "Prospect Theory: An Analysis of Decision Under Risk," *Econometrica* 47 (1979): 263 – 91.

3. Nicholas Barberis and Ming Huang, "Mental Accounting, Loss Aversion, and Individual Stock Returns," *Journal of Finance* 56, no. 4 (August 2001): 1247 – 92.

4. Elroy Dimson, Paul Marsh, and Mike Staunton, "Global Evidence on the Equity Risk Premium," *Journal of Applied Corporate Finance* 15, no. 4 (Fall 2003): 27 – 38.

5. Benartzi and Thaler, "Myopic Loss Aversion."

6. 그림 8.1과 8.2에 대해서는 다음을 참조하라. William J. Bernstein, "Of Risk and Myopia." http://www.efficientfrontier.com/ef/102/taleb.htm. Taleb, 《Fooled By Randomness》.

7. Mauboussin and Bartholdson, "Long Strange Trip: Thoughts on Stock Market Returns."

8. Benartzi and Thaler, "Myopic Loss Aversion," 80.

9. James K. Glassman and Kevin A. Hassett, 《Dow 36,000: The New Strategy for Profiting from the Coming Rise in the Stock Market》 (New York: Times Books, 1999).

10. Josef Lakonishok, Andrei Shleifer, and Robert W. Vishny, "Contrarian Investment, Extrapolation, and Risk," *Journal of Finance* 49, no. 5 (December 1994): 1541 – 78.

11. Bernstein, "Of Risk and Myopia."

9 | 경영진 평가

1. Berkshire Hathaway Annual Letter to Shareholders, 1993, http://berkshirehathaway.com/letters/1993.html.

2. Jim Collins, 《좋은 기업을 넘어… 위대한 기업으로(Good to Great)》 (New York: HarperBusiness, 2001).

3. Meghan Felicelli, "2006 YTD CEO Turnover," *SpencerStuart*, December 31, 2006. Also, Chuck Lucier, Paul Kocourek, and Rolf Habbel, "CEO Succession 2005: The Crest of the Wave," *strategy+business*, Summer 2006.

4. 최근 인터뷰에서 필요한 지식을 모두 어떻게 확보하느냐는 질문을 받자, 노키아(Nokia) CEO 요르마 올릴라(Jorma Ollila)는 이렇게 대답했다. "많이 읽을 수밖에 없다고 생각합니다." (David Pringle and Raju Narisetti, "Nokia's Chief Guides Company Amid Technology's Rough Seas," *The Wall Street Journal*, November 24, 2003.) 찰리 멍거의 대답은 더 직설적이다. "항상 책을 읽지 않으면서도 현명한 사람을 나는 평생 한 사람도 보지 못했습니다."

5. http://csfb.com/thoughtleaderforum/2003/harrington_sidecolumn.shtml.

6. Robert E. Rubin and Jacob Weisberg, 《글로벌 경제의 위기와 미국(In an Uncertain World)》 (New York: Random House, 2003).

7. Alfred Rappaport and Michael J. Mauboussin, 《기대투자(Expectations Investing)》 (Boston: Harvard Business School Press, 2001).

8. Bethany McLean and Peter Elkind, 《엔론 스캔들(The Smartest Guys in the Room)》 (New York: Penguin Group, 2003).

9. 화이자가 그런 사례다. 1998~2002년 투자한 1,920억 달러 중 약 85%가 인수합병 관련이었다.

10. Berkshire Hathaway Annual Letter to Shareholders, 1987, http://berkshirehathaway.com/letters/1987.html.

10 | 아침부터 몰려오는 스트레스

1. 새폴스키는 영장류의 사회 계급과 스트레스 사이의 관계를 파악하려고, 20년 이상 여름마다 아프리카에서 비비(개코원숭이)를 연구했다. 그는 다음과 같이 썼다. "비비들은 아마도 하루 4시간이면 먹는 문제를 해결하며, 다른 포식자들에게 위협받는 일도 거의 없다. 이들은 매일 대낮에 몹쓸 짓에 몰두하면서 약 6시간을 보낸다. 우리 사회가 그렇듯이. 우리가 순수 사회적·심리적 스트레스에 시달리는 것도 배가 불러서 누리는 일종의 사치다." Robert M. Sapolsky, 《Dr. 영장류 개코원숭이로 살다(A Primate's Memoir)》 (New York: Scribner, 2001).

2. Robert M. Sapolsky, 《스트레스: 당신을 병들게 하는 스트레스의 모든 것(Why Zebras

Don't Get Ulcers: An Updated Guide to Stress, Stress-Related Disease, and Coping)》(New York: W. H. Freeman and Company, 1994).

3. Richard Foster and Sarah Kaplan, 《창조적 파괴(Creative Destruction: Why Companies That Are Built to Last Underperform the Market-and How to Successfully Transform Them)》(New York: Doubleday, 2001).

4. John Y. Campbell, Martin Lettau, Burton Malkiel, and Yexiao Xu, "Have Individual Stocks Become More Volatile? An Empirical Exploration of Idiosyncratic Risk," *Journal of Finance* 54 (February 2001): 1 - 43.

5. 그렇다고 단기 기대가 주가에 반영된다는 뜻은 아니다.

6. John C. Bogle, "Mutual Fund Directors: The Dog that Didn't Bark," January, 28, 2001, http://www.vanguard.com/bogle_site/sp20010128.html. Updated data are from John C. Bogle, "The Mutual Fund Industry Sixty Years Later: For Better or Worse?" *Financial Analysts Journal* (January - February 2005).

7. Kathryn Kranhold, "Florida Might Sue Alliance Capital Over Pension Fund's Enron Losses," *The Wall Street Journal*, April 23, 2002.

8. 주식시장이 단기 지향적이라는 말은 아니다. 주가에는 10~20년 현금흐름이 반영된다는 점이 각종 연구에서 일관되게 나타난다. 그런데도 투자자들은 장기 실적을 단기에 얻으려고 무모하게 덤벼든다.

9. Ernst Fehr, "The Economics of Impatience," *Nature*, January 17, 2002, 269 - 70.

10. John Spence, "Bogle Calls for a Federation of Long-Term Investors," Index Funds, Inc., http://www.indexfunds.com/articles/20020221_boglespeech_com_gen_JS.htm. 내가 계산한 2001년 가중평균 수익률은, 회전율 20% 이하 펀드는 4.8%, 회전율 100% 초과 펀드는 7.8%, 회전율 200% 초과 펀드는 10.5%였다. http://www.indexfunds.com/articles/20020221_boglespeech_com_gen_JS.htm.

11. Alice Lowenstein, "The Low Turnover Advantage," Morningstar Research, September 7, 1997, http://news.morningstar.com/news/ms/FundFocus/lowturnover1.html.

12. Russ Wermers, "Mutual Fund Performance: An Empirical Decomposition into Stock-Picking Talent, Style, Transaction Costs, and Expenses," *Journal of Finance* 55 (August 2000): 1655 - 1703.

13. 야후는 포트폴리오의 표준편차를 기준으로 위험(평균 초과, 평균, 평균 미만)을 분류한다. 나는 평균 미만 위험 펀드는 1, 평균 위험 펀드는 2, 평균 초과 위험 펀드는 3으로 분류해 각 회전율 범위에서 위험의 평균값을 계산했다. 숫자는 자산가중 기준이다.

11 | 타파웨어 파티

1. Robert B. Cialdini, "The Science of Persuasion," *Scientific American* (February 2001).

2. Robert B. Cialdini, 《설득의 심리학(Influence: The Psychology of Persuasion)》 (New York: William Morrow, 1993).

3. 11장 참조.

4. 다음을 참조하라. Duncan J. Watts, 《SMALL WORLD(Small World Six Degrees: The Science of a Connected Age)》 (New York: W. W. Norton & Company, 2003).

5. Cialdini, 《Influence》. 다음도 참조하라. Dickinson, "The Milgram Reenactment," http://www.milgramreenactment.org/pages/section.xml?location51.

6. Lisa W. Foderaro, "If June Cleaver Joined 'Sex and the City': Tupperware Parties for the Cosmo Set," *The New York Times*, February 1, 2003.

7. Cialdini, 《Influence》.

12 | 준비 완료!

1. Antonio R. Damasio, 《데카르트의 오류(Descartes' Error: Emotion, Reason, and the Human Brain)》 (New York: Avon Books, 1994).

2. Thomas A. Stewart, "How to Think With Your Gut," *Business 2.0*, November 2002.

3. Antonio R. Damasio, 《The Feeling of What Happens: Body and Emotion in the Making of Consciousness》 (New York: Harcourt Brace & Company, 1999). Antoine Bechara, Hanna Damasio, Daniel Tranel, and Antonio R. Damasio, "Deciding Advantageously Before Knowing the Advantageous Strategy," *Science* 275 (February 28, 1997): 1293 - 95.

4. Daniel Kahneman, "Maps of Bounded Rationality: A Perspective on Intuitive Judgment and Choice," Nobel Prize Lecture, December 8, 2002, http://www.nobel.se/economics/laureates/2002/kahnemann-lecture.pdf.

5. Paul Slovic, Melissa Finucane, Ellen Peters, and Donald G. MacGregor, "The Affect Heuristic," in 《Heuristics and Biases: The Psychology of Intuitive Judgment》.

6. Slovic, Finucane, Peters, and MacGregor, "The Affect Heuristic."

7. Donald G. MacGregor, "Imagery and Financial Judgment," *The Journal of Psychology and Financial Markets* 3, no. 1 (2002): 15 - 22.

13 | 구피의 짝짓기

1. 더 정확하게 말하면, 색상 차이의 수준에 따라 반응이 달라졌다. 색상 차이가 크지 않으면 암컷 구피는 다소 어두운 오렌지색 수컷을 선택했다. 그러나 색상 차이가 크면 모방을 포기하고 색상이 더 밝은 수컷을 선택했다. 다음을 참조하라. Lee Alan Dugatkin and Jean-Guy J. Godin, "How Females Choose Their Mates," *Scientific American*, April 1998, 56 – 61.

2. Lee Alan Dugatkin, 《동물에게도 문화가 있다(The Imitation Factor)》 (New York: Free Press, 2000).

3. Carl Anderson and John J. Bartholdi III, "Centralized Versus Decentralized Control in Manufacturing: Lessons from Social Insects," in 《Complexity and Complex Systems in Industry》, ed. Ian P. McCarthy and Thierry Rakotobe-Joel (Warwick: University of Warwick, 2000), 92 – 105; http://www2.isye.gatech.edu/~carl/papers/cc.pdf.

4. Andrei Shleifer, 《Inefficient Markets: An Introduction to Behavioral Finance》 (Oxford: Oxford University Press, 2000).

5. 피드백은 다양한 수준에서 작동할 수 있다. 제품 수준에서도 작동하고, 회사 수준, 시장 수준에서도 작동할 수 있다. 피드백은 다양한 수준에서 작동하면서 상관관계를 유지할 때도 있고, 유지하지 않을 때도 있다.

6. Sushil Bikhchandani and Sunil Sharma, "Herd Behavior in Financial Markets," *IMF Staff Paper* 47, no. 3 (2001), http://www.imf.org/External/Pubs/FT/staffp/2001/01/pdf/bikhchan.pdf.

7. Sushil Bikhchandani, David Hirshleifer, and Ivo Welch, "Informational Cascades and Rational Herding: An Annotated Bibliography," Working Paper: UCLA/Anderson and Michigan/GSB (June 1996).

8. Duncan J. Watts, "A Simple Model of Global Cascades on Random Networks," *Proceedings of the National Academy of Sciences* 99, no. 9 (April 30, 2002): 5766 – 71.

9. Anderson and Bartholdi, "Centralized Versus Decentralized Control."

10. Charles MacKay, 《대중의 미망과 광기(Extraordinary Popular Delusions and the Madness of Crowds)》 (1841; New York: Three Rivers Press, 1995).

11. Russ Wermers, "Mutual Fund Herding and the Impact on Stock Prices," *Journal of Finance* 54, no. 2 (April 1999): 581 – 622.

12. Ivo Welch, "Herding Among Security Analysts," *Journal of Financial Economics* 58, no. 3 (December 2000): 369 – 96.

13. Victor M. Eguiluz and Martin G. Zimmerman, "Transmission of Information and Herd Behavior: An Application to Financial Markets," *Physical Review Letters* 85, no. 26 (December 25, 2000): 5659 – 62.

14. J. Bradford DeLong, Andrei Shleifer, Lawrence H. Summers, and Robert J. Waldmann,

"Positive Feedback Investment Strategies and Destabilizing Rational Speculation," *Journal of Finance* 45, no. 2 (June 1990): 379 – 95.

14 | 행동재무학을 경계하라

1. 전문가 대부분이 동의하는 행동재무학의 효시는 다음 논문이다. Werner DeBondt and Richard Thaler, "Does the Stock Market Overreact?" *Journal of Finance* 40 (1985): 793 – 805.

2. Alfred Rappaport and Michael J. Mauboussin, "Pitfalls to Avoid," at www. expectationsinvesting.com/pdf/pitfalls.pdf.

3. Hersh Shefrin, 《Beyond Greed and Fear: Understanding Behavioral Finance and the Psychology of Investing》 (Boston: Harvard Business School Press, 2000).

4. Vernon L. Smith, "An Experimental Study of Competitive Market Behavior," *Journal of Political Economy* 70, no. 3 (June 1962): 111 – 37.

5. Andrei Shleifer, 《Inefficient Markets: An Introduction to Behavioral Finance》 (Oxford: Oxford University Press, 2000). 몇 페이지 뒤에 슐라이퍼는 대담하게 말한다. "카너먼과 트버스키의 이론에서는 이런 주장을 전혀 다루지 않았다."

6. Sherry Sontag and Christopher Drew, 《Blind Man's Bluff: The Untold Story of American Submarine Espionage》 (New York: Perseus Books, 1998).

7. Jack L. Treynor, "Market Efficiency and the Bean Jar Experiment," *Financial Analysts Journal* (May – June 1987), 50 – 53.

8. 기업 경영진의 의사결정은 예외에 해당한다. 개별적인 의사결정에서 실수를 저질러도 주주들은 큰 손실을 볼 수 있다. 예컨대 경영진이 과도한 가격에 기업을 인수하면, 이른바 승자의 저주가 되어 주주들이 손실을 볼 수 있다.

9. 11장 참조.

15 | 케인스 가라사대

1. W. Brian Arthur, "Inductive Reasoning and Bounded Rationality: The El Farol Problem," paper given at the American Economic Association Annual Meetings, 1994, published in *American Economic Review* (Papers and Proceedings) 84 (1994): 406 – 11, http://www.santafe.edu/arthur/Papers/El_Farol.html.

2. Karl-Erik Wärneryd, 《Stock-Market Psychology》 (Cheltenham, UK: Edward Elgar, 2001).

3. 다음 참조. Bob Davis and Susan Warren, "How Fears of Impending War Already Take Economic Toll," *The Wall Street Journal*, January 29, 2003.

4. John Maynard Keynes, 《고용, 이자 및 화폐에 관한 일반이론(The General theory of Employment, Interest and Money)》 (New York: Harcourt, Brace and Company, 1936).

5. 같은 책.

6. John C. Bogle, "The Mutual Fund Industry in 2003: Back to the Future," remarks before the Harvard Club of Boston, January 14, 2003, http://www.vanguard.com/bogle_site/sp20030114.html.

7. W. Brian Arthur, "Inductive Reasoning and Bounded Rationality: The El Farol Problem."

8. Corinne Coen and Rick Riolo, "El Farol Revisited: How People in Large Groups Learn to Coordinate Through Complementary Scripts," *Organizational Learning and Knowledge Management* conference proceedings, 4th International Conference, June 2001.

9. Max Bazerman, 《Judgment in Managerial Decision Making》, 4th ed. (New York: Wiley, 1998).

10. Hersh Shefrin, 《Beyond Greed and Fear》.

16 | 자연주의적 의사결정

1. Thomas A. Stewart, "How to Think with Your Gut," Business 2.0, November 1, 2002, http://money.cnn.com/magazines/business2/business2_archive/2002/11/01/331634/index.htm.

2. 같은 책.

3. Peter L. Bernstein, 《리스크(Against the Gods: The Remarkable Story of Risk)》 (New York: John Wiley & Sons, 1996).

4. Raanan Lipshitz, Gary Klein, Judith Orasanu, and Eduardo Salas, "Taking Stock of Naturalistic Decision Making," Working Paper, July 15, 2000, http://organizations.haifa.ac.il/html/html_eng/raanan%20-%20taking.doc.

5. Robert A. Olsen, "Professional Investors as Naturalistic Decision Makers: Evidence and Market Implications," *The Journal of Psychology and Financial Markets* 3, no. 3 (2002): 161 – 67.

6. 같은 글 162 – 63.

7. Michael T. Kaufman, 《Soros: The Life and Times of a Messianic Billionaire》 (New York: Knopf, 2002), 141.

8. Gary Klein, 《인튜이션(Sources of Power: How People Make Decisions)》 (Cambridge, Mass.: MIT Press, 1998).

9. Stewart, "How to Think with Your Gut."

10. Frank Tallis, 《Hidden Minds: A History of the Unconscious》 (New York: Arcade Publishing, 2002).

17 | 중요도 평가

1. http://www.brainyquote.com/quotes/authors/a/antoine_lavoisier.html.

2. http://www.phrases.org.uk/meanings/375700.html.

3. http://www.usdoj.gov/atr/cases/exhibits/20.pdf.

4. Dale Griffin and Amos Tversky, "The Weighing of Evidence and the Determinants of Confidence," in 《Heuristics and Biases: The Psychology of Intuitive Judgment》.

5. Richard H. Thaler, 《승자의 저주(The Winner's Curse: Paradoxes and Anomalies of Economic Life)》 (Princeton, N.J.: Princeton University Press, 1994).

6. 2003년 시어스(Sears) 신용카드 매각이 대표적인 사례다. 일부 투자자는 이 회사의 매각 가격이 경영진의 예상 가격보다 낮을 것으로 믿고 시어스 주식을 공매도했다. 실제로 이렇게 생각한 잠재 매수자가 많았다. 그러나 실제 매각 가격은 매수자들이 생각한 평균 가격보다 훨씬 높았다.

7. 전직 CSFB 애널리스트가 그런 예다. 그는 2000년 아마존 유통센터에서 임시직으로 이틀 근무하면서 주문 처리 업무를 담당한 적이 있다. 당시 그가 처리한 주문 규모는 1만 5,000달러에 불과했지만, 그 분기 아마존의 매출은 10억 달러나 되었다. 그는 이 경험을 바탕으로 리서치 보고서를 작성했다.

8. Tarun Chordia, Richard Roll, and Avanidhar Subrahmanyam, "Evidence on the Speed of Convergence to Market Efficiency," Working Paper, April 29, 2002. Eugene F. Fama, Lawrence Fisher, Michael C. Jensen, and Richard Roll, "The Adjustment of Stock Prices to New Information," *International Economic Review* 10, no. 1 (February 1969); 1 - 21.

9. Stefano DellaVigna and Joshua Pollet, "Attention, Demographics, and the Stock Market," Working Paper, November 23, 2003, http://fisher.osu.edu/fin/dice/seminars/pollet.pdf.

10. 1장 참조.

11. http://www2.cio.com/techpoll/index.cfm.

12. Amos Tversky and Daniel Kahneman, "Extensional Versus Intuitive Reasoning: The Conjunction Fallacy in Probability Judgment," in 《Heuristics and Biases: The Psychology of Intuitive Judgment》.

13. Sanford J. Grossman and Joseph E. Stiglitz, "On the Impossibility of Informationally Efficient Markets," *American Economic Review* 70 (1980): 393 - 408.

18 | 라이트 형제의 혁신

1. 같은 주제를 다룬 진화경제학자 리처드 넬슨(Richard Nelson)과 시드니 윈터스(Sidney Winters)는 다음과 같이 썼다. "경제 시스템 안에서의 혁신, 그리고 예술, 과학, 실생활에서

나오는 새로운 것 모두 이미 존재하는 개념적, 물질적 구성물을 상당 부분 재구성한 것이다. 현 시대의 과학, 기술, 경제 분야 발전의 어마어마한 추동력은, 하나하나의 업적이 특정 문제에 대한 해결의 실마리를 제공하는 데 그치지 않고, 가용할 수 있는 엄청난 구성 요소 및 장래의 여러 문제 해결에 필요한 '새로운 조합'에 신규 아이템으로 쓰일 수 있다는 사실에 주로 기인한다고 볼 수 있다." Richard R. Nelson and Sidney G. Winter, 《An Evolutionary Theory of Economic Change》 (Cambridge, Mass.: Harvard University Press/Belknap Press, 1982).

2. 1998년 6월 17일, 캘리포니아 페블비치에서 열린 원탁회의에서 로머가 한 발언에 기초해 사회자인 도널드 레선드(Donald Lessand)가 쓴 논문 참조. "The Soft Revolution: Achieving Growth By Managing Intangibles," *The Journal of Applied Corporate Finance* 11, no. 2 (Summer 1998): 8–27.

3. Stephen R. Waite, 《Quantum Investing》 (New York: Texere, 2002).

4. 스포츠 분야에서 나타난 기술 진보는 비경합재가 얼마나 강한지 잘 보여준다. 대표적인 예로 200년 만에 널리 퍼지기 시작한 수영의 크롤 영법, 농구의 오버핸드 자유투, 도움닫기 높이뛰기의 배면뛰기를 들 수 있다.

5. "무어의 법칙은 비용 측면에서의 집적회로 성능이 24개월마다 2배로 발전한다는 경험적 관찰에 바탕을 두고 있다."(http://en.wikipedia.org/wiki/Moore's_Law).

6. Juan Enriquez, 《As the Future Catches You》 (New York: Crown Business, 2000).

7. 다음 웹 사이트 참조 http://nickciske.com/tools/binary.php.

19 | 더 나은 성과를 위한 가지치기

1. Steven Pinker, 《The Language Instinct: How the Mind Creates Language》 (New York: HarperCollins, 1994).

2. Alison Gopnik, Andrew Meltzoff, and Patricia Kuhl, 《The Scientist in the Crib: What Early Learning Tells Us About the Mind》 (New York: First Perennial, 2001).

3. Joseph LeDoux, 《Synaptic Self: How Our Brains Become Who We Are》 (New York: Viking, 2002).

4. Robert Aunger, 《The Electric Meme: A New Theory of How We Think》 (New York: Free Press, 2002).

5. Barbara Clancy and Barbara Finlay, "Neural Correlates of Early Language Learning," in 《Language Development: The Essential Readings》, ed. Michael Tomasello and Elizabeth Bates (Oxford: Blackwell, 2001); 이전 판본은 다음 참조. http://crl.ucsd.edu/courses/commdis/pdf/neuralcorrelateschapter-nofi gures.pdf.

6. Michael J. Mauboussin and Alexander Schay, "Fill and Kill: Succeeding with Survivors Is Nothing New," *Credit Suisse First Boston Equity Research*, April 5, 2001.

7. See http://www.webmergers.com.

8. David M. Raup, 《Extinction: Bad Genes or Bad Luck?》(New York: W. W. Norton, 1991).

9. William D. Bygrave, Julian E. Lange, J. R. Roedel, and Gary Wu, "Capital Market Excesses and Competitive Strength: The Case of the Hard Drive Industry, 1984-2000," *Journal of Applied Corporate Finance* 13, no. 3 (Fall 2000), 8-19.

20 | 변화에 앞서 나가기

1. 새 우두머리 사자가 가장 먼저 하는 행동은 기존 우두머리의 새끼들을 모두 죽이는 것이다. 이로써 새 우두머리는 자신의 유전자를 지닌 새로운 새끼를 가질 수 있다.

2. Foster and Kaplan, 《Creative Destruction》.

3. Rappaport and Mauboussin, 《Expectations Investing》.

4. Foster and Kaplan, 《Creative Destruction》; Everett Rodgers, 《개혁의 확산(The Diffusion of Innovation)》(New York: Free Press, 1995); and Geoffrey A. Moore, Paul Johnson, and Tom Kippola, 《고릴라 게임(The Gorilla Game: Picking Winners in High Technology)》(New York: HarperBusiness, 1999).

5. Michael J. Mauboussin and Alexander Schay, "Innovation and Markets: How Innovation Affects the Investing Process," *Credit Suisse First Boston Equity Research*, December 12, 2000.

6. Gregory Zuckerman, "Stars of the '90s Aren't Likely to Lead the Next Rally," *Wall Street Journal*, December 17, 2001.

7. John Y. Campbell, Martin Lettau, Burton G. Malkiel, and Yexiao Xu, "Have Individual Stocks Become More Volatile?" *Journal of Finance* 54 (February 2001): 1-43.

8. Corporate Strategy Board, "Stall Points: Barriers to Growth for the Large Corporate Enterprise," *Corporate Strategy Board* (March 1998).

9. Alfred Rappaport and Michael J. Mauboussin, "Exploiting Expectations," *Fortune*, January 21, 2002, 113-115.

21 | 당신의 포트폴리오에는 초파리 같은 종목이 있습니까?

1. 더 많이 알고 싶다면 다음 참조. http://www.ceolas.org/fly/intro.html.

2. Charles H. Fine, 《진화의 속도 클락 스피드(Clockspeed: Winning Industry Control in the Age of Temporary Advantage)》(Reading, Mass.: Perseus Books, 1998).

3. Glenn Rifkin, "GM's Internet Overhaul," *Technology Review* (October 2002): 62-67.

4. Eugene F. Fama and Kenneth R. French, "Disappearing Dividends: Changing Firm

Characteristics Or Lower Propensity To Pay?" *CRSP Working Paper 509*, June 2000; see http://papers.ssrn.com/sol3/papers.cfm?abstract_id=203092.

5. Robert R. Wiggins and Timothy W. Ruefli, "Sustained Competitive Advantage: Temporal Dynamics and the Incidence and Persistence of Superior Economic Performance," *Organizational Science* 13, no. 1 (January. February 2002): 82–105.

6. Robert R. Wiggins and Timothy W. Ruefli, "Hypercompetitive Performance: Are The Best of Times Getting Shorter?" paper presented at the Academy of Management Annual Meeting 2001, Business Policy and Strategy (BPS) Division, March 31, 2001.

7. 나는 이 가설이 들어맞는다고 본다. 하지만 데이터가 이를 뒷받침한다고 확신할 수는 없다. 훗날 이루어진 연구에는 회계 데이터를 왜곡할 만큼 역사적으로 높은 수준의 상각과 구조조정 비용이 포함되었기 때문이다.

8. Foster and Kaplan, 《Creative Destruction》; John Y. Campbell, Martin Lettau, Burton G. Malkiel, and Yexiao Xu, "Have Individual Stocks Become More Volatile?" *Journal of Finance* 54 (February 2001): 1–43.

9. J. Bradford DeLong and Lawrence H. Summers, "The 'New Economy': Background, Historical Perspective, Questions, and Speculations", *Federal Reserve Bank of Kansas City Economic Review*, Fourth Quarter 2001. http://www.kc.frb.org/PUBLICAT/ECONREV/Pdf/4q01delo.pdf.

10. Rappaport and Mauboussin, 《Expectations Investing》.

22 | 승리의 비결

1. See "Frequently Asked Questions: Deep Blue," http://www.research.ibm.com/deepblue/meet/html/d.3.3.html.

2. Katie Haffner, "In an Ancient Game, Computing's Future," *New York Times*, August 1, 2002.

3. Anna Muoio, "All The Right Moves," *Fast Company*, May 1999; see http://www.fastcompany.com/online/24/chess.html.

4. 이 문구는 퍼기 피어슨이 도박사들에게 한 조언을 떠오르게 한다. See Michael J. Mauboussin and Kristen Bartholdson, "Puggy Pearson's Prescription," *The Consilient Observer* 1, no. 11 (June 4, 2002).

5. Kathleen M. Eisenhardt and Donald N. Sull, "Strategy as Simple Rules," *Harvard Business Review* (January 2001): 107–116.

1. Dan Goodgame, "The Game of Risk: How the Best Golfer in the World Got Even Better," *Time*, August 14, 2000.

2. Stuart Kauffman, 《At Home in the Universe》 (Oxford: Oxford University Press, 1996).

3. Steve Maguire, "Strategy Is Design: A Fitness Landscape Framework," 《Managing Complexity in Organizations: A View in Many Directions》 (Westport, Conn.: Quorum Books, 1999).

4. Eric D. Beinhocker, "Robust Adaptive Strategies," *Sloan Management Review* 40, no. 3 (Spring 1999): 95-106.

5. Daniel C. Dennett, 《Darwin's Dangerous Idea: Evolution and The Meanings of Life》 (New York: Simon & Schuster, 1995).

6. Robert Loest, "Fitness Landscapes and Investment Strategies, Parts 1 and 2," *Portfolio Manager Commentary-IPS Funds* (July and August 1998).

7. Clayton M. Christensen, 《혁신기업의 딜레마(The Innovator's Dilemma: When New Technologies Cause Great Companies to Fail)》 (Boston: Harvard Business School Press, 1997).

8. Mauboussin and Schay, "Innovation and Markets: How Innovation Affects the Investing Process," *Credit Suisse First Boston Equity Research*, December 12, 2000.

9. 이들을 '탐색' 전략과 '개발' 전략으로 달리 표현할 수도 있다. Robert Axelrod and Michael D. Cohen, 《Harnessing Complexity》 (New York: Free Press, 1999).

10. W. Brian Arthur, "Increasing Returns and the New World of Business," *Harvard Business Review* (July-August 1996): 101-109.

11. 잭 웰치(Jack Welch)는 GE를 이끌 당시, 최적화와 위험 감수를 적절히 조합했다. 예컨대 GE 그룹의 각 대형 사업 부문을 이끄는 경영진에게 '아무 질문 없이' 수억 달러를 임의로 지출할 권한을 부여했다. Warren Bennis, "Will the Legacy Live On?" *Harvard Business Review* (February 2002): 95-99 참조.

12. Michael J. Mauboussin, "Get Real," *Credit Suisse First Boston Equity Research*, June 23, 1999.

13. Shona L. Brown and Kathleen M. Eisenhardt, 《Competing on the Edge: Strategy as Structured Chaos》 (Boston: Harvard Business School Press, 1998).

24 | 현재 상황이 미래에도 그대로 이어진다고 가정하면 큰코다친다

1. 다음 참조. http://www.socialsecurity.gov/history/hfaq.html.

2. Richard Roll, "Rational Infinitely-Lived Asset Prices Must be Non-Stationary," Working

Paper, November 1, 2000; Bradford Cornell, 《The Equity Risk Premium: The Long-Run Future of the Stock Market》 (New York: Wiley, 1999); Eugene F. Fama and Kenneth R. French, "The Equity Premium," *Journal of Finance* 57 (2002): 637-659; Jonathan Lewellen, "Predicting Returns with Financial Ratios," *MIT Sloan Working Paper 4374-02*, February 2002.

3. Kenneth L. Fisher and Meir Statman, "Cognitive Biases in Market Forecasts: The Frailty of Forecasting," *The Journal of Portfolio Management* 27, no. 1 (Fall 2000): 72-81.

4. Alfred Rappaport, "How to Avoid the P/E Trap," *Wall Street Journal*, March 10, 2003.

5. Cornell, 《The Equity Risk Premium》.

6. 다음 참조. http://www.econ.yale.edu/~shiller/.

25 | 쓰러졌는데 일어설 수 없어요

1. Lakonishok, quoted in Mark Hulbert, "The Five-Year Forecast Looks Great, or Does It?" *New York Times*, January 25, 2004.

2. Louis K. C. Chan, Jason J. Karceski, and Josef Lakonishok, "The Level and Persistence of Growth Rates," *The Journal of Finance* 58, no. 2 (April 2003): 644-684. Also see chapter 30.

3. Michael J. Mauboussin and Kristen Bartholdson, "Whither Enron: Or-Why Enron Withered," *The Consilient Observer* 1, no. 1 (January 15, 2002).

4. Michael J. Mauboussin and Kristen Bartholdson, "Measuring the Moat: Assessing the Magnitude and Sustainability of Value Creation," *Credit Suisse First Boston Equity Research*, December 16, 2002.

5. Michael J. Mauboussin, Alexander Schay, and Patrick J. McCarthy, "Competitive Advantage Period(CAP): At the Intersection of Finance and Competitive Strategy," Credit Suisse First Boston Equity Research, October 4, 2001.

6. 같은 글 7-9.

7. Todd Erickson, Carin Cooney, and Craig Sterling, "US Technology Sector: Mean Reversion Analysis," *CSFB HOLT Research*, February 2, 2004.

8. HOLT의 크리스토퍼 카타파노(Christopher Catapano), 케이티 던(Katie Dunne), 크레이그 스털링(Craig Sterling) 등 애널리스트 3명이 소매업종 분석을 수행했다.

9. 이를 실증하기 위해, 우리는 영업이익 성장률은 8%이고 초기 추가투하자본 수익률은 100%이며 자본비용이 동일한 두 기업을 모형으로 설정했다. 첫 번째 기업은 수익률을 10년에 걸쳐 0으로 만들고, 두 번째 기업은 20년에 걸쳐 0으로 만들었다. 그 결과 성장률이 똑같은 두 번째 기업의 PER이 첫 번째 기업보다 6이나 높아서 기업 가치가 33% 더 높았다.

10. W. Brian Arthur, "Increasing Returns and the New World of Business," *Harvard Business Review* (July-August 1996): 101-109.

11. 1장 참조.

26 | 참호전을 벌이면서 적과 협력한 사례

1. Robert Axelrod, 《The Complexity of Cooperation: Agent-Based Models of Competition and Collaboration》 (Princeton, N.J.: Princeton University Press, 1997).

2. Robert Axelrod, 《협력의 진화(The Evolution of Cooperation)》 (New York: Basic Books, 1984).

3. George Lakoff and Mark Johnson, 《Metaphors We Live By》 (Chicago, Ill.: The University of Chicago Press, 1980).

4. Axelrod, 《The Evolution of Cooperation》.

5. 같은 책에서 액슬로드는 다음 책을 인용했다. S. Gillon, 《The Story of the 29th Division》 (London: Nelson & Sons, n.d.). 결국 영국, 프랑스, 독일의 고위 사령부는 암묵적 협력에 필요한 안정적 상황을 무력화하기 위해 습격을 강요함으로써 병사들이 적과 공생하는 관계를 약화했다.

6. "Stern Stewart EVA Roundtable," *Journal of Applied Corporate Finance* 7, no. 2 (Summer 1994): 46-70.

7. 더 멋진 토론을 보고 싶으면 다음 참조. William Poundstone, 《Prisoner's Dilemma》 (New York: Anchor Books, 1992).

8. 증설하기로 결정함으로써 두 회사는 내시 균형(Nash equilibrium)에 이른다.

9. Axelrod, 《The Evolution of Cooperation》.

10. David Besanko, David Dranove, and Mark Shanley, 《Economics of Strategy》, 2nd ed. (New York: John Wiley & Sons, 2000), 289-290.

11. 같은 책.

12. Adam M. Brandenburger and Barry J. Nalebuff, 《Co-opetition》 (New York: Currency, 1996).

27 | 성장에 대한 지나친 기대

1. Warren Buffett and Charlie Munger, "It's Stupid the Way People Extrapolate the Past.and Not Slightly Stupid, But Massively Stupid," *Outstanding Investor Digest*, December 24, 2001.

2. Chris Zook with James Allen, 《핵심에 집중하라(Profit from the Core)》 (Boston: Harvard Business School Press, 2001).

3. 이렇게 언급한 것은 인수합병이 가치 파괴적이거나 기껏해야 가치 중립적이라는 증거

가 무수히 많기 때문이다. 인수합병을 통한 성장은 가치를 창출하지 못하는 경우가 많다.

4. 기업 규모와 도시 인구는 지프 분포를 보인다. 다음 참조. Robert L. Axtell, "Zipf Distribution of U.S. Firm Sizes," *Science* 293 (September 2001).

5. 이는 '대수의 법칙'을 잘못 사용한 것이다. 더 자세한 설명은 다음 책을 참조하라. Bernstein, 《Against the Gods》.

6. Siegel, 《Stocks for the Long Run》, 3rd ed.

7. Joseph Fuller and Michael C. Jensen, "Dare to Keep Your Stock Price Low," *The Wall Street Journal*, December 31, 2001.

8. Alfred Rappaport, "The Economics of Short-Term Performance Obsession," *Financial Analysts Journal* 61, no. 3 (May–June 2005): 65–79.

28 | 다각도로 검토하라

1. Norman L. Johnson, "What a Developmental View Can Do for You (or the Fall of the House of Experts)," talk at CSFB Thought Leader Forum, September 2000, Santa Fe, N.M., http://www.capatcolumbia.com/CSFB%20TLF/2000/johnson00_sidecolumn.pdf.

2. Michael J. Mauboussin, "Revisiting Market Efficiency: The Stock Market as a Complex Adaptive System" *Journal of Applied Corporate Finance* 14, no. 4 (Winter 2002): 47–55.

3. Norman L. Johnson, "Diversity in Decentralized System: Enabling Self-Organizing Solutions," LANL, LA-UR-99-6281, 1999. 더 많이 알고 싶다면 다음 참조. http://ishi.lanl.gov.

4. James Kennedy and Russell C. Eberhart, 《Swarm Intelligence》 (San Francisco: Morgan Kaufmann, 2001).

5. William H. Calvin, "The Emergence of Intelligence," *Scientific American Present* 9, no. 4 (November 1998): 44–51.

6. Gary Klein, 《Source of Power: How People Make Decisions》 (Cambridge, Mass.: MIT Press, 1998).

7. Kaufman, 《Soros》.

8. "Informal Learning in the Workplace," http://www.learning-org.com/98.01/0331.html.

9. Arthur Zeikel, "Organizing for Creativity," *Financial Analyst Journal* 39 (November–December 1983): 25–29.

29 | 허니에서 머니까지

1. Thomas D. Seeley, 《The Wisdom of the Hive: The Social Physiology of Honey Bee Colonies》

(Cambridge, Mass.: Harvard University Press, 1995). http://www/pbs.org/wgbh/nova/bees.

2. 다음에 인용됨. Steven Johnson, 《Emergence: The Connected Lives of Ants, Brains, Cities, and Software》 (New York: Scribner, 2001).

3. Seeley, 《The Wisdom of the Hive》. http://www.hbb.cornell.edu/neurobio/departmen/Faculty/seeley.html.

4. Eric Bonabeau, Marco Dorigo, and Guy Theraulaz, 《Swarm Intelligence: From Natural to Artificial Systems》 (New York: Oxford University Press, 1999). Edmund Burke and Graham Kendall, "Applying Ant Algorithms and the No Fit Polygon to the Nesting Problem," *University of Nottingham Working Paper*, 1999, http://www/asap/cs/nott/ac/uk/phblications/pdf/gk_ai99.pdf.

5. Iowa Electronic Markets Web site, http://www.biz.uiowa.edu/iem.

6. James Surowiecki, "Decisions, Decisions," *the New Yorker*, March 28, 2003, http://www.newyorker.com/archive/2003/03/24/030324ta_talk_surowiecki.

7. Hollywood Stock Exchange Web site, http://www.hsx.com

8. Betfair Web site, http://www.betfair.com

9. Rappaport and Mauboussin, 《Expectations Investing》.

10. Howard Rheingold, 《Smart Mobs: The Next Social Revolution》 (New York: Perseus, 2002).

11. Ken Brown, "Stocks March to the Beat of War, Weak Economy," *Wall Street Journal*, March 31, 2003.

30 | 여론

1. Michael Idinopulos and Lee Kempler, "Do you Know Who Your Experts Are?" *The Mckinsey Quarterly* 4 (2003): 60–69. http://www.mckinseyquarterly.com/article_abstract.asp?ar=1358&L2=18&L3=31&srid=6&gp=1.

2. Nancy Weil, "Innocentive Pairs R&D Challenges with Researchers," *Bio-IT World*, May 29, 2003.

3. 어떤 기업들은 질문과 해답을 연계하는 내부 시스템을 만들려 하고 있다. 예를 들어 휴렛팩커드는 SHOCK(Social Harvesting of Community Knowledge)라 불리는 시스템이 있다. http://www.hpl.hp.com/research/idl/projects/shock.

4. Francis Galton, "Vox Populi," *Nature* 75 (March 7, 1907), 450–451; reprint, 1949, Surowiecki, 《The Wisdom of Crowds.》

5. Norman L. Johnson, "Collective Problem Solving: Functionality beyond the Individual," LA-UR-98-2227 (1998); Jack L. Treynor, "Market Efficiency and the Bean Jar Experiment," *Financial Analysts Journal* (May-June 1987), 50–53; Sherry Sontag and Christopher Drew, 《Blind Man's

Bluff: The Untold Story of American Submarine Espionage》(New York: Perseus Books, 1998).

6. Kay-Yut Chen, Leslie R. Fine, and Bernardo A. Huberman, "Predicting the Future," *Information Systems Frontiers* 5, no. 1 (2003): 47-61, http://www.hpl.hp.com/s h l/papers/future/future.pdf.

31 | 두 세계의 꼬리

1. 이 현상은 브라운 운동이라 알려져 있다. 아인슈타인은 열운동을 하는 물 분자가 꽃가루에 무작위로 충돌하면서 이 운동이 발생한다고 설명했다.

2. GloriaMundi, "Introduction to VaR," http://www.gloriamundi.org/introduction.asp.

3. Edgar E. Peters, 《Fractal Market Analysis》(New York: John Wiley & Sons, 1994).

4. Lowenstein, 《When Genius Failed》. Jens Carsten Jackwerth and Mark Rubinstein, "Recovering Probability Distributions from Option Prices," *Journal of Finance* 51, no. 5 (December 1996); 1612에 인용됨. 잭워스와 루빈스타인은 시장의 연변동성이 20%이고 로그 정규분포한다고 가정하면 S&P500 선물지수가 29% 떨어질 확률은 27표준편차의 사건으로 10^{160}분의 1이라 했다.

5. Per Bak, 《How Nature Works》(New York: Springer-Verlag, 1996).

6. 22장 참조.

7. Sushil Bikhchandani and Sunil Sharma, "Herd Behavior in Financial Markets," *IMF Staff Paper* 47, no 3 (September 2001);

http://www.imf.org/External/Pubs/FT/staffp/2001/01/pdf/Bikhchan.pdf.

8. Michael S. Gibson, "Incorporating Event Risk into Value-at-Risk," *The federal Reserve Board Finance and Economics Discussion Series*, 2001-17 (February 2001); http://www.federalreserve.gov/Pubs/feds/2001/200117/200117abs.html

32 | 두꺼운 꼬리의 비밀

1. Daniel Bernoulli, "Exposition of a New Theory on the Measurement of Risk," *Econometrica* 22 (January 1954): 23-36. 초판은 1738년 출간되었다. 다니엘의 5촌인 니콜라스가 이 게임을 최초로 제기했다.

2. 다음 참조. 《The Stanford Encyclopedia of Philosophy》, s.v. "St. Petersburg Paradox," http://plato.stanford.edu/entries/paradox-stpetersburg.

3. 이 장은 다음 글을 많이 참조했다. Larry S. Liebovitch and Daniela Scheurle, "Two Lessons from Fractals and Chaos," *Complexity*, Vol. 5, 4, 2000, 34 - 43. http://www.ccs.fau.

edu/~liebovitch/complexity-20.html.

4. 29장 참조.

5. Benoit B. Mandelbrot, "A Multifractal Walk down Wall Street," *Scientific American*, February 1999, 70–73. Benoit B. Mandelbrot, 《Fractals and Scaling in Finance: Discontinuity, Concentrations, Risk》 (New York: Springer Verlag, 1997).

6. 8시간 잠자는 것으로 가정하고 하루 16시간 쉬지 않고 동전 던지기를 할 경우, 3초에 한 번 던지면 100만 번 던지는 데 14.3년이 걸린다.

7. Didier Sornette, 《Why Stork Markets Crash: Critical Events in Complex Financial Systems》 (Princeton, N.J.: Princeton University Press, 2003); Sornette's Web site, http://www.ess.ucla. edu/faculty/sornette/.

8. 다음 논문도 참조. Peter L. Bernstein, "Growth Companies Vs. Growth Stocks," *Harvard Business Review* (September–October 1956): 87–98.

9. Bernstein, 《Against the Gods》.

10. David Durand, "Growth Stocks and the Petersburg Paradox," *Journal of Finance* 12 (September 1957): 348–363.

11. Stephen R. Waite, 《Quantum Investing》 (New York: Texere, 2003).

12. Michael J. Mauboussin, Bob Hiler, and Patrick J. McCarthy, "The (Fat) Tail that Wags the Dog," *Credit Suisse First Boston Equity Research*, February 4, 1999).

33 | 도어맨의 망상

1. Sandra Blakeslee, "Scientist at Work: John Henry Holland; Searching for Simple Rules of Complexity," *New York Times*, December 26, 1995.

2. William H. Calvin, 《How Brains Think: Evolving Intelligence, Then and Now》 (New York: Basic Books, 1996).

3. John H. Holland, 《Hidden Order: How Adaptation Builds Complexity》 (Reading, Mass.: Helix Books, 1995).

4. 11장 참조.

5. Michael J. Mauboussin, "Revisiting Market Efficiency: The Stock Market as a Comples Adaptive System," *Journal of Applied Corporate Finance* 14, no. 4 (Winter 2002): 47–55.

6. Norman L. Johnson, "Diversity in Decentralized Systems: Enabling Self-Organizing Solutions," LANL, LA-UR-99 - 6281, 1999.

7. Max Bazerman, 《Judgment in Managerial Decision Making》, 4th ed. (New York: Wiley, 1998).

34 | 라플라스의 악마를 찾아서

1. Michael Gazzaniga, "Whole Brain Interpreter," http://pegasus.cc.ucf.edu/~fl e/gazzaniga. html.

2. Joseph LeDoux, 《The Emotional Brain: The Mysterious Underpinnings of Emotional Life》 (New York: Touchstone, 1996).

3. As per Wolpert's Faraday lecture at the Royal Society, 2001. Also see Lewis Wolpert, 《믿음의 엔진(Six Impossible Things Before Breakfast: The Evolutionary Origins of Belief)》 (New York: W. W. Norton, 2007); Gilles Fauconnier and Mark Turner, 《우리는 어떻게 생각하는가(The Way We Think: Conceptual Blending and the Mind's Hidden Complexities)》 (New York: Basic Books, 2002); Paul R. Ehrlich, 《인간의 본성들(Human Natures: Genes, Cultures, and the Human Prospect)》 (Washington, D.C.: Island Press, 2000).

4. Michael J. Mauboussin, "Revisiting Market Effi ciency: The Stock Market as a Complex Adaptive System," *The Journal of Applied Corporate Finance* 14, no. 4 (Winter 2002): 47 – 55.

5. Watts, 《Small World Six Degrees》.

6. David M. Cutler, James M. Poterba, and Lawrence H. Summers, "What Moves Stock Prices?" *The Journal of Portfolio Management* (Spring 1989): 4 – 12.

7. Peter Coy, "He Who Mines the Data May Strike Fool's Gold," *Business-Week*, June 16, 1997.

8. Gary Belsky and Thomas Gilovich, 《Why Smart People Make Big Money Mistakes—and How to Correct Them: Lessons From the New Science of Behavioral Economics》 (New York: Simon and Schuster, 1999).

35 | 파워 법칙

1. George Kingsley Zipf, 《National Unity and Disunity: The Nation as a Bio-Social Organism》 (Bloomington, Ind.: Principia Press, 1941).

2. 예컨대 로그 10에서는 눈금이 우리에게 익숙한 10, 11, 12가 아니라 10^1(=10), 10^2(=100), 10^3(=1,000)으로 나타난다.

3. Richard Koch, 《The 80/20 Principle: The Secret to Success by Achieving More with Less》 (New York: Currency, 1998).

4. Rob Axtell, "Zipf's Law of City Sizes: A Microeconomic Explanation Far from Equilibrium," presentation at a RAND workshop, Complex Systems and Policy Analysis: New Tools for a New Millennium, September 27 – 28, 2000, Arlington, Va.

5. 이런 변용은 다음 책에서 분명하게 설명된다. Murray Gell-Mann, 《The Quark and the

Jaguar: Adventures in the Simple and the Complex》(New York: W. H. Freeman, 1994).

6. Robert L. Axtell, "Zipf Distribution of U.S. Firm Sizes," *Science* 293 (September 7, 2001): 1818 – 1820; http://www.sciencemag.org/content/vol293/issue5536/index.shtml.

7. 이는 자기 조직 임계 현상, 고도로 최적화된 용인(highly optimized tolerance), 지브라 과정(Gibrat process)을 포함한다. 이 모든 과정이 배타적인 것은 아니다.

8. Bak, 《How Nature Works》.

9. Robert Axtell, "The Emergence of Firms in a Population of Agents: Local Increasing Returns, Unstable Nash Equilibria, and Power Law Size Distributions," *Brookings Institution, Center on Social and Economics Working Paper 3*, June 1999. Robert L. Axtell and Richard Florida, "Emergent Cities: A Microeconomic Explanation of Zipf's Law," *Brookings Institution and Carnegie Mellon University Working Paper*, September 2000.

10. Michael Batty, "Rank Clocks," *Nature*, vol. 444, November 30, 2006, 592 – 596.

11. Albert-László Barabási, 《Linked: The New Science of Networks》(Cambridge, Mass.: Perseus, 2002); Bernardo A. Huberman, 《The Laws of the Web: Patterns in the Ecology of Information》(Cambridge, Mass.: MIT Press, 2001); Lada A. Adamic, "Zipf, Power-laws, and Pareto—a Ranking Tutorial," Information Dynamics Lab, HP Labs, Working Paper, http://ginger.hpl.hp.com/shl/papers/ranking/ranking.html.

36 | 숫자의 피라미드

1. 35장 참조.

2. Paul Colinvaux, 《Why Big Fierce Animals Are Rare》(Princeton, N.J.: Princeton University Press, 1978).

3. James H. Brown and Geoffrey B. West, eds., 《Scaling in Biology》(Oxford: Oxford University Press, 2000).

4. Robert L. Axtell, "Zipf Distribution of U.S. Firm Sizes," *Science* 293 (September 7, 2001): 1818 – 1820.

5. Eugene Stanley et al., "Scaling Behavior in Economics: I. Empirical Results for Company Growth," *Journal de Physique* (April 1997): 621 – 633.

6. Axtell, "Zipf Distribution."

7. Corporate Strategy Board, "Stall Points: Barriers to Growth for the Large Corporate Enterprise," *Corporate Strategy Board* (March 1998).

8. Steven Klepper, "Entry, Exit, Growth, and Innovation Over the Product Life Cycle," *American Economic Review* 86, no. 3 (1996): 562 – 83. 다음 책도 참조하라. Bartley J. Madden, 《CFROI Valuation: A Total System Approach to Valuing the Firm》(Oxford: Butterworth-Heinemann,

1999).

9. Louis K. C. Chan, Jason Karceski, and Josef Lakonishok, "The Level and Persistence of Growth Rates," *The Journal of Finance* 58, no. 2 (April 2003): 671.

10. 이 책을 쓸 당시, 차년도(T+1)의 시가총액 상위 50대 기업의 내재 자산증가율과 현금흐름이익률은 각각 8.8%로, S&P500 전체 기업 평균의 5.6%와 7.6%를 상회했다. 2008년 (T+5) 이 기업들의 자산증가율과 현금흐름이익률은 8.9%와 10.9%여서, S&P500 전체 기업 평균의 각각 7.2%와 9.0%를 넘어섰다.

11. S&P500 전체 이익에서 금융서비스 업종이 차지하는 비중은 두드러지게 크다(계열사를 제외할 경우 약 30%임). 이 업종이 전체 GDP에서 차지하는 비중도 1980년의 15%에서 약 21%로 상승했다. 역사적으로 볼 때 이 수준으로 성장하면 (에너지와 기술 업종처럼) 이후에는 비중이 줄어들었다. 더 많은 정보는 다음 참조. Paddy Jilek, Bradford Neuman, and Arbin Sherchan, "U.S. Investment Digest: Five Tidbits," *Credit Suisse First Boston Equity Research*, September 5, 2003.

37 | 투자 심리가 뒤바뀐 이야기

1. Malcolm Gladwell, 《티핑 포인트(The Tipping Point: How Little Things Can Make a Big Difference)》 (Boston, Mass.: Little, Brown and Company, 2000).

2. Michael J. Mauboussin, Alexander Schay, and Stephen G. Kawaja, "Network to Net Worth: Exploring Network Dynamics," *Credit Suisse First Boston Equity Research*, May 11, 2000.

3. Benjamin Graham, "Stock Market Warning: Danger Ahead!" *California Management Review* 11, no. 3 (Spring 1960): 34.

4. Watts, 《Small World Six Degrees》.

5. Christopher D. Carroll, "The Epidemiology of Macroeconomic Expectations," *Johns Hopkins Working Paper*, July 9, 2002, http://www.econ.jhu.edu/people/ccarroll/EpidemiologySFI.pdf. 다음 참조. Michael J. Mauboussin, "Revisiting Market Efficiency: The Stock Market as a Complex Adaptive System," *Journal of Applied Corporate Finance* 14, no. 4 (Winter 2002): 47 – 55.

6. Joseph de la Vega, 《Confusion de Confusiones》 (1688); MacKay, 《Extraordinary Popular Delusions and the Madness of Crowds》 (1841); and Edwin Lefevre, 《어느 주식투자자의 회상 (Reminiscences of a Stock Operator)》 (1923) 참조.

7. Warren E. Buffett, Berkshire Hathaway Annual Letter to Shareholders, 1987, http://berkshirehathaway.com/letters/1987.html.

8. Benjamin Graham and David L. Dodd, 《증권분석(Security Analysis)》 (New York: McGraw Hill, 1934).

9. Irving Lester Janis, 《Groupthink: Psychological Studies of Policy Decisions and Fiascoes》

(New York: Houghton Mifflin, 1982).

38 | 성공적인 주주가 되는 길

1. Jennifer Quellette, "Jackson Pollock—Mathematician," *The Fine Arts Magazine*, January 25, 2002.

2. 어린이책의 주인공인 올리비아(Olivia)를 예로 들 수 있다. 다음 책 참조. Ian Falconer, 《Olivia》 (New York: Atheneum Books for Young Readers, 2000).

3. Benoit B. Mandelbrot, "A Multifractal Walk Down Wall Street," *Scientific American* (February 1999): 71.

4. Richard P. Taylor, B. Spehar, C.W.G. Clifford, and B.R. Newell, "The Visual Complexity of Pollock's Dripped Fractals," *Proceedings of the International Conference of Complex Systems*, 2002, http://materialscience.uoregon.edu/taylor/art/TaylorICCS2002.pdf.

5. Richard P. Taylor, "Order in Pollock's Chaos," *Scientific American*, December 2002, http://materialscience.uoregon.edu/taylor/art/scientifi camerican.pdf.

6. Robert L. Axtell, "Zipf Distribution of US Firm Sizes," *Science* 293 (September 2001): 1818 – 1820; Youngki Lee, Luìs A. Nunes Amaral, David Canning, Martin Meyer, and H. Eugene Stanley, "Universal Features in the Growth Dynamics of Complex Organizations," Physical Review Letters 81, no. 15 (October 1998): 3275 – 3278, http://polymer.bu.edu/hes/articles/lacms98.pdf.

7. Mandelbrot, "A Multifractal Walk Down Wall Street." 주가 변동은 멀티 프랙털로 표현하는 것이 더 적합하다. 멀티 프랙털은 여러 단계에서 통계적 유사성을 얻기 위해 몇몇 조정을 가한 것이다. 예를 들어 자산 가격은 수평축의 시간을 늘리거나 줄여서 유사성을 얻는다.

8. Bartley J. Madden, Michael J. Mauboussin, John D. Lagerman, and Samuel T. Eddins, "Business Strategy/Life Cycle Framework: Positioning Firm Strategy as the Primary Cause of Long–Term CFROIs and Asset Growth Rates," *Credit Suisse First Boston Equity Research*, April 22, 2003.

9. Rappaport and Mauboussin, 《Expectations Investing》.

10. Michael J. Mauboussin, Alexander Schay, and Patrick McCarthy, "Competitive Advantage Period: At the Intersection of Finance and Competitive Strategy," *Credit Suisse First Boston Equity Research*, October 4, 2001.

11. Mauboussin and Bartholdson, "Measuring the Moat: Assessing the Magnitude and Sustainability of Value Creation."

맺음말 | 미래의 투자는 통섭이 중요하다

1. J. Doyne Farmer and Fabrizio Lillo, "On the Origin of Power Law Tails in Price Fluctuations," *Quantitative Finance* 4, no. 1 (2004): 7 – 11.

2. Watts, 《Small World Six Degrees》.

3. Brown and West, eds., 《Scaling in Biology》.

참고문헌

Adamic, Lada A. "Zipf, Power-Laws, and Pareto—a Ranking Tutorial." Information Dynamics Lab, HP Labs, Working Paper. http://ginger.hpl.hp.com/shl/papers/ranking/ranking.html.

Alvarez, A. *Poker: Bets, Bluffs, and Bad Beats.* San Francisco: Chronicle Books, 2001.

Anderson, Carl, and John J. Bartholdi III. "Centralized Versus Decentralized Control in Manufacturing: Lessons from Social Insects." In *Complexity and Complex Systems in Industry*, ed. Ian P. McCarthy and Thierry Rakotobe-Joel, 92 – 105. Warwick: University of Warwick, 2000.

Armstrong, J. Scott. "The Seer-Sucker Theory: The Value of Experts in Forecasting." *Technology Review* 83 (June – July 1980): 16 – 24.

Arthur, W. Brian. "Increasing Returns and the New World of Business." *Harvard Business Review* (July – August 1996): 101 – 9.

————. "Inductive Reasoning and Bounded Rationality: The El Farol Problem." Paper given at the American Economic Association Annual Meetings, 1994. Published in *American Economic Review* (Papers and Proceedings) 84 (1994): 406 – 11. http://www.santafe.edu/arthur/Papers/El_Farol.html.

Asch, Solomon E. "Effects of Group Pressure Upon the Modification and Distortion of Judgment." In *Groups, Leadership, and Men*, ed. Harold Guetzkow, 177 – 90. Pittsburgh: Carnegie Press, 1951.

Aunger, Robert. *The Electric Meme: A New Theory of How We Think.* New York: Free Press, 2002.

Axelrod, Robert. *The Complexity of Cooperation: Agent-Based Models of Competition and Collaboration.* Princeton, N.J.: Princeton University Press, 1997.

————. *The Evolution of Cooperation.* New York: Basic Books, 1984.

Axelrod, Robert, and Michael D. Cohen. *Harnessing Complexity.* New York: Free Press, 1999.

Axtell, Robert. "The Emergence of Firms in a Population of Agents: Local Increasing Returns, Unstable Nash Equilibria, and Power Law Size Distributions." *Brookings Institution, Center on Social and Economics Working Paper*, June 3, 1999.

————. "Zipf Distribution of U.S. Firm Sizes." *Science* 293 (September 2001): 1818 – 20. http://www.sciencemag.org/content/vol293/issue5536/index.shtml.

————. "Zipf's Law of City Sizes: A Microeconomic Explanation Far from Equilibrium." Presentation at a RAND workshop, Complex Systems and Policy Analysis: New Tools for a New Millennium, September 27 – 28, 2000, Arlington, Va.

Axtell, Robert L., and Richard Florida. "Emergent Cities: A Microeconomic Explanation of Zipf's Law." *Brookings Institution and Carnegie Mellon University Working Paper*, September 2000.

Baer, Gregory, and Gary Gensler. *The Great Mutual Fund Trap*. New York: Broadway Books, 2002.

Bak, Per. *How Nature Works: The Science of Self-Organized Criticality*. New York: Springer-Verlag, 1996.

Barabási, Albert-László. *Linked: The New Science of Networks*. Cambridge, Mass.: Perseus, 2002.

Barberis, Nicholas, and Ming Huang. "Mental Accounting, Loss Aversion, and Individual Stock Returns." *Journal of Finance* 56, no. 4 (August 2001): 1247 – 92.

Batten, David F. *Discovering Artificial Economics: How Agents Learn and Economies Evolve*. New York: Westview Press, 2000.

Batty, Michael. "Rank Clocks." *Nature* 444 (November 2006): 592 – 96.

Bazerman, Max. *Judgment in Managerial Decision Making*. 4th ed. New York: Wiley, 1998.

Bechara, Antoine, Hanna Damasio, Daniel Tranel, and Antonio R. Damasio. "Deciding Advantageously Before Knowing the Advantageous Strategy." *Science* 275 (February 1997): 1293 – 95.

Beinhocker, Eric D. "Robust Adaptive Strategies." *Sloan Management Review* 40, no. 3 (Spring 1999): 95 – 106.

Belsky, Gary, and Thomas Gilovich. *Why Smart People Make Big Money Mistakes— and How to Correct Them: Lessons from the New Science of Behavioral Economics*. New York: Simon and Schuster, 1999.

Benartzi, Shlomo, and Richard H. Thaler. "Myopic Loss Aversion and the Equity Premium Puzzle." *The Quarterly Journal of Economics* (February 1995): 73 – 92. http://gsbwww.uchicago.edu/fac/richard.thaler/research/myopic.pdf.

Bennis, Warren. "Will the Legacy Live On?" *Harvard Business Review* (February 2002): 95 – 99.

Berkshire Hathaway. Annual Shareholder Letters. http://www.berkshirehathaway.com/letters/letters.html.

Bernoulli, Daniel. "Exposition of a New Theory on the Measurement of Risk." *Econometrica* 22 (January 1954): 23 – 36.

Bernstein, Peter L. *Capital Ideas: The Improbable Origins of Modern Wall Street*. New York: The Free Press, 1992.

———. *Against the Gods: The Remarkable Story of Risk*. New York: Wiley, 1996.

———. "Growth Companies vs. Growth Stocks." *Harvard Business Review* (September – October 1956): 87 – 98.

Bernstein, William J. "Of Risk and Myopia." *Efficientfrontier.com* (2002). http://www.efficientfrontier.com/ef/102/taleb.htm.

Besanko, David, David Dranove, and Mark Shanley. *Economics of Strategy.* 2nd ed. New York: John Wiley & Sons, 2000.

Betfair Web site. http://www.betfair.com.

Beyer, Andrew, et al. *Bet with the Best: All New Strategies from America's Leading Handicappers.* New York: Daily Racing Form Press, 2001.

Bibliography of Zipf's Law. http://www.nslij-genetics.org/wli/zipf.

Bikhchandani, Sushil, David Hirshleifer, and Ivo Welch. "Informational Cascades and Rational Herding: An Annotated Bibliography." *Working Paper: UCLA/Anderson and Michigan/GSB* (June 1996).

Bikhchandani, Sushil, and Sunil Sharma. "Herd Behavior in Financial Markets." *IMF Staff Papers* 47, no. 3 (September 2001). http://www.imf.org/External/Pubs/FT/staffp/2001/01/pdf/bikhchan.pdf.

"Binary: It's Digitalicious." Binary code translation Web site. http://nickciske.com/tools/binary.php.

Bischoff, R. "Informal Learning in the Workplace." January 26, 1998. http://www.tlrp.org/dspace/retrieve/226/Informal+Learning+in+the+workplace1.doc.

Blakeslee, Sandra. "Scientist at Work: John Henry Holland; Searching for Simple Rules of Complexity." *New York Times*, December 26, 1995.

Bogle, John C. "The Emperor's New Mutual Funds." *The Wall Street Journal*, July 8, 2003.

——. "Mutual Fund Directors: The Dog That Didn't Bark." January 28, 2001. http://www.vanguard.com/bogle_site/sp20010128.html.

——. "The Mutual Fund Industry in 2003: Back to the Future." Remarks before the Harvard Club of Boston, January 14, 2003. http://www.vanguard.com/bogle_site/sp20030114.html.

——. "The Mutual Fund Industry Sixty Years Later: For Better or Worse?" *Financial Analysts Journal* 61, no. 1 (January – February 2005): 15 – 24.

Bonabeau, Eric, Marco Dorigo, and Guy Theraulaz. *Swarm Intelligence: From Natural to Artificial Systems.* New York: Oxford University Press, 1999.

Bosch-Domènech, Antoni, and Shyam Sunder. "Tracking the Invisible Hand: Convergence of Double Auctions to Competitive Equilibrium." *Computational Economics* 16, no. 3 (December 2000): 257 – 84.

Brandenburger, Adam M., and Barry J. Nalebuff. *Co-opetition.* New York: Currency, 1996

Britton, B.C., ed. *Executive Control Processes.* Hillsdale, N.J.: Lawrence Erlbaum Associates, 1987.

Brown, James H., and Geoffrey B. West, eds. *Scaling in Biology.* Oxford: Oxford University Press, 2000.

Brown, Ken. "Stocks March to the Beat of War, Weak Economy." *The Wall Street Journal*, March

31, 2003.

Brown, Shona L., and Kathleen M. Eisenhardt. *Competing on the Edge: Strategy as Structured Chaos*. Boston: Harvard Business School Press, 1998.

Buffett, Warren, and Charlie Munger. "It's Stupid the Way People Extrapolate the Past—and Not *Slightly* Stupid, But *Massively* Stupid." *Outstanding Investor Digest*, December 24, 2001.

Bullard, Mercer. "Despite SEC Efforts, Accuracy in Fund Names Still Elusive." *The Street.com*, January 30, 2001. http://www.thestreet.com/funds/mercerbullard/1282823.html.

Burke, Edmund, and Graham Kendall. "Applying Ant Algorithms and the No Fit Polygon to the Nesting Problem." *University of Nottingham Working Paper*, 1999. http://www.asap.cs.nott. ac.uk/publications/pdf/gk_ai99.pdf.

Bygrave, William D., Julian E. Lange, J. R. Roedel and Gary Wu. "Capital Market Excesses and Competitive Strength: The Case of the Hard Drive Industry, 1984 – 2000." *Journal of Applied Corporate Finance* 13, no. 3 (Fall 2000): 8 – 19.

Calvin, William H. "The Emergence of Intelligence." *Scientific American Presents* 9, no. 4 (November 1998): 44 – 51.

——. *How Brains Think: Evolving Intelligence, Then and Now*. New York: Basic Books, 1996.

Campbell, John Y., Martin Lettau, Burton Malkiel, and Yexiao Xu. "Have Individual Stocks Become More Volatile? An Empirical Exploration of Idiosyncratic Risk." *Journal of Finance* 54 (February 2001): 1 – 43.

Carlile, Paul R., and Clayton M. Christensen. "The Cycles of Theory Building in Management Research." Working Paper, January 6, 2005. http://www.innosight.com/documents/ Theory%20Building.pdf.

Carroll, Christopher D. "The Epidemiology of Macroeconomic Expectations." Johns Hopkins Working Paper, July 9, 2002. http://www.econ.jhu.edu/people/ccarroll/EpidemiologySFI. pdf.

Chan, Louis K. C., Jason J. Karceski, and Josef Lakonishok. "The Level and Persistence of Growth Rates." *The Journal of Finance* 58, no. 2 (April 2003): 644 – 84.

Chen, Kay–Yut, Leslie R. Fine, and Bernardo A. Huberman. "Predicting the Future." *Information Systems Frontiers* 5, no. 1 (2003): 47 – 61. http://www.hpl.hp.com/shl/papers/future/ future.pdf.

Chordia, Tarun, Richard Roll, and Avanidhar Subrahmanyam. "Evidence on the Speed of Convergence to Market Effi ciency." Working Paper, April 29, 2002. http://www.anderson. ucla.edu/acad_unit/fi nance/wp/2001/11–01.pdf.

Christensen, Clayton M. *The Innovator's Dilemma: When New Technologies Cause Great Companies to Fail*. Boston: Harvard Business School Press, 1997.

——. "The Past and Future of Competitive Advantage." *MIT Sloan Management Review* (Winter

2001): 105 – 9.

Christensen, Clayton M., and Michael E. Raynor. *The Innovator's Solution: Creating and Sustaining Successful Growth.* Boston: Harvard Business School Press, 2003.

Christensen, Clayton M., Paul Carlile, and David Sundahl. "The Process of Theory–Building." *Working Paper, 02–016.* For an updated version of this paper, see http://www.innosight.com/documents/Theory%20Building.pdf.

Churchill, Winston S. Speech. "The Price of Greatness is Responsibility." 1943. http://www.winstonchurchill.org/i4a/pages/index.cfm?pageid5424.

Cialdini, Robert B. *Influence: The Psychology of Persuasion.* New York: William Morrow, 1993.

——. "The Science of Persuasion." *Scientific American*, February 2001, 76 – 81.

Clancy, Barbara, and Barbara Finley. "Neural Correlates of Early Language Learning." In *Language Development: The Essential Readings*, ed. Michael Tomasello and Elizabeth Bates, 307 – 30. Oxford: Blackwell, 2001. An earlier version is available from http://crl.ucsd.edu/courses/commdis/pdf/neuralcorrelateschapter–nofi gures.pdf.

Coen, Corinne, and Rick Riolo. "El Farol Revisited: How People in Large Groups Learn to Coordinate Through Complementary Scripts." *Organizational Learning and Knowledge Management* conference proceedings, 4th International Conference, June 2001, London, Ont.

Colinvaux, Paul. *Why Big Fierce Animals Are Rare.* Princeton, N.J.: Princeton University Press, 1978.

Collins, Jim. *Good to Great.* New York: HarperBusiness, 2001.

Cornell, Bradford. *The Equity Risk Premium: The Long-Run Future of the Stock Market.* New York: Wiley, 1999.

Corporate Strategy Board. "Stall Points: Barriers to Growth for the Large Corporate Enterprise." *Corporate Strategy Board* (March 1998).

Coy, Peter. "He Who Mines the Data May Strike Fool's Gold." *BusinessWeek*, June 16, 1997.

Crist, Steven. *Betting on Myself: Adventures of a Horseplayer and Publisher.* New York: Daily Racing Form Press, 2003.

Cutler, David M., James M. Poterba, and Lawrence H. Summers. "What Moves Stock Prices?" *Journal of Portfolio Management* (Spring 1989): 4 – 12.

Damasio, Antonio R. *Descartes' Error: Emotion, Reason, and the Human Brain.* New York: Avon Books, 1994.

——. *The Feeling of What Happens: Body and Emotion in the Making of Consciousness.* New York: Harcourt Brace & Company, 1999.

Darwin, Charles. *The Origin of Species.* London: John Murray, 1859.

Davis, Bob, and Susan Warren. "How Fears of Impending War Already Take Economic Toll." *The Wall Street Journal*, January 29, 2003.

DeBondt, Werner, and Richard Thaler. "Does the Stock Market Overreact?" *Journal of Finance* 40 (1985): 793 – 805.

DellaVigna, Stefano, and Joshua Pollet. "Attention, Demographics, and the Stock Market." Working Paper, November 23, 2003. http://fisher.osu.edu/fin/dice/seminars/pollet.pdf.

DeLong, J. Bradford, Andrei Shleifer, Lawrence H. Summers, and Robert J. Waldmann. "Positive Feedback Investment Strategies and Destabilizing Rational Speculation." *Journal of Finance* 45, no. 2 (June 1990): 379 – 95.

DeLong, J. Bradford, and Lawrence H. Summers. "The 'New Economy': Background, Historical Perspective, Questions, and Speculations." *Federal Reserve Bank of Kansas City Economic Review* (Fourth Quarter 2001).

Dembo, Ron S., and Andrew Freeman. *Seeing Tomorrow: Rewriting the Rules of Risk.* New York: Wiley, 1998.

Dickinson, Rod. "The Milgram Reenactment." http://www.milgramreenactment.org/pages/section.xml?location51.

Dimson, Elroy, Paul Marsh, and Mike Staunton. "Global Evidence on the Equity Risk Premium." *Journal of Applied Corporate Finance* 15, no. 4 (Fall 2003): 27 – 38.

Dugatkin, Lee Alan. *The Imitation Factor: Evolution Beyond the Gene.* New York: Free Press, 2000.

Dugatkin, Lee Alan, and Jean-Guy J. Godin. "How Females Choose Their Mates." *Scientific American* (April 1998): 56 – 61.

Durand, David. "Growth Stocks and the Petersburg Paradox." *Journal of Finance* 12 (September 1957): 348 – 63.

The Economist. "Other People's Money: A Survey of Asset Management." July 5, 2003.

———. "Survey of the 'New Economy.'" September 21, 2000.

Eguiluz, Victor M., and Martin G. Zimmerman. "Transmission of Information and Herd Behavior: An Application to Financial Markets." *Physical Review Letters* 85, no. 26 (December 2000): 5659 – 62.

Ehrlich, Paul R. *Human Natures: Genes, Cultures, and the Human Prospect.* Washington, D.C.: Island Press, 2000.

Eisenhardt, Kathleen M., and Donald N. Sull. "Strategy as Simple Rules." *Harvard Business Review* (January 2001): 107 – 16.

Ellis, Charles D. "Will Business Success Spoil the Investment Management Profession?" *The Journal of Portfolio Management* (Spring 2001): 11 – 15.

Elton, Charles S. *Animal Ecology.* Chicago: The University of Chicago Press, 2001.

Enriquez, Juan, *As the Future Catches You.* New York: Crown Business, 2000.

Epstein, Richard A. *The Theory of Gambling and Statistical Logic.* London: The Academic Press, 1977.

Epstein, Seymour. "Cognitive–Experiential Self–Theory: An Integrative Theory of Personality." In *The Relational Self: Theoretical Convergences in Psychoanalysis and Social Psychology*, ed. R. C. Curtis, 111 – 37. New York: Guilford Press, 1991.

———. "Integration of the Cognitive and the Psychodynamic Unconscious." *American Psychologist* 49, no. 8 (August 1994): 709 – 24.

Erickson, Todd, Carin Cooney, and Craig Sterling. "US Technology Sector: Mean Reversion Analysis." *CSFB HOLT Research*, February 2, 2004.

Falconer, Ian. *Olivia*. New York: Atheneum Books for Young Readers, 2000.

Fama, Eugene F., Lawrence Fisher, Michael C. Jensen, and Richard Roll. "The Adjustment of Stock Prices to New Information." *International Economic Review* 10, no. 1 (February 1969).

Fama, Eugene F., and Kenneth R. French. "Disappearing Dividends: Changing Firm Characteristics or Lower Propensity to Pay?" *CRSP Working Paper 509*. June 2000. http://papers.ssrn.com/sol3/papers.cfm?abstract_id=203092.

———. "The Equity Premium." *Journal of Finance* 57 (2002): 637 – 59.

Farmer, J. Doyne, and Fabrizio Lillo. "On the Origin of Power Law Tails in Price Fluctuations." *Quantitative Finance* 4, no. 1 (2004): 7 – 11.

Fauconnier, Gilles, and Mark Turner. *The Way We Think: Conceptual Blending and the Mind's Hidden Complexities*. New York: Basic Books, 2002.

Fehr, Ernst. "The Economics of Impatience." *Nature*, January 17, 2002, 269 – 70.

Feltovich, Paul J., Kenneth M. Ford, and Robert Hoffman, eds. *Expertise in Context: Human and Machine*. Menlo Park, Cal.: AAAI Press and Cambridge, Mass.: MIT Press, 1997.

Fine, Charles H. *Clockspeed: Winning Industry Control in the Age of Temporary Advantage*. Reading, Mass.: Perseus Books, 1998.

Fisher, Kenneth L., and Meir Statman. "Cognitive Biases in Market Forecasts." *Journal of Portfolio Management* 27, no. 1 (Fall 2000): 72 – 81.

Fisher, Lawrence, and James H. Lorie. "Rates of Return on Investments in Common Stocks." *Journal of Business* 37, no. 1 (January 1964): 1 – 24.

Foderaro, Lisa W. "If June Cleaver Joined 'Sex and the City': Tupperware Parties for the Cosmo Set." *New York Times*, February 1, 2003.

Foster, Richard, and Sarah Kaplan. *Creative Destruction: Why Companies that Are Built to Last Underperform the Market—and How to Successfully Transform Them*. New York: Doubleday, 2001.

Fuller, Joseph, and Michael C. Jensen. "Dare to Keep Your Stock Price Low." *The Wall Street Journal*, December 31, 2001.

Galton, Francis. "Vox Populi." *Nature* 75 (March 1907): 450 – 451. Reprint, 1949.

Gawande, Atul, *Complications: A Surgeon's Notes on an Imperfect Science*. New York: Picador,

2002.

Gazzaniga, Michael. "The Whole-Brain Interpreter." http://pegasus.cc.ucf.edu/~fle/gazzaniga. html.

Gell-Mann, Murray. *The Quark and the Jaguar: Adventures in the Simple and the Complex.* New York: W. H. Freeman, 1994.

Gibson, Michael S. "Incorporating Event Risk into Value-at-Risk." *The Federal Reserve Board Finance and Economics Discussion Series, 2001–17*, February 2001. http://www. federalreserve.gov/pubs/feds/2001/200117/200117abs.html.

Gigerenzer, Gerd. *Calculated Risks.* New York: Simon & Schuster, 2002.

Gillon, S. *The Story of the 29th Division.* London: Nelson & Sons, n.d.

Gilovich, Thomas, Dale Griffin, and Daniel Kahneman, eds. *Heuristics and Biases: The Psychology of Intuitive Judgment.* Cambridge: Cambridge University Press, 2002.

Gilovich, Thomas, Robert Valone, and Amos Tversky. "The Hot Hand in Basketball: On the Misperception of Random Sequences." *Cognitive Psychology* 17 (1985): 295 – 314.

Gladwell, Malcolm. *The Tipping Point: How Little Things Can Make a Big Difference.* Boston, Mass.: Little, Brown and Company, 2000.

Glassman, James K., and Kevin A. Hassett. *Dow 36,000: The New Strategy for Profiting from the Coming Rise in the Stock Market.* New York: Times Books, 1999.

GloriaMundi. "Introduction to VaR." http://www.gloriamundi.org/introduction.asp.

Goodgame, Dan. "The Game of Risk: How the Best Golfer in the World Got Even Better." *Time*, August 14, 2000.

Gopnik, Alison, Andrew Meltzoff, and Patricia Kuhl. *The Scientist in the Crib: What Early Learning Tells Us About the Mind.* New York: First Perennial, 2001.

Gould, Stephen Jay. "The Streak of Streaks." *New York Review of Books*, August 18, 1988. http://www.nybooks.com/articles/4337.

———. *Triumph and Tragedy in Mudville.* New York: W. W. Norton, 2003.

Graham, Benjamin. "Stock Market Warning: Danger Ahead!" *California Management Review* 11, no. 3 (Spring 1960).:34.

Graham, Benjamin, and David L. Dodd. *Security Analysis.* New York: McGraw Hill, 1934.

Greenspan, Alan. "The Structure of the International Financial System." Remarks at the Securities Industry Association Annual Meeting. 5 November 1998. http://www.federalreserve.gov/ boarddocs/speeches/1998/19981105.htm.

Greenwald, John. "Doom Stalks the Dotcoms." *Time*, April 17, 2000.

Griffin, Dale, and Amos Tversky. "The Weighing of Evidence and the Determinants of Confi dence." In *Heuristics and Biases: The Psychology of Intuitive Judgment*, ed. Thomas Gilovich, Dale Griffin, and Daniel Kahneman, 230 – 49. Cambridge: Cambridge University Press, 2002.

Grossman, Sanford J., and Joseph E. Stiglitz. "On the Impossibility of Informationally Efficient Markets." *American Economic Review* 70 (1980): 393 – 408.

Haffner, Katie. "In an Ancient Game, Computing's Future." *New York Times*, August 1, 2002.

Hanson, Robin D. "Decision Markets." *IEEE Intelligent Systems* (May – June 1999): 16 – 19. http://hanson.gmu.edu/decisionmarkets.pdf.

Hargadon, Andrew. *How Breakthroughs Happen*. Boston: Harvard Business School Press, 2003.

Hayek, Freidrich. "The Use of Knowledge in Society." *American Economic Review* 35, no. 4 (September 1945): 519 – 30. http://www.virtualschool.edu/mon/Economics/HayekUseOfKnowledge.html.

Holland, John H. *Hidden Order: How Adaptation Builds Complexity*. Reading, Mass.: Helix Books, 1995.

Hollywood Stock Exchange. Web site. http://www.hsx.com.

Huberman, Bernardo A. *The Laws of the Web: Patterns in the Ecology of Information*. Cambridge, Mass.: MIT Press, 2001.

Hulbert, Mark. "The Five-Year Forecast Looks Great, or Does It?" *New York Times*, January 25, 2004.

IBM Research. "Deep Blue: FAQ." http://www.research.ibm.com/deepblue/meet/html/d.3.3.html.

Idinopulos, Michael, and Lee Kempler. "Do You Know Who Your Experts Are?" *The McKinsey Quarterly* 4 (2003): 60 – 69.

Ijiri, Yuji, and Herbert A. Simon. *Skew Distributions and the Sizes of Firms*. New York: North-Holland, 1977.

Innocentive. Web site. http://www.innocentive.com.

Iowa Electronic Markets. Web site. http://www.biz.uiowa.edu/iem.

Janis, Irving Lester. *Groupthink: Psychological Studies of Policy Decisions and Fiascoes*. New York: Houghton Mifflin, 1982.

Jensen, Michael C. "The Performance of Mutual Funds in the Period 1945 – 1964." *Journal of Finance* 23 (1968): 389 – 416.

Jilek, Paddy, Bradford Neuman, and Arbin Sherchan. "U.S. Investment Digest: Five Tidbits." *Credit Suisse First Boston Equity Research*, September 5, 2003.

Johnson, Norman L. "Biography." http://ishi.lanl.gov.

——. "Collective Problem Solving: Functionality Beyond the Individual." LAUR–98–2227, 1998.

——. "Diversity in Decentralized Systems: Enabling Self-Organizing Solutions." LA-UR-99-6281, 1999.

——. "What a Developmental View Can Do for You (or the Fall of the House of Experts)." Talk at CSFB Thought Leader Forum, September 2000, Santa Fe, N.M. http://www.capatcolumbia.

com/CSFB%20TLF/2000/johnson00_sidecolum.pdf.

Johnson, Steven. *Emergence: The Connected Lives of Ants, Brains, Cities, and Software*. New York: Scribner, 2001.

Joseph de la Vega. *Confusion de Confusiones*. 1688.

Kahneman, Daniel. "Maps of Bounded Rationality: A Perspective on Intuitive Judgment and Choice." Nobel Prize Lecture. 8 December 2002. http://www.nobel.se/economics/laureates/2002/kahnemann-lecture.pdf.

Kahneman, Daniel, and Amos Tversky. "Prospect Theory: An Analysis of Decision Under Risk." *Econometrica* 47 (1979): 263 - 91.

Kahneman, Daniel, Paul Slovic, and Amos Tversky, eds. *Judgment Under Uncertainty: Heuristics and Biases*. Cambridge: Cambridge University Press, 1982.

Kauffman, Stuart. *At Home in the Universe*. Oxford: Oxford University Press, 1996.

Kaufman, Michael T. *Soros: The Life and Times of a Messianic Billionaire*. New York: Knopf, 2002.

Kaufman, Peter D., ed. *Poor Charlie's Almanack*. Virginia Beach, Va.: The Donning Company Publishers, 2005.

Kennedy, James, and Russell C. Eberhart. *Swarm Intelligence*. San Francisco: Morgan Kaufmann, 2001.

Keynes, John Maynard. *The General Theory of Employment*. New York: Harcourt, Brace and Company, 1936.

Klein, Gary. *Sources of Power: How People Make Decisions*. Cambridge, Mass.: MIT Press, 1998.

Klepper, Steven. "Entry, Exit, Growth, and Innovation Over the Product Life Cycle." *American Economic Review* 86, no. 3 (1996): 562 - 83.

Knight, Frank H. *Risk, Uncertainty, and Profit*. Boston: Houghton and Mifflin, 1921. http://www.econlib.org/library/Knight/knRUP.html.

Koch, Richard. *The 80/20 Principle: The Secret to Success by Achieving More with Less*. New York: Currency, 1998.

Kranhold, Kathryn. "Florida Might Sue Alliance Capital Over Pension Fund's Enron Losses." *The Wall Street Journal*, April 23, 2002.

Krugman, Paul. *The Self-Organizing Economy*. Oxford: Blackwell Publishers, 1996.

Laing, Jonathan R. "A Truly Amazing Run: But, with Dangers Ahead, Can Bill Gross Keep Outracing the Market?" *Barron's*, March 17, 2003.

Lakoff, George, and Mark Johnson. *Metaphors We Live By*. Chicago: The University of Chicago Press, 1980.

Lakonishok, Josef, Andrei Shleifer, and Robert W. Vishny. "Contrarian Investment, Extrapolation, and Risk." *Journal of Finance* 49, no. 5 (December 1994): 1541 - 78.

Laplace, Pierre Simon. *A Philosophical Essay on Probabilities*. Minneola, N.Y.: Dover Publications, 1996.

LeDoux, Joseph. *The Emotional Brain: The Mysterious Underpinnings of Emotional Life*. New York: Touchstone, 1996.

———. *Synaptic Self: How Our Brains Become Who We Are*. New York: Viking, 2002.

Lee, Youngki, Luís A. Nunes Amaral, David Canning, Martin Meyer, and H. Eugene Stanley. "Universal Features in the Growth Dynamics of Complex Organizations." *Physical Review Letters* 81, no. 15 (October 1998): 3275 – 3278. http://polymer.bu.edu/hes/articles/lacms98.pdf.

Lefevre, Edwin. *Reminiscences of a Stock Operator*. 1923.

Lessand, Donald. "The Soft Revolution: Achieving Growth By Managing Intangibles." *The Journal of Applied Corporate Finance* 11, no. 2 (Summer 1998): 8 – 27.

Lev, Baruch. *Intangibles: Management, Measurement, and Reporting*. Washington, D.C.: Brookings Institution Press, 2001.

Lewellen, Jonathan. "Predicting Returns with Financial Ratios." *MIT Sloan Working Paper 4374-02*, February 2002.

Lichenstein, Sarah, Baruch Fischhoff, and Lawrence D. Phillips. "Calibration of Probabilities." In *Judgment Under Uncertainty: Heuristics and Biases*, ed. Daniel Kahneman, Paul Slovic, and Amos Tversky, 306 – 34. Cambridge: Cambridge University Press, 1982.

Liebovitch, Larry S., and Daniela Scheurle. "Two Lessons from Fractals and Chaos." *Complexity* 5, no. 4 (2000): 34 – 43.

Lipshitz, Raanan, Gary Klein, Judith Orasanu, and Eduardo Salas. "Taking Stock of Naturalistic Decision Making." Working Paper, July 15, 2000.

Loest, Robert. "Fitness Landscapes and Investment Strategies, Parts 1 and 2." *Portfolio Manager Commentary—IPS Funds* (July – August 1998).

Lowenstein, Alice. "The Low Turnover Advantage." *Morningstar Research*. September 12, 1997. http://news.morningstar.com/news/ms/FundFocus/lowturnover1.html.

Lowenstein, Roger. *When Genius Failed: The Rise and Fall of Long-Term Capital Management*. New York: Random House, 2000.

Lyman, Peter, and Hal R. Varian. "How Much Information? 2003." http://www.sims.berkeley.edu/research/projects/how–much–info–2003.

MacGregor, Donald G. "Imagery and Financial Judgment." *Journal of Psychology and Financial Markets* 3, no. 1 (2002): 15 – 22.

MacKay, Charles. *Extraordinary Popular Delusions and the Madness of Crowds*. New York: Three Rivers Press, 1995.

Madden, Bartley J. *CFROI Valuation: A Total System Approach to Valuing the Firm*. Oxford:

Butterworth–Heinemann, 1999.

Madden, Bartley J., Michael J. Mauboussin, John D. Lagerman, and Samuel T. Eddins. "Business Strategy/Life Cycle Framework: Positioning Firm Strategy as the Primary Cause of Long–Term CFROIs and Asset Growth Rates." *Credit Suisse First Boston Equity Research*, April 22, 2003.

Maguire, Steve. "Strategy Is Design: A Fitness Landscape Framework." In *Managing Complexity in Organizations: A View in Many Directions*, ed. M. Lissack and H. Gunz, 67 – 104. Westport, Conn.: Quorum Books, 1999.

Major League Baseball Historical Player Stats. http://mlb.mlb.com/NASApp/mlb/stats/historical/individual_stats_player.jsp?c_id5mlb&playerID5113376.

Malkiel, Burton G. "The Efficient Market Hypothesis and Its Critics." *Journal of Economic Perspectives* 17, no. 1 (Winter 2003): 78.

——. Interview on ABC's 20/20. November 27, 1992. http://www.ifa.tv/Library/Support/Articles/Popular/NewsShowTranscript.htm.

——. *A Random Walk Down Wall Street*. New York: W. W. Norton, 2003.

——. "Returns from Investing in Equity Mutual Funds, 1971 – 1991." *Journal of Finance* 50, no. 2 (June 1995): 549 – 72.

Mandelbrot, Benoit B. *Fractals and Scaling in Finance: Discontinuity, Concentration, Risk*. New York: Springer Verlag, 1997.

——. "A Multifractal Walk Down Wall Street." *Scientific American* (February 1999): 70 – 73.

Manning, Gerard. "A Quick and Simple Introduction to *Drosophila melanogaster*." http://www.ceolas.org/fly/intro.html.

Marquet, Pablo A., et al. "Lifespan, Reproduction, and Ecology: Scaling and Power–Laws in Ecological Systems." *Journal of Experimental Biology* 208 (April 2005): 1749 – 69.

Mauboussin, Michael J. "Get Real." *Credit Suisse First Boston Equity Research*, June 23, 1999.

——. "Long Strange Trip: Thoughts on Stock Market Returns." *Credit Suisse First Boston Equity Research*, January 9, 2003.

——. "Measuring the Moat: Assessing the Magnitude and Sustainability of Value Creation." Credit Suisse First Boston Equity Research, December 16, 2002.

——. "Puggy Pearson's Prescription." *The Consilient Observer* 1, no. 11 (June 2002).

——. "Revisiting Market Effi ciency: The Stock Market as a Complex Adaptive System." *Journal of Applied Corporate Finance* 14, no. 4 (Winter 2002): 47 – 55.

——. "Whither Enron: Or—Why Enron Withered." *The Consilient Observer* 1, no. 1 (January 2002).

Mauboussin, Michael J., and Alexander Schay. "Fill and Kill: Succeeding with Survivors Is Nothing New." *Credit Suisse First Boston Equity Research*, April 5, 2001.

——. "Innovation and Markets: How Innovation Affects the Investing Process." *Credit Suisse First*

Boston Equity Research, December 12, 2000.

Mauboussin, Michael J., Alexander Schay, and Stephen G. Kawaja. "Network to Net Worth: Exploring Network Dynamics." *Credit Suisse First Boston Equity Research*, May 11, 2000.

Mauboussin, Michael J., Alexander Schay, and Patrick McCarthy. "Competitive Advantage Period: At the Intersection of Finance and Competitive Strategy." *Credit Suisse First Boston Equity Research*, October 4, 2001.

Mauboussin, Michael J., Bob Hiler, and Patrick J. McCarthy. "The (Fat) Tail that Wags the Dog." *Credit Suisse First Boston Equity Research*, February 4, 1999.

McLean, Bethany, and Peter Elkind. *The Smartest Guys in the Room*. New York: Penguin Group, 2003, 132.

Moore, Geoffrey A., Paul Johnson, and Tom Kippola. *The Gorilla Game: Picking Winners in High Technology*. New York: HarperBusiness, 1999.

Munger, Charlie. "A Lesson on Elementary, Worldly Wisdom as It Relates to Investment Management and Business." *Outstanding Investor Digest*, May 5, 1995.

Muoio, Anna. "All the Right Moves." *Fast Company*, May 1999. http://www.fastcompany.com/online/24/chess.html.

Nelson, Richard R., and Sidney G. Winter. *An Evolutionary Theory of Economic Change*. Cambridge, Mass.: Harvard University Press/Belknap Press, 1982.

Neyer, Rob. ESPN Baseball Archives, January 2002. http://espn.go.com/mlb/s/2002/0107/1307254.html.

Niederhoffer, Victor. *The Education of a Speculator*. New York: Wiley, 1997.

Nocera, Joe, "On Oil Supply, Opinions Aren't Scarce." *The New York Times*, September 10, 2005.

NOVA. "Tales from the Hive." http://www.pbs.org/wgbh/nova/bees.

Olsen, Robert A., "Professional Investors as Naturalistic Decision Makers: Evidence and Market Implications." *The Journal of Psychology and Financial Markets* 3, no. 3 (2002): 161–67.

Page, Scott E., *The Difference: How the Power of Diversity Creates Better Groups, Firms, Schools, and Societies*. Princeton, N.J.: Princeton University Press, 2007.

Peters, Edgar E. *Fractal Market Analysis*. New York: Wiley, 1994.

Pinker, Steven. *The Language Instinct: How the Mind Creates Language*. New York: HarperCollins, 1994.

Poundstone, William. *Prisoner's Dilemma*. New York: Anchor Books, 1992.

Pringle, David, and Raju Narisetti. "Nokia's Chief Guides Company Amid Technology's Rough Seas." *The Wall Street Journal*, November 24, 2003.

Quellette, Jennifer. "Jackson Pollock—Mathematician." *The Fine Arts Magazine*, January 25, 2002.

Rappaport, Alfred. "How to Avoid the P/E Trap." *The Wall Street Journal*, March 10, 2003.

———. "The Economics of Short—Term Performance Obsession." *Financial Analysts Journal* 61, no. 3 (May – June 2005): 65 – 79.

Rappaport, Alfred, and Michael J. Mauboussin. *Expectations Investing: Reading Stock Prices for Better Returns.* Boston: Harvard Business School Press, 2001.

———. "Exploiting Expectations." *Fortune*, January 21, 2002, 113 – 15.

———. "Pitfalls to Avoid." http://www.expectationsinvesting.com/pdf/pitfalls.pdf.

Raup, David M. *Extinction: Bad Genes or Bad Luck?* New York: W. W. Norton, 1991.

Rennie, John. "Editor's Commentary: The Cold Odds Against Columbia." *Scientific American*, February 7, 2003.

Resnick, Mitchel. *Turtles, Termites, and Traffic Jams.* Cambridge, Mass.: MIT Press, 1994.

Rheingold, Howard. *Smart Mobs: The Next Social Revolution.* New York: Perseus, 2002.

Rifkin, Glenn. "GM's Internet Overhaul." Technology Review (October 2002): 62 – 67.

Rogers, Everett. *Diffusion of Innovations.* New York: Free Press, 1995.

Roll, Richard. "A Critique of the Asset Pricing Theory's Tests: Part 1: On Past and Potential Testability of the Theory." *Journal of Financial Economics* 4(1977): 129 – 76.

———. "Rational Infi nitely—Lived Asset Prices Must be Non—Stationary." Working Paper, November 1, 2000.

Rosenzweig, Phil, *The Halo Effect: ... and Eight Other Business Delusions that Deceive Managers.* New York: Free Press, 2006.

Rottenstreich, Yuval, and Christopher K. Hsee. "Money, Kisses, and Electric Shocks." *Psychological Science* 12, no. 3 (May 2001), 185 – 90.

Rubin, Robert. Commencement Day Address. Harvard University, 7 June 2001. http://www. commencement.harvard.edu/2001/rubin.html.

———. Commencement Address. University of Pennsylvania, 1999. http://www.upenn.edu/ almanac/v45/n33/speeches99.html.

Rubin, Robert E., and Jacob Weisberg. *In an Uncertain World.* New York: Random House, 2003.

Russo, J. Edward, and Paul J. H. Schoemaker. *Winning Decisions: Getting It Right the First Time.* New York: Doubleday, 2002.

Samuelson, Paul A. "Risk and Uncertainty: A Fallacy of Large Numbers." *Scientia* 98 (1963): 108 – 13.

Sapolsky, Robert M. *A Primate's Memoir.* New York: Scribner, 2001.

———. *Why Zebras Don't Get Ulcers: An Updated Guide to Stress, Stress-Related Disease, and Coping.* New York: W. H. Freeman and Company, 1994.

Schlender, Brent. "The Bill and Warren Show." *Fortune*, July 20, 1998, 48 – 64.

Schwartz, Peter. *Inevitable Surprises: Thinking Ahead in a Time of Turbulence.* New York: Gotham Books, 2003.

Seeley, Thomas D. Biography. http://www.nbb.cornell.edu/neurobio/department/Faculty/
seeley/seeley.html.

———. *The Wisdom of the Hive: The Social Physiology of Honey Bee Colonies.* Cambridge, Mass.:
Harvard University Press, 1995.

Seuss, Dr. *I Can Read with My Eyes Shut!* New York: Random House, 1978.

Shefrin, Hersh, *Beyond Greed and Fear: Understanding Behavioral Finance and the Psychology of
Investing.* Boston: Harvard Business School Press, 2000.

Shiller, Robert. Web site. http://www.econ.yale.edu/~shiller/.

Shleifer, Andrei. *Inefficient Markets: An Introduction to Behavioral Finance.* Oxford: Oxford
University Press, 2000.

Siegel, Jeremy J. *Stocks for the Long Run.* 3rd ed. New York: McGraw Hill, 2002.

Sklansky, David. *The Theory of Poker.* 4th ed. Henderson, Nev.: Two Plus Two Publishing, 1999.

Slovic, Paul, Melissa L. Finucane, Ellen Peters, and Donald G. MacGregor. "Risk as Analysis and
Risk as Feelings." Paper presented at the Annual Meeting of the Society for Risk Analysis, New
Orleans, Louisiana, December 10, 2002. http://www.decisionresearch.org/pdf/dr502.pdf.

Smith, Vernon L. "An Experimental Study of Competitive Market Behavior." *Journal of Political
Economy* 70, no. 3 (June 1962): 111 – 37.

Social Security. "FAQ." http://www.socialsecurity.gov/history/hfaq.html.

Sontag, Sherry, and Christopher Drew. *Blind Man's Bluff: The Untold Story of American Submarine
Espionage.* New York: Perseus Books, 1998.

Sornette, Didier. Biography. http://www.ess.ucla.edu/faculty/sornette.

———. *Why Stock Markets Crash: Critical Events in Complex Financial Systems.* Princeton, N.J.:
Princeton University Press, 2003.

Soros, George. *Soros on Soros.* New York: Wiley, 1995.

Spanier, David. *Easy Money: Inside the Gambler's Mind.* New York: Penguin, 1987.

Spence, John. "Bogle Calls for a Federation of Long-Term Investors." Index Funds, Inc. http://
www.indexfunds.com/articles/20020221_boglespeech_com_gen_JS.htm.

Stalin, Josef. Speech. February 9, 1946. http://www.marx2mao.com/Stalin/SS46.html.

Stanley, Eugene, et al. "Scaling Behavior in Economics: I. Empirical Results for Company Growth."
Journal de Physique (April 1997): 621 – 33.

Steinhardt, Michael. *No Bull: My Life In and Out of Markets.* New York: John Wiley & Sons,
2001.

"Stern Stewart EVA Roundtable." *Journal of Applied Corporate Finance* 7, no. 2(Summer 1994):
46 – 70.

Stewart, Thomas A. "How to Think with Your Gut." *Business 2.0*, November 2002.

Strogatz, Steven. *Sync: The Emerging Science of Spontaneous Order.* New York: Hyperion Books,

2003.

Surowiecki, James. "Damn the Slam PAM Plan!" *Slate*, July 30, 2003.

———. "Decisions, Decisions." *New Yorker*, March 28, 2003. http://www.newyorker.com/archive/2003/03/24/030324ta_talk_surowiecki.

———. *The Wisdom of Crowds: Why the Many Are Smarter Than the Few and How Collective Wisdom Shapes Business, Economies, Societies and Nations*. New York: Random House, 2004.

Taleb, Nassim Nicholas. *Fooled By Randomness: The Hidden Role of Chance in Markets and in Life*. New York: Texere, 2001.

———. *The Black Swan: The Impact of the Highly Improbable*. New York: Random House, 2007.

Tallis, Frank. *Hidden Minds: A History of the Unconscious*. New York: Arcade Publishing, 2002.

Taylor, Richard P. "Order in Pollock's Chaos." *Scientific American* (December 2002). http://materialscience.uoregon.edu/taylor/art/scienti camerican.pdf.

Taylor, Richard P., B. Spehar, C.W.G. Clifford, and B.R. Newell, "The Visual Complexity of Pollock's Dripped Fractals," *Proceedings of the International Conference of Complex Systems*, 2002, http://materialscience.uoregon.edu/taylor/art/TaylorICCS2002.pdf.

Tetlock, Philip E. *Expert Political Judgment: How Good Is It? How Can We Know?* Princeton, N.J.: Princeton University Press, 2005.

Thaler, Richard H. *The Winner's Curse: Paradoxes and Anomalies of Economic Life*. Princeton, N.J.: Princeton University Press, 1994.

Thaler, Richard H., Amos Tversky, Daniel Kahneman, and Alan Schwartz. "The Effect of Myopia and Loss Aversion on Risk Taking: An Experimental Test." *The Quarterly Journal of Economics* (May 1997): 647 – 61.

Thorp, Edward O. *Beat the Dealer*. New York: Vintage Books, 1966.

Tilson, Whitney. "Charlie Munger Speaks." Fool.com. May 15, 2000. http://www.fool.com/boringport/2000/boringport00051500.htm.

Treynor, Jack L. "Market Efficiency and the Bean Jar Experiment." *Financial Analysts Journal* (May – June 1987): 50 – 53.

Tversky, Amos, and Daniel Kahneman. "Belief in the Law of Small Numbers." *Psychological Bulletin* 76 (1971): 105 – 10.

———. "Extensional Versus Intuitive Reasoning: The Conjunction Fallacy in Probability Judgment." In *Heuristics and Biases: The Psychology of Intuitive Judgment*, ed. Thomas Gilovich, Dale Griffin, and Daniel Kahneman, 19 – 48. Cambridge: Cambridge University Press, 2002.

USA Networks. *SEC Filing*, October 24, 2001.

Utterback, James M. *Mastering the Dynamics of Innovation*. Boston: Harvard Business School Press, 1994.

van Marrewijk, Charles. *International Trade and the World Economy.* Oxford: Oxford University Press, 2002. http://www.oup.com/uk/orc/bin/9780199250042/.

Waite, Stephen R. *Quantum Investing.* New York: Texere, 2002.

Waldrop, Mitchell M. *Complexity: The Emerging Science at the Edge of Order and Chaos.* New York: Simon & Schuster, 1992.

Wärneryd, Karl–Erik. *Stock-Market Psychology.* Cheltenham, UK: Edward Elgar, 2001.

Watts, Duncan J. "A Simple Model of Global Cascades on Random Networks." *Proceedings of the National Academy of Sciences* 99, no. 9 (April 2002): 5766 – 71.

——. *Six Degrees: The Science of a Connected Age.* New York: W. W. Norton, 2003.

——. *Small Worlds: The Dynamics of Networks Between Order and Randomness.* Princeton, N.J.: Princeton University Press, 1999.

Weil, Nancy. "Innocentive Pairs R&D Challenges with Researchers." *Bio-IT World*, May 29, 2003.

Welch, Ivo. "Herding Among Security Analysts." *Journal of Financial Economics* 58, no. 3 (December 2000): 369 – 96.

Wermers, Russ. "Mutual Fund Herding and the Impact on Stock Prices." *Journal of Finance* 54, no. 2 (April 1999): 581 – 622.

——. "Mutual Fund Performance: An Empirical Decomposition into Stock–Picking Talent, Style, Transaction Costs, and Expenses." *Journal of Finance* 55, no. 4 (August 2000): 1655 – 703.

Wetzel, Chris. Web site. http://www.rhodes.edu/psych/faculty/wetzel/courses/wetzelsyllabus223.htm.

Wiggins, Robert R., and Timothy W. Ruefl i. "Hypercompetitive Performance: Are the Best of Times Getting Shorter?" Paper presented at the Academy of Management Annual Meeting 2001, Business Policy and Strategy (BPS) Division, March 31, 2001, Washington, D.C.. http://www.wiggo.com/Academic/WigginsHypercompetition.pdf.

——. "Sustained Competitive Advantage: Temporal Dynamics and the Incidence and Persistence of Superior Economic Performance." *Organizational Science* 13, no. 1 (January – February 2002): 82 – 105.

Wilson, Edward O. *Consilience: The Unity of Knowledge.* New York: Alfred A. Knopf, 1998.

Wolfram, Stephen. *A New Kind of Science.* Champaign, Ill.: Wolfram Media, 2002.

Wolpert, Lewis. *Six Impossible Things Before Breakfast: The Evolutionary Origins of Belief.* New York: W. W. Norton, 2007.

Zajonc, Robert B. "Feeling and Thinking: Preferences Need No Inferences." *American Psychologist* 35 (1980): 151 – 75.

Zeikel, Arthur. "Organizing for Creativity." *Financial Analysts Journal* 39 (November – December 1983): 25 – 29.

Zipf, George Kingsley. *Human Behavior and the Principle of Least Effort.* Cambridge, Mass.:

Addison—Wesley Press, 1949.

———. *National Unity and Disunity: The Nation as a Bio-Social Organism*. Bloomington, Ind.: Principia Press, 1941.

Zook, Chris, with James Allen. *Profit from the Core*. Boston: Harvard Business School Press, 2001.

Zovko, Ilija I., and J. Doyne Farmer. "The Power of Patience: A Behavioral Regularity in Limit Order Placement." *Santa Fe Institute Working Paper No. 02—06—027*, June 2002.

Zuckerman, Gregory. "Stars of the '90s Aren't Likely to Lead the Next Rally." *The Wall Street Journal*, December 17, 2001.

Further Reading

투자 철학

Fisher, Philip A. *Common Stocks and Uncommon Profits*. New York: Wiley, 1996.

Graham, Benjamin. *The Intelligent Investor: A Book of Practical Counsel*. New York: McGraw Hill, 1985.

Lewis, Michael. *Moneyball: The Art of Winning an Unfair Game*. New York: W. W. Norton, 2003.

Poundstone, William. *Fortune's Formula: The Untold Story of the Scientific System That Beat the Casinos and Wall Street*. New York: Hill and Wang, 2005.

Rappaport, Alfred. "The Economics of Short—Term Performance Obsession." *Financial Analysts Journal* 61, no. 3 (May/June 2005): 65 - 79.

Rubin, Robert E., and Jacob Weisberg. *In an Uncertain World: Tough Choices from Wall Street to Washington*. New York: Random House, 2003.

Sklansky, David. *Getting the Best of It*. 2nd ed. Henderson, Nev.: Two Plus Two Publishing, 1997.

Szenberg, Michael, ed. *Eminent Economists: Their Life and Philosophies*. Cambridge: Cambridge University Press, 1992.

투자의 심리학

Chancellor, Edward. *Devil Take the Hindmost: A History of Financial Speculation*. New York: Farrar, Strauss & Giroux, 1999.

Csikszentmihalyi, Mihaly. *Creativity: Flow and the Psychology of Discovery and Invention*. New York: HarperCollins, 1996.

Gilbert, Daniel. *Stumbling on Happiness*. New York: Alfred A. Knopf, 2006.

Gladwell, Malcolm. *Blink: The Power of Thinking Without Thinking*. New York: Little, Brown, 2005.

Heuer, Richards J., Jr. *Psychology of Intelligence Analysis*. Washington, D.C: U.S. Government

Printing Office, 1999.

Munger, Charlie. "The Psychology of Human Misjudgments." Speech at Harvard Law School, circa June 1995.

Nofsinger, John R. *Investment Madness*. New York: Prentice Hall, 2001.

Pinker, Steven. *How the Mind Works*. New York: W. W. Norton, 1997.

Schelling, Thomas C. *Micromotives and Macrobehavior*. New York: W. W. Norton, 1978.

Thaler, Richard H. *Advances in Behavioral Finance*. New York: Russel Sage Foundation, 1993.

———. *The Winner's Curse*. Princeton, N.J.: Princeton University Press, 1994.

혁신과 경쟁 전략

Axelrod, Robert. *The Evolution of Cooperation*. New York: Basic Books, 1984.

Besanko, David, David Dranove, and Mark Shanley. *Economics of Strategy*. 3rd ed. New York: Wiley, 2004.

Christensen, Clayton M., Erik A. Roth, and Scott D. Anthony. *Seeing What's Next: Using Theories of Innovation to Predict Industry Change*. Boston, Mass.: Harvard Business School Press, 2004.

Evans, Philip, and Thomas S. Wurster. *Blown to Bits: How the New Economics of Information Transforms Strategy*. Boston, Mass.: Harvard Business School Press, 1999.

Ghemawat, Pankaj. *Strategy and The Business Landscape*. 2nd ed. Upper Saddle River, N.J.: Pearson Prentice Hall, 2006.

McTaggart, James, Peter Kontes, and Michael Mankins. *The Value Imperative: Managing for Superior Shareholder Returns*. New York: The Free Press, 1994.

Porter, Michael E. *Competitive Advantage: Creating and Sustaining Superior Performance*. New York: Simon & Schuster, 1985.

———. *Competitive Strategy: Techniques for Analyzing Industries and Competitors*. New York: The Free Press, 1980.

Reichfield, Frederick F. *The Loyalty Effect*. Boston, Mass.: Harvard Business School Press, 1996.

Shaprio, Carl, and Hal R. Varian. *Information Rules: A Strategic Guide to the Network Economy*. Boston, Mass.: Harvard Business School Press, 1999.

Warsh, David. *Knowledge and the Wealth of Nations: A Story of Economic Discovery*. New York: W. W. Norton, 2006.

과학과 복잡계 이론

Arthur, W. Brian, Steven N. Durlauf, and David A. Lane, eds. *The Economy as an Evolving Complex System II*. Reading, Mass.: Addison-Wesley, 1997.

Ball, Philip, *Critical Mass: How One Thing Leads to Another*. New York: Farrar, Straus and Giroux, 2004.

Beinhocker, Eric D. *The Origin of Wealth: Evolution, Complexity, and the Radical Remaking of Economics*. Boston: Harvard Business School Press, 2006.

Camacho, Juan, and Ricard V. Solé. "Scaling and Zipf's Law in Ecological Size Spectra." *Santa Fe Institute Working Paper 99–12–076*, 1999.

Dawkins, Richard. *The Blind Watchmaker: Why the Evidence of Evolution Reveals a Universe Without Design*. New York: W.W. Norton, 1996.

Dennett, Daniel C. *Darwin's Dangerous Idea: Evolution and the Meanings of Life*. New York: Simon & Schuster, 1995.

Diamond, Jared. *Guns, Germs, and Steel: The Fates of Human Society*. New York: W. W. Norton, 1997.

Gladwell, Malcolm. *The Tipping Point: How Little Things Can Make a Big Difference*. New York: Little, Brown, 2000.

Hagstrom, Robert G. *Investing: The Last Liberal Art*. New York: Texere, 2002.

LeBaron, Blake. "Financial Market Efficiency in a Coevolutionary Environment." *Proceedings of the Workshop on Simulation of Social Agents: Architectures and Institutions, Argonne National Laboratory and University of Chicago*, October 2000, Argonne 2001, 33 – 51.

Mandelbrot, Benoit, and Richard L. Hudson. *The (Mis)Behavior of Markets: A Fractal View of Risk, Ruin, and Reward*. New York: Basic Books, 2004.

Rothschild, Michael. *Bionomics*. New York: Henry Holt and Company, 1990.

Schroeder, Manfred. Fractals, Chaos, and Power Laws: Minutes from an Infinite Paradise. New York: W. H. Freeman, 1991.

Seeley, Thomas A., P. Kirk Visscher, and Kevin M. Passino. "Group Decision Making in Honey Bee Swarms." *American Scientist* 94 (May – June 2006): 200 – 229.

Simon, Herbert A. *The Sciences of the Artificial*. Cambridge, Mass.: The MIT Press, 1996.

Whitfield, John. *In the Beat of a Heart: Life, Energy, and the Unity of Nature*. New York: Joseph Henry Press, 2006.

FURTHER ACKNOWLEDGMENTS

Sente. www.senteco.com.

CFROI® is a registered trademark in the United States and other countries(excluding the United Kingdom) of Credit Suisse or its affiliates.

통섭과 투자

초판 1쇄 2018년 7월 14일
　　　6쇄 2024년 11월 10일

지은이　　｜마이클 모부신
옮긴이　　｜이건, 오인석
감수　　　｜신진오

펴낸이　　｜김기호
편집　　　｜양은희
기획관리｜문성조
디자인　　｜채홍디자인

펴낸곳　　｜에프엔미디어
신고　　　｜2016년 1월 26일 제2018-000082호
주소　　　｜서울시 용산구 한강대로 295, 503호
전화　　　｜02 - 322 - 9792
팩스　　　｜0303 - 3445 - 3030
이메일　　｜fnmedia@fnmedia.co.kr
홈페이지｜http://www.fnmedia.co.kr

ISBN　　　｜979-11-88754-06-9 (03320)

이 도서의 국립중앙도서관 출판예정도서목록(CIP)은
서지정보유통지원시스템 홈페이지(http://seoji.nl.go.kr)와
국가자료공동목록시스템(http://www.nl.go.kr/kolisnet)에서 이용하실 수 있습니다.
(CIP제어번호: CIP2018020916)